Sabine Bohlmann

Die Familien Schatzkiste

Bräuche, Rituale, Spiele
& Rezepte rund ums Jahr

INHALT

Einleitung

ab Seite
7

Frühling

ab Seite
19

Sommer

ab Seite
63

Ein Wort zuvor

Was ist Ihr größter Schatz? Was würden Sie mitnehmen auf eine unbewohnte Insel? Was bringt Sie zum Lachen? Was macht Sie glücklich? Gold, Silber und Edelsteine? Sie halten mit diesem Buch eine Schatzkiste der ganz anderen Art in der Hand.

An Stelle von Gold liegt darin ganz viel Liebe: Liebe, die Sie Ihren Kindern geben, und Liebe, die Sie von Ihren Kindern erhalten.

Statt Silber beherbergt die Familienschatzkiste Unmengen an Zeit. Also schenken Sie den Kindern möglichst viel davon. Denn Ihre kostbare Zeit ist das beste Geschenk, das Sie Ihren Kindern machen können. Sie werden sehen, Sie bekommen ein mindestens genauso wertvolles Geschenk zurück.

Womit wir bei den Edelsteinen wären, die in dieser wunderbaren Schatzkiste liegen und blitzen und blinken. Sie stehen für Geborgenheit, Nähe, Zuwendung, Vertrauen und Wärme – auch in Zeiten, in denen manches vielleicht nicht so glattläuft, denn auch das gehört zu einem Familienleben. Dann wird es noch wichtiger, dass eine Familie zusammenhält und an einem Strang zieht. Die goldenen Ringe stehen für Zusammenhalt, Miteinander und gemeinsame Erlebnisse.

Die kostbaren Halsketten symbolisieren Rituale, die aus einer Familie nicht wegzudenken sind. Denn sie geben Halt und sind die Ankerpunkte des ganz normalen Alltags. Auch wenn es gelegentlich noch so chaotisch und turbulent in Ihrer Familie zugeht, Weihnachten wird immer am 24. Dezember sein, und danach reihen sich die unzähligen Feste Perle für Perle zu einer wunderbaren Kette aneinander: ein Fest nach dem anderen, ein Ritual nach dem anderen. Die vielen anderen bunten Edelsteine stehen für Spaß und Freude. Denn das Leben sollte uns Spaß machen!

All dies zusammengenommen ist der unglaubliche Reichtum einer Familie. Doch hin und wieder müssen wir an diesen Reichtum erinnert werden. Zu oft hetzen wir durch unser Leben und kommen vor lauter Stress gar nicht zum Innehalten und Genießen. Doch gerade genießen sollten wir: jeden Augenblick unserer Zeit und vor allem jeden Moment, den wir mit unseren Kindern verbringen dürfen. Denn diese Zeit ist begrenzt. Kinder begleiten uns schließlich nur eine Weile in unserem Leben. Scheinbar ganz plötzlich gehen sie ihre eigenen Wege. Dann ist es zu spät, um zusammenzusitzen und Geschichten zu erzählen, gemeinsam auf einen Berg zu steigen und die Natur zu spüren, um die Wette zu rennen oder in einen See zu springen.

Mit diesem Buch, dieser »Familien-Schatzkiste«, möchte ich Sie daran erinnern, wie kostbar die gemeinsame Familienzeit ist. Sie ist ein Schatz, den wir später immer mit uns, in uns, in unserem Herzen tragen können. Keiner kann uns diese herrlichen Erinnerungen nehmen. Und niemand kann Kindern eine wundervolle Kindheit nehmen. Sie ist eine gute Grundlage für ein erfülltes Leben als Erwachsene. Vor allem möchte ich Sie mit dieser »Familien-Schatzkiste« unterstützen, auch in stressigen Zeiten Ideen für gemeinschaftliche Unternehmungen mit den Kindern zu finden. Ich wünsche mir, dass Sie das Buch gemeinsam mit Ihren Lieben anschauen und lesen. Deshalb spreche ich auch meist die ganze Familie mit »ihr« an, denn mein Gedanke beim Schreiben war, dass »Sie« es mit »Ihrer« Familie vereint lesen bzw. »ihr« das meiste miteinander macht: Egal ob backen, basteln oder singen, etwas ausprobieren oder lesen. Einfach nach Lust und Laune. Ohne zu fragen: Kann ich das? Einfach etwas aus meinen vielen unterschiedlichen Vorschlägen aussuchen und handeln. Vielleicht klappt manches nicht beim ersten Mal – na und? Macht doch nichts: Es geht um dieses Gefühl bei gemeinsamen Aktivitäten. Das ist Glück! Es macht glücklich, etwas zusammen zu unternehmen. Glücklicher als alles Geld der Welt.

Also springen Sie mit Ihrer Familie in ein aufregendes, schönes und abwechslungsreiches Jahr. Ich möchte Ihnen dabei helfen, die Jahreszeiten mit all ihren Schätzen so schön wie möglich mit Leben zu füllen.

Ich wünsche Ihnen und Ihrer Familie viele wundervolle Jahre, die Sie bewusst gemeinsam durchleben und erleben können. Nehmen Sie sich Zeit, Glühwürmchen zu finden und Sternschnuppen zu zählen. Denn das ist vielleicht das, was wirklich zählt im Leben!

Ihre
Sabine Bohlmann

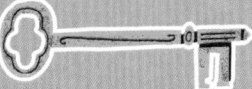

Einleitung

Eltern und Kinder gemeinsam am Esstisch, lachend im Schwimmbad,

neugierig unterwegs – in Familie eben.

Man teilt sein Leben miteinander: alle Ereignisse und Erfahrungen,

die schönen und die nicht so schönen.

Miteinander lernen und erleben, füreinander einstehen, sich helfen und

gemeinsam Spaß haben – das ist der wahre Schatz der Familien.

Mit offenem Herzen

Jeder ist seines Glückes Schmied – heißt es. Fest steht, wir können vieles mit unserer Einstellung zum Positiven verändern. Gehen Sie mit einer positiven Einstellung und mit offenem Herzen durch die Welt, und zeigen Sie Ihren Kindern, wie schön sie ist. Regen Sie Ihre Lieben zum Ausprobieren von Neuem an, und lassen auch Sie sich begeistern.

Wenn die Familie in der Schatzkiste kramt – über dieses Buch

Es ist Wochenende, es regnet wie aus Eimern, und der geplante Familienausflug in den Freizeitpark fällt ins Wasser. Die Sonne knallt vom Himmel, alle freuen sich auf den Besuch im Freibad – und dann geht das Auto kaputt. So oder so: Enttäuschung und lange Gesichter bei den Kindern, das erste »Mir ist so laaangweilig« liegt schon in der Luft.

Schnell muss ein Alternativprogramm her, und zwar eins, das allen Spaß macht, den Kleinen und den Großen, und eins, das ohne große Vorbereitung leicht umzusetzen ist. Nur so ist die Stimmung und damit das Wochenende zu retten. Da hilft ein Blick in dieses Buch, denn die Familienschatzkiste enthält für jede Jahreszeit und jedes Wetter Bräuche,

Rituale, Spiele und Rezepte, die allen Familienmitgliedern Freude machen.

Gemeinsam sind wir stark

Dieses Buch ist für Ihre gesamte Familie gedacht. Ich weiß nicht, aus wie vielen Familienmitgliedern Ihre Familie besteht und wie alt Ihre Kinder sind und wie groß der Altersunterschied zwischen Ihren Kindern ist. Ich habe es bewusst vermieden, den Anregungen in diesem Buch Altersangaben zu verpassen. Denn ich glaube, dass sich fast alles mit allen gemeinsam durchführen lässt. Und das ist genau das, was ich mir am meisten wünsche: Groß hilft Klein und jeder jedem. Ist ein Kind Ihrer Familie für dieses oder jenes Spiel zu klein, lässt sich immer eine einfache Variante eines Spiels oder eine Bastelarbeit finden, bei der sich auch das kleine Kind wichtig fühlen kann und vor allem dazugehörig. Niemand wird ausgeschlossen. Jeder arbeitet und spielt mit! So haben am Ende alle Familienmitglieder miteinander eine schöne Zeit verlebt, an die sich jeder gern erinnert.

Mit der Familie durch die Jahreszeiten

ES WAR EINE MUTTER, DIE HATTE VIER KINDER,
DEN FRÜHLING, DEN SOMMER, DEN HERBST UND
DEN WINTER,
DER FRÜHLING BRINGT BLUMEN,
DER SOMMER BRINGT KLEE,
DER HERBST, DER BRINGT TRAUBEN,
DER WINTER DEN SCHNEE.

Das Jahr ist voller regelmäßig wiederkehrender Veränderungen, es ist voll mit Bräuchen und Ritualen. Was liegt da näher, als mit Ihnen in diesem Buch durch die Jahreszeiten zu schweifen und dort auf Entdeckungsreise zu gehen? Mit der ganzen Familie zu schauen, was den Frühling ausmacht und welche Feiertage es im Sommer gibt? Welche Beschäftigungsideen liefert der Herbst und welche Geschichten ranken sich um die Festtage im Winter?

Gemeinsam erkunden und erleben

Begeben Sie sich gemeinsam auf eine Entdeckungsreise durch das Jahr, und machen Sie die schönsten Zeiten zu Ihren Familienzeiten. Lassen Sie sich zu eigenen Ritualen inspirieren, und genießen Sie mit Ihren Kindern, was die einzelnen Jahreszeiten zu bieten haben. Denn diese immer wiederkehrenden Dinge geben Kindern Halt im Leben. Da ist etwas, worauf sie sich verlassen können. Diese Dinge kommen immer wieder. Freuen Sie sich gemeinsam darauf – als Familie.

Abstraktes sichtbar machen

Die Zeit ist ein abstrakter Begriff und – nicht nur für Kinder – zu schwer zu fassen. Die jahreszeitlichen Veränderungen dagegen sind deutlich sichtbar und greifbar. Wie die Zeit verrinnt, wird der ganzen Familie noch bewusster, wenn wir auch in unseren eigenen vier Wänden eine jahreszeitlich passende Dekoration haben. In jedem Jahreszeitenkapitel finden Sie darum einige Anregungen, wie Sie Ihren persönlichen Jahreszeitenast oder -setzkasten gestalten können.

Sich die Jahreszeit nach Hause holen

Als Jahreszeitenast dient ein schöner verzweigter – trockener – Ast aus dem Wald, den man in eine Vase stellt. Wer möchte, kann den Ast weiß anmalen – das sieht sehr hübsch aus. Alle drei Monate werden sozusagen wechselnde Jahreszeitenausstellungen darangehängt: Je nach Jahreszeit schmückt eine passende Dekoration diesen Ast. Ob selbst gemacht oder gekauft, ist dabei nicht so wichtig. Man holt sich die jeweilige Jahreszeit mit dem Ast in die eigene Wohnung.

Ebenso schön ist ein Setzkasten an der Wand, in den Sie Dinge legen, die für die Jahreszeit typisch sind. Einen Setzkasten können Sie auch selbst bauen. Kleben Sie dazu mehrere leere Wattestäbchen-Schachteln aus Kunststoff aneinander. Das klappt prima mit Plastikkleber. Binden Sie dabei auch Ihre Kinder mit ein. Welche Ideen haben die Kleinen? Was verbinden sie mit der bevorstehenden Jahreszeit? Können sie beim Basteln der Dinge mithelfen?

Bei der Gelegenheit: Wie wäre es mit einer kleinen Kiste oder einer Schublade – besser noch vier davon. Für jede Jahreszeit eine, in der die Dekoration aufbewahrt wird. Eine Girlande im Herbst, gefaltete Kraniche für den Frühling, Bienchen für den Sommer und Schneekristalle für den Winter. Oder ein Tischläufer, auf den Sie mit Stofffarbe »Frohe Weihnachten« oder »Gutes neues Jahr« schreiben oder eine Ostertischdecke mit kleinen Häschen?

Das Leben bewusst erfahren

An den jahreszeitlichen Wandlungen lassen sich viele Fragen des Lebens festmachen und erläutern. Das können die typischen Kinderfragen sein, die uns Erwachsene häufig ins Schwitzen bringen: Warum bringt der Weihnachtsmann nicht die Ostereier? Warum leuchten Glühwürmchen? Sind Sternschnuppen wirklich Sterne, die vom Himmel fallen? Wie kann ich den Wind einfangen, und wie bastle

FESTE FEIERN, WIE SIE FALLEN

Heiligabend fällt jedes Jahr auf den 24. Dezember und der erste Mai ist ein Feiertag – das wissen die meisten. Aber wisst ihr auch, dass es einen Tag des Schlafs gibt oder einen Sprich-wie-ein-Pirat-Tag? Hier eine Auswahl der kuriosesten und lustigsten Welt- und Feiertage des Jahres:

21. Januar: Weltknuddeltag und Welttag der Jogginghose

27. März: Welttheatertag

2. April: Internationaler Kinderbuchtag

22. April: Tag der Erde

23. April: Tag des deutschen Biers

29. April: Welttanztag

30. April: Tag des Lärms

3. Mai: Tag der Sonne

15. Mai: Internationaler Tag der Familie

1. Juni: Internationaler Tag der Milch, Internationaler Kindertag

3. Juni: Europäischer Tag des Fahrrads

21. Juni: Tag des Schlafs, Europäischer Tag der Musik

12. August: Internationaler Tag der Jugend

13. August: Internationaler Tag der Linkshänder

28. August: Weltrohkosttag

5. September: Deutscher Kopfschmerz-Tag

19. September: Sprich-wie-ein-Pirat-Tag

22. September: Europäischer autofreier Tag

25. September: Tag der Zahngesundheit

4. Oktober: Welttierschutztag

5. Oktober: Internationaler Tag des Lehrers

8. Oktober: Welttag des Eises

9. Oktober: Tag des Weltpostvereins

22. Oktober: Welttag des Stotterns

19. November: Welttoilettentag, Tag der Suppe

20. November: Weltkindertag – Tag der Rechte des Kindes

21. November: Welttag des Fernsehens, Tag der Zahnärzte

8. Dezember: Internationaler Kinder-Fernsehtag (UNICEF)

Was mir noch fehlt, ist der Spaghetti-mit-Ketchup-Gedenktag. Und wo ist der Pippi-Langstrumpf-Tag? Vielleicht vermisst auch ihr noch ganz bestimmte Feiertage und habt tolle Ideen, was ihr an diesen Tagen machen würdet. Nur zu! Führt eure eigenen Feiertage ein. Wer weiß, vielleicht wird euer Tag des Kitzelns bald international gefeiert …

Eure Ideen für Feiertage:

....

....

....

....

....

....

....

ich ein Vogelkostüm, um im Frühling die Vogelhochzeit aufzuführen? Besteht ein Windbeutel aus Luft? Aber auch existenzielle Fragen, über die sich Philosophen bis heute den Kopf zerbrechen.

Sich gemeinsam – trotz unterschiedlichen Alters und Wissens – innerhalb der Familie mit solchen Themen zu beschäftigen, fördert die Kinder in ihrer Entwicklung ungemein und macht sie zu neugierigen, wissensdurstigen Menschen.

Für uns Erwachsene bedeutet es nicht nur, altes Wissen aufzufrischen, sondern oft auch aus eingefahrenen Denkmustern auszuscheren, die eigenen Vorurteile zu überprüfen und wiederzuentdecken, dass eigentlich alles interessant ist, wenn wir uns intensiver damit beschäftigen.

Ein Buch für eine aktive Familie

Das klingt jetzt alles sehr theoretisch, aber dieses Buch ist ein praktisches, ein aktives Buch. Denn wie schon erwähnt: Wissen prägt sich am besten durch Tun ein. Deshalb stehen Basteln, Nähen, Kochen, Feiern, Malen, Kleben, Geschichten erzählen, Fragen beantworten und vor allem Staunen im Mittelpunkt. Es ist ein Buch für die ganze Familie – deshalb werden auch alle angesprochen, nicht nur die Eltern. Damit Sie ganz schnell wissen, woran Sie sind, zeigen Ihnen Symbole, was Sie erwartet:

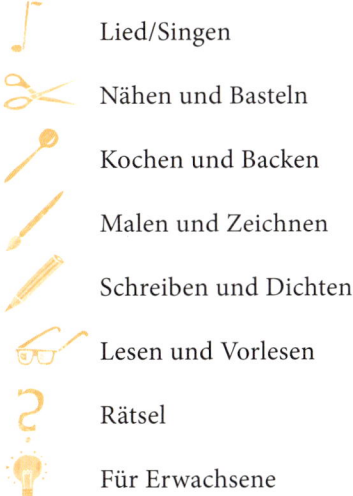

Lied/Singen

Nähen und Basteln

Kochen und Backen

Malen und Zeichnen

Schreiben und Dichten

Lesen und Vorlesen

Rätsel

Für Erwachsene

Dies ist kein normales Buch, in dem man nur liest. Dieses Buch möchte benutzt werden. Es darf gemalt und geklebt werden, nach Lust und Laune. Sie und Ihre Kinder gestalten das Buch also selbst und individuell mit. Hier ein erstes Bild zum Üben!

Hier ist meine Familie, wie sie sich auf das Jahr freut!

Ein Jahreskuchen

Um den Kindern einen Überblick über die Monate und somit die Jahreszeiten zu verschaffen, malen Sie doch gemeinsam auf ein großes Papier einen Jahreskuchen, auch Jahresuhr genannt.

Das ist ein großer Kreis, den Sie wie eine Torte in zwölf Stücke teilen. Außen herum schreiben Sie die Monate, und die Kinder können in die Stücke alles malen, was sie mit diesem Monat verbinden. Wenn Sie diese Jahresuhr auf eine Magnetwand pinnen, können Sie mit einem Pfeil (aus Pappe einen Pfeil ausschneiden und auf einen kleinen Magneten kleben) anzeigen, wo im Jahr sich die Familie gerade befindet.

Nicht zu viel auf einmal

In diesem Buch sind alle Vorschläge wie kleine Kuchenhäppchen verpackt. Fühlen Sie sich bitte niemals unter Druck gesetzt, all diese Dinge machen zu müssen. Oft ist weniger mehr: einfach ein Stückchen Kuchen genießen und schmecken lassen!

Pass auf, gib acht, Vorsicht!

Wir können unsere Kinder nicht in Watte packen. Und wir sollten es auch nicht tun. Sie wollen schließlich ein selbstbewusstes Kind, das an seine eigenen Fähigkeiten glaubt, oder? Ist Ihnen schon aufgefallen, dass meist erst dann etwas passiert, wenn wir das Kind auf die Gefahr aufmerksam machen? Die Kunst liegt eindeutig darin, einen Mittelweg zu finden. Wie gefährlich ist dieses oder jenes wirklich für das Kind? Muss ich es vor jeder Ecke warnen, an der es sich stoßen könnte? »Hilf mir, es selbst zu tun«, lautet mein Lieblingssatz von Maria Montessori. Nehmen Sie Ihrem Kind nicht alles aus der Hand. Begleiten Sie es, vielleicht sogar nur mit Worten – »das machst du gut, du schaffst das« –, Wenn Sie daneben stehen, dann sind Sie auf der sicheren Seite.

Haben Sie Vertrauen zu Ihrem Kind

In diesem Buch sind eine ganze Menge Dinge, bei denen ein »Vorsicht vor dem heißen Fett« oder »Passen Sie auf, dass das Kind, wenn es auf den Baum steigt, nicht herunterfällt« gepasst hätten. Ich habe bewusst nicht zu jedem Kapitel alle Gefahren erwähnt, die eventuell passieren könnten. Ich gehe einfach davon aus, dass Sie dabei sind, wenn Ihre Kinder mit gefährlicheren Dingen hantieren. Dass Sie abschätzen können, was Ihr Kind in welchem Alter bereits kann, oder wo Sie noch Hilfestellung leisten müssen. Es gibt Kinder, die steigen schon mit fünf Jahren sicher und schnell wie die Äffchen auf einen Baum. Andere sind nicht so mutig. Noch nicht. Sie kennen Ihr Kind am besten und

wissen, was Sie ihm zutrauen können. Und je größer das Vertrauen ist, das Sie ihm entgegenbringen, desto mehr Selbstvertrauen wird es in seine eigenen Fähigkeiten haben.

Mit Spaß gemeinsam weiterentwickeln

Die Worte »frühe Förderung« oder »pädagogisch wertvoll« sind in aller Munde. Ich glaube noch nie zuvor standen Erzieher, Eltern und vor allem die Kinder unter so einem großen Druck. Alles Mögliche muss möglichst früh gefördert werden. Alles, was wir mit den Kindern unternehmen, muss für irgendetwas gut sein: für die Feinmotorik oder die Sprachkompetenz, für das Großhirn oder die frontalen Gehirnlappen. Wofür sind die eigentlich? Sie merken schon – mit Gehirnlappen kenne ich mich

nicht so gut aus wie mit basteln, spielen, lustig sein. Das liegt daran, dass ich keine Professorin bin, auch keine Doktorin, ja nicht einmal Pädagogin. Ich bin einfach »nur« eine Mutter – eine Mutter, die wahnsinnig gern mit ihren Kindern spielt und Quatsch macht und lustig ist. Gehirnlappen hin oder her. Ich bin überzeugt, egal was Sie mit Ihrem Kind spielen, es wird alles automatisch gefördert. Denn allein, dass man gemeinsam etwas macht, dem Kind Zuneigung und Liebe zeigt, ihm die eigene Zeit schenkt und ihm die Welt erklärt, ist Förderung auf der ganzen Linie. Wenn Sie bisher vielleicht nicht zu den Naturfreaks, den Bastlern oder den Vorlesern gehörten, fördert all das auch Sie selbst, denn auch als erwachsener Mensch will man doch schließlich dazulernen, oder nicht?

Falls Sie jetzt aber doch noch genauer wissen wollen, was in diesem Buch wen und warum fördert, im Folgenden ein paar Beispiele:

Geschichten lesen, vorlesen und erfinden

Das fördert natürlich den Wortschatz, den sicheren Umgang mit der Sprache, das Verständnis von Wörtern und Zusammenhängen und auch die Fähigkeit, in unterschiedlichen Situationen auf ein unterschiedliches Vokabular zurückzugreifen. Genauso schult das Lesen die Kreativität, die Fantasie und auch die Konzentration. Im Kopf entstehen Bilder von Menschen, von Landschaften und die ganze Handlung einer Geschichte. Wie ein Film läuft sie vor unserem inneren Auge ab, aber – und das ist das Wichtige – bei jedem Einzelnen etwas anders. Manchmal ist es so, als könnten wir die verschiedenen Stimmen der Helden hören. Wie enttäuscht sind wir dann oft, wenn das Lieblingsbuch verfilmt wird und völlig andere Typen mit ganz anderen Stimmen darin zu sehen und zu hören sind – weit weg von dem eigenen Kopfkino. Um der Fantasie ihren Raum zu lassen, galt bei uns immer die Faustregel: Erst das Buch selbst lesen oder vorlesen, und danach vielleicht den Film anschauen.

Vorlesen bedeutet aber auch Nähe und Zuwendung pur. Der Vorleser ist ganz für das Kind da.

Familienstammtische

In diesem Buch mache ich immer wieder Vorschläge für Familienstammtische. Damit meine ich ein Treffen am großen Esstisch oder in der gemütlichen Sofaecke. Dann wird geredet, diskutiert, herumgesponnen. Das stärkt den Zusammenhalt in einer Familie, weil jedes Familienmitglied etwas über die anderen erfährt. Nicht nur die Kinder lernen, ihre Gedanken offen auszusprechen oder über Ängste und Träume zu reden. Wichtig dabei ist: Es darf gemeinsam gelacht werden, aber nicht übereinander – auch wenn jemand vielleicht einen seltsamen Gedanken ausspricht. So entsteht eine Atmosphäre des Vertrauens, die eine Familie zusammenschweißt und auf die wir auch in schwierigen Situationen bauen können.

Außerdem – und das ist fast noch wichtiger – lernt man das Zuhören. Viele Menschen heutzutage können das nicht mehr – einfach nur zuhören. Selbst am Telefon wird nebenbei noch Wäsche zusammengelegt, das Baby versorgt oder die Spülmaschine ausgeräumt. Wir verlangen von unseren Kindern, dass sie uns immer zuhören, aber sind wir ihnen da wirklich gute Vorbilder? Lassen Sie jeden in der Familie am Familienstammtisch aussprechen und zu Wort kommen. Wenn es anfangs schwieriger ist als erwartet, kann ein Erzählball oder ein Erzählstab zu Hilfe genommen werden. Jeder, der diesen Ball oder Stab in der Hand hält, darf erzählen, und die anderen hören zu.

Natürlich sind auch Nachfragen erlaubt und erwünscht, denn nicht immer verstehen alle in der Familie sofort, was der Sprechende meint. Das geht Eltern mit Kindern so und Kindern mit Eltern. Wenn eine Ansicht noch einmal neu formuliert wird, üben wir auch den präzisen Umgang mit der Sprache. Das gilt für die Großen genauso wie für die Kleinen.

Basteln

Basteln fördert Kreativität (für mich eine der wichtigsten Eigenschaften, leider in Schulen oft völlig unterbewertet), Konzentration, Durchhaltevermögen und die Feinmotorik. Wichtig finde ich, dass Kinder – und auch Eltern, die vielleicht nicht so gern basteln – nicht gleich aufgeben, wenn die Bastelarbeit nicht sofort klappt. Oft ist das eine echte Geduldsprobe. Manchmal klebt alles überall – nur nicht da, wo es kleben soll. Versuchen Sie, mit Ihrem Kind darüber zu lachen, und ermutigen Sie es dazu, weiterzumachen oder noch einen neuen Versuch zu starten. Am Ende kann man auf das Ergebnis richtig stolz sein: »Das hab ich selbst gemacht!«

Raus in die Natur

Die Natur bringt uns Erdung auf der ganzen Linie. Wir vergessen das leider immer mehr. Aber gehen Sie mit Ihrer Familie einmal in den Wald. Das ist durch die Bewegung an der frischen Luft nicht nur gut für die Gesundheit, sondern auch für den Geist und die Seele. Atmen Sie tief ein, schließen Sie die Augen, und lauschen Sie den Geräuschen. Spüren Sie, wie angenehm sich das anfühlt? Die meisten Menschen sind nach einem Waldspaziergang fröhlich, ausgeglichen und fühlen sich einfach gut. Der Körper und die Seele haben Kraft getankt. Gehen Sie also so oft es Ihnen möglich ist, in die Natur – ob Berg, Feld, Wiese, Fluss oder See, ganz egal. Das Leben einatmen kann man überall in der Natur.

Lernen, ohne es zu merken

Niemand muss das Wissen in Kinder hineinprügeln. Wenn Kinder bereit dazu sind, verschlingen sie das Wissen wie einen Schokokuss. Kinder kommen schließlich zum Lernen motiviert auf die Welt. Sie wollen entdecken und sind neugierig auf alles, was neu ist. Wir müssen nur den richtigen Zeitpunkt finden, wann sie wozu bereit sind.

Wenn Sie Fragen Ihrer Kinder nachgehen, gemeinsam in einen Atlas schauen oder in ein Geschichtsbuch, wenn Sie vielleicht ein ganzes Projekt daraus machen, eine Landkarte an die Wand hängen und einzeichnen, wo Sie schon überall waren, oder eine Weltkarte zur Hand nehmen und Bilder von Tieren daraufkleben, die in den jeweiligen Ländern leben, macht das nicht nur allen viel Spaß, die Kinder – und vielleicht auch Sie selbst – lernen ganz nebenbei auch eine Menge.

Bei allem gilt: Fördern Sie das Kind, aber überfordern Sie es nicht.

Was die Sinne schult

Unsere Sinne erschließen uns die Welt, aber wir sind uns dessen normalerweise nicht bewusst.

Spiele wie Memory oder »Ich packe meinen Koffer« trainieren das Gedächtnis und den Blick fürs Detail. Bei solchen Spielen wird Ihr Kind Ihnen höchstwahrscheinlich hoffnungslos überlegen sein, also fördern Sie sich selbst mit. Das schadet nie.

Spiele wie: »Beim Bäcker hats gebrannt, brannt, brannt, …«, bei denen man einen Reim sagt und gleichzeitig dazu klatscht, stärken das Rhythmusgefühl und die Konzentration.

Stille aushalten und genießen

Das ist für mich etwas, was man unbedingt fördern müsste, was aber selten auf den Listen der Kindergärten und Schulen steht. Denn unser Alltag ist so laut und schnell geworden. Mit unserem Handy, das ja jetzt zum Glück alles kann, telefonieren, fotografieren, filmen wir und hören Musik. Selten kommt es vor, dass wir einfach nur dasitzen und nichts tun. Darum legen Sie sich mit Ihrem Kind auch ruhig einmal in die Wiese und beobachten still nebeneinander die Wolken, die am Himmel ziehen. Verzichten Sie vielleicht ein ganzes Wochenende lang auf alle elektronischen Geräte. Hören Sie der Stille zu, die in Ihnen wohnt! Das ist anfangs vielleicht ungewohnt, trägt aber sehr zur Entspannung in unserem oft stressigen Alltag bei.

Zur Ruhe kommen die Kinder – genau wie wir Erwachsenen – auch bei Traumreisen und Meditationen. Ein Beispiel dafür finden Sie auf Seite 83.

Das Leben spüren

Oft habe ich Angst, die Generation unserer Kinder könnte denken, dass das echte Leben im Computer oder im Fernsehen abläuft. Denn diese Medien spielen inzwischen eine ungemein große Rolle in unserem Alltag. Vergessen viele, wie sich das Leben wirklich anfühlt? Barfuß durch den Sommerregen laufen, sich gegen den Wind stellen, einen Drachen steigen lassen, die eisige Kälte von Frost und Schnee spüren und mit hochroten Backen wieder nach Hause kommen, eine Heuschlacht im Stall, einen Berg hinunterkugeln, bis einem schwindelig wird, einen Käfer über seine Hand krabbeln oder Sand durch die Finger rinnen lassen, um die Wette laufen, bis man außer Puste ist und das Herz bis zum Hals schlägt … Das ist das wahre Leben! Und das muss gefördert werden – mehr als alles andere!

Schon einfache Aufgaben, die außerdem noch viel Spaß machen, ändern das: Mit verbundenen Augen Dinge ertasten oder mit der Nase dran riechen, barfuß über verschiedene Materialien gehen, mit geschlossenen Augen und einem Helfer an der Hand durch die Wohngegend gehen und sich auf seine Ohren verlassen.

Alles, was wir anfassen können, verstehen wir besser. Ein Grund vielleicht, warum Mathe für viele Kinder so schwer zu verstehen ist, denn die Zahlen sind abstrakt, man kann sie nicht fassen, nicht begreifen. Wandeln Sie Zahlen in Dinge um (Erbsen, Murmeln, kleine Steine …), dann wird eine Menge sichtbar und fühlbar – und be-greifbarer.

Spiele wie »Ich sehe was, was du nicht siehst« schulen die Wahrnehmung. Man guckt sich um, lässt die Augen langsam und zielsicher von einer Stelle zur anderen wandern.

![Kinder beim Sackhüpfen auf einer Wiese]

Wer rastet, der rostet

Der Mensch hat rund 650 Muskeln, die in Bewegung gehalten werden wollen. Bei Kindern ist dieser Bewegungsdrang angeboren, sie hüpfen und springen, sie laufen, und man fragt sich als Erwachsener oft, wo hat mein Kind diese Energie her? Doch stimmt es, dass die Kinder immer unbeweglicher werden? Dass sie nicht mehr hoch hüpfen können? Hüpfen Sie mit Ihren Kindern einen Weg entlang, über ein

Springseil, auf einem Trampolin, rennen Sie mit Ihren Kindern um die Wette. Balancieren Sie mit ihnen über einen umgestürzten Baum. Das tut allen gut und macht Spaß – auch den Erwachsenen. Ganz nebenbei fördert es bei den Kindern die motorische Entwicklung und bei der ganzen Familie die Beweglichkeit, Koordination und Fitness – Eigenschaften, die heute bei Großen und Kleinen durch das viele Sitzen am Computer und vorm Fernseher schlecht entwickelt sind. Denn Muskeln die rasten, rosten ...

Rituale machen das Leben leichter

Ein zu bestimmten Zeiten immer gleicher Ablauf von Handlungen – so könnte man ein Ritual auf die Schnelle definieren. Das klingt ziemlich langweilig, oder? So etwas sollen wir innerhalb unserer Familien stärken in einer Zeit, wo unsere Gesellschaft ge-

radezu nach Abwechslung lechzt? Wo jede Veranstaltung gleich ein unvergesslicher Event sein muss? Tatsächlich strukturieren Rituale den Alltag, die Wochen, die Monate und das ganze Jahr, ja sogar unsere Lebensphasen. Sie geben uns in dem jeweiligen Rahmen eine Orientierung, Sicherheit und Stabilität und erleichtern uns damit das Leben.

Rituale im Alltag

Viele der Rituale, die wir täglich wiederholen, sind uns wahrscheinlich gar nicht als Rituale bewusst. Wie das Händeschütteln bei einer Begrüßung oder dass wir uns beim Essen guten Appetit wünschen, uns gegenseitig die Tür aufhalten ... All diese kleinen wiederkehrenden ritualisierten Handlungen geben unserem Miteinander in verschiedenen gesellschaftlichen Zusammenhängen eine Struktur und erleichtern damit das Zusammenleben. Denn so müssen wir nicht in jeder Situation aktiv darüber nachdenken, was zu tun ist, sondern können auf die ritualisierten Muster zurückgreifen.

Rituale geben auch dem Tag eine Struktur. Wie sehr, das merken wir, wenn wir Urlaub machen und plötzlich alles anders ist. Wie desorientiert sind wir dann anfangs manchmal, und wie sehr suchen wir auch im Urlaub nach einem neuen Gerüst für diese besondere Zeit des Jahres. Nicht umsonst sagt man, dass die Erholung erst nach einigen Tagen einsetzt.

Sicherheit durch Rituale

Innerhalb der Familie fördern Rituale den Zusammenhalt und geben dem Kind Geborgenheit und Sicherheit. Denn es weiß, diese oder jene Handlung kommt immer wieder. Da beißt die Maus keinen Faden ab. Darauf kann das Kind sich verlassen. Bekommt das Kind diese Sicherheit, verringert das seine Ängste und gleichzeitig wird sein Selbstbewusstsein gestärkt.

Signale der Veränderung

Rituale gibt es in allen Kulturen. Sie begleiten den Menschen durch das ganze Leben und helfen, von einer Lebensphase in die nächste zu gelangen. So feiern wir beim Ritual der Hochzeit den Übergang vom Alleinstehenden zum Ehepaar. Am ersten Schultag signalisiert die Schultüte den ABC-Schützen, dass jetzt mit der Schulzeit für sie ein neuer Lebensabschnitt beginnt. In vielen Kulturen werden das Eintreten der Jungen in die Männerwelt und der Übergang vom Mädchen zur Frau mit Ritualen und Feiern begangen.

Meiner Meinung nach fehlt genau dieses Ritual in unserer Gesellschaft, denn unsere Kinder hängen in der Pubertät ziemlich in den Seilen und wissen nicht wohin. Das ist leider meist die Zeit, in denen wir mit den Ritualen aufhören – logisch, ein Zwölfjähriger lässt sich nicht mehr gern in den Schlaf singen. Doch vielleicht sind Jugendliche deshalb auch oft so haltlos, weil der Rahmen fehlt. Denn Rituale setzen auch Grenzen. Wenn eine Familie es schafft, ihre Rituale dem Alter und der Entwicklung der Kinder anzupassen, ist sie auf dem richtigen Weg.

Rituale als Zeitmesser

Ostern, Weihnachten, Geburtstag: Kinder teilen ihr Jahr meist in Feste ein. Während viele Erwachsene von Urlaub zu Urlaub leben oder von Wochenende zu Wochenende, sind für Kinder Geburtstage und Feste sehr wichtig. Man soll die Feste feiern wie sie fallen. Also feiern Sie. Geben Sie dem Jahr mit liebevollen Festen immer wieder Highlights. Denn Feste machen den Alltag bunt.

Frühling

Die ersten Krokusse und Winterlinge stecken ihre Köpfchen aus der Erde heraus

und fragen sich: Bin ich hier richtig?

Vögel zwitschern überall. Es wird wieder heller – jeden Tag etwas mehr.

Die Menschen freuen sich über jeden Sonnenstrahl.

Frühjahrsputz ist angesagt, und der Osterhase kommt.

Das Jahr ist frisch und neu.

Man kann es nicht erwarten, endlich Blumen und Samen im Garten zu pflanzen.

Hurra, der Frühling ist da!

Wir atmen erleichtert auf: Der Winter, die kalte Jahreszeit, ist vorbei. Die dicken Winterklamotten werden gegen leichtere Kleidung ausgetauscht. Wir öffnen morgens das Fenster und werden von einem frischen Frühlingsduft mit Vogelgezwitscher begrüßt. Alles blüht und grünt, und wir wollen mittendrin sein.

Alles aufwachen, es ist Frühling!

Lang war der Winterschlaf. Nicht nur bei vielen Tieren wie Igeln, Mäusen, Murmeltieren, Dachsen und Bären: Auch bei uns fühlen sich die Gelenke müde an vom langen Winter. Eingerostet. Wenn die ersten Frühlingssonnenstrahlen durchs Fenster gucken, öffnet es weit, und weckt die ganze Familie auf.

Stellt euch an das geöffnete Fenster und streckt eure Glieder. Gähnt alle einmal ganz laut: Wer kann am längsten gähnen wie ein Löwe? Hüpft euch wach: Wer kann am höchsten hüpfen? Wer kann mit seinen Fingerspitzen bei gestreckten Beinen den Boden berühren? Wer schafft die meisten Kniebeugen

WACHT AUF!

Wacht auf, ihr Winterschläfer,
der Frühling ist schon da.
Eichhorn, Igel, Käfer,
Mama und Papa,
streckt die müden Glieder,
es duftet schon nach Flieder,
und kleine grüne Spitzen
aus der Erde blitzen.
Hört euch mal den Frühling an,
wie wundervoll er zwitschern kann.
Und überall liegt in der Luft
ein bunter frischer Blumenduft.
Wacht auf, ihr Winterschläfer,
der Frühling ist schon da.
Wir singen und wir tanzen
den Frühlingschachacha!

und Liegestütz? Knetet euch gegenseitig wach. Massiert euch vom Scheitel bis zur Sohle, und weckt alles auf. Guten Morgen, ihr Füße, der Frühling ist da! Man kann sich auch gegenseitig wach knuddeln – am besten alle zusammen beim Familienknuddeln. Da nun alle wach sind, schauen wir uns den Frühling, man nennt ihn auch Lenz, einmal genauer an. Da gibt es nämlich viel Interessantes zu wissen. Fangen wir doch mit einer einfachen Frage an: Wann ist eigentlich Frühlingsbeginn?

Einfach? So einfach ist das gar nicht: Aus astronomischer Sicht, also wenn man sich nach dem Stand der Sonne richtet, beginnt der Frühling am 20. März. Zur Sommersonnenwende am 21. Juni endet er. Phänologisch, also wenn man die Ereignisse betrachtet, die in der Natur immer wiederkehren, beginnt der Frühling mit dem ersten Blühen verschiedener Pflanzenarten. Das kann je nach dem, wo jemand wohnt, um einige Wochen unterschiedlich sein. Denn die Wärme, die die Pflanzen wachsen lässt, kommt in manche Regionen früher und in andere später. Mit den Schneeglöckchen geht die Blütezeit der Pflanzen los, und wenn die Apfelbäume blühen, sind sich alle einig, dass endlich Frühling ist. Es werden ihm die Monate März, April und Mai zugeordnet. In der Meteorologie, also in der Wetterkunde, beginnt der Frühling immer am 1. März.

Die Sonne scheint jetzt jeden Tag ein wenig länger, und nach und nach wird es wärmer – und damit draußen auch bunter. Dadurch bekommen wir gute Laune und haben Lust, mehr zu unternehmen und rauszugehen. Wer nicht gerade ein Langschläfer ist, wacht morgens früher auf, weil es draußen nicht mehr so dunkel ist wie im Winter.

Eine Stunde weniger – die Zeitumstellung

Am letzten Wochenende im März wird die Uhr um eine Stunde vorgestellt. Das geschieht um zwei Uhr nachts. (Am letzten Sonntag im Oktober um drei Uhr nachts wird sie auf Winterzeit umgestellt.) Wenn man die Zeitumstellung beobachten will, muss man sich vor eine Funkuhr setzen und warten, bis es Nacht wird. Um Punkt zwei beginnt die Uhr zu laufen, und zwar eine Stunde nach vorn. (Im Herbst läuft sie elf Stunden weiter, bis sie eine Stunde vorher ankommt.) Das klingt kompliziert – ist es auch! Ab jetzt gilt die Sommerzeit. Wir müssen also eine Stunde früher aufstehen, und dadurch ist es morgens beim Aufstehen anfangs wieder dunkel, dafür aber immerhin abends heller.
Warum macht man das eigentlich, und wer hat das Recht, uns einfach eine Stunde zu stehlen und uns im Herbst eine Stunde zu schenken?
Die Zeitumstellung ist per Gesetz am 25. Juli 1978 so beschlossen worden. Mit der Zeitumstellung wollte man Energie sparen, weil es im Sommer später dunkel wird, jedoch früher hell – und im Winter später hell und früher dunkel. Außerdem wollte man sich an die Nachbarländer anpassen, die ebenfalls eine Zeitumstellung eingeführt hatten. Die Winterzeit, also die Zeit von November bis März, ist übrigens die Normalzeit.

Die Sommerzeit begrüßen – eine Mitternachtsparty

Wenn ihr die Zeitumstellung live beobachten möchtet und außerdem noch eine Funkuhr im Hause habt, könnt ihr eine Mitternachtsparty veranstalten: ob mit Freunden oder mit der Familie – in dieser Nacht bleiben alle wach. Dies ist vielleicht die einzige Möglichkeit, die Zeit zu beobachten und ihr zuzusehen, wie sie vor oder zurück springt. Das muss man unbedingt ausnutzen.

Baut euch dafür ein gemütliches Übernachtungslager. Vielleicht stellt ihr ein echtes Zelt im Zimmer auf. Oder holt euch einen großen Sonnenschirm aus dem Garten in die Wohnung. Stellt ihn auf und befestigt daran Tücher, Bettlaken oder Tischdecken. Hängt Lichterketten darüber und richtet das Schirmzimmer mit vielen Matratzen und Kissen ein. Jetzt könnt ihr ganz gemütlich auf die Zeitumstellung warten.

Auf jeden Fall werden Gruselgeschichten erzählt und vielleicht Schattenspiele mit den Fingern an die Wand geworfen. Mit der Taschenlampe Morsezeichen geübt. Geschichten aus der Kindheit erzählt. Über Zukunftsträume gesprochen, Ratespiele oder Stadt-Land-Fluss gespielt, eine Kissenschlacht veranstaltet. Ihr könnt auch mitten in der Nacht aus dem Fenster schauen und der Nacht zuhören. Aus dem Fenster mit der Taschenlampe leuchten und beobachten, wie weit das Licht der Taschenlampe reicht.

Vielleicht gibt es ein Mitternachtsessen oder eine Mitternachtsbowle. Wer weiß... Und dann um 2 Uhr nachts geht es los. Alle sitzen um die Funkuhr. Alle wackeln mit ihren Händen, bis die Uhr sich in Bewegung setzt, dann gibt es eine La-Ola-Welle: Jetzt rennt die Uhr eine Stunde vorwärts, und in Sekundenschnelle ist plötzlich eine ganze Stunde vorbei. Danach legen sich alle zufrieden in ihre Schlafsäcke und schlafen um eine Stunde beraubt ein.

To-Do-Liste für den Frühling

Wenn eine neue Jahreszeit beginnt, hat jeder Lust, bestimmte Dinge zu tun, die er lange nicht getan hat, weil sie gerade zu dieser Jahreszeit gut passen. Überlegt euch, was für euch und eure Familie dazugehört. Es sind vielleicht auch noch andere Dinge als jene aus unserer Liste.

Das Gras wachsen hören? Kann man das? Versucht es doch einfach. Legt ein Ohr auf die Erde, und seid ganz still. Hört ihr es? Hört ihr, wie das Gras wächst?

Eigentlich ist dies nur eine Redensart. Sie stammt aus einer germanischen Sage. Da hieß es, Heimdall,

FAMILIENSTAMMTISCH
Setzt euch alle gemeinsam hin und philosophiert! Stellt euch gegenseitig Fragen und überlegt euch lustige, spannende, ernste und philosophische Antworten. Das Interessante daran: Was antwortet ein Kind mit vier Jahren, ein Kind mit zehn, und wie denken die Erwachsenen über dies und das, beispielsweise:

- Wie hört sich der Frühling an?
  Vogelgezwitscher überall!
- Wie riecht der Frühling?
  Nach Hyazinthen und frischem Gras!
- Wie schmeckt der Frühling?
  Nach Salat und Ostereiern!
- Wie fühlt sich der Frühling an?
  Manchmal schon ganz warm.

Sicher fallen euch zu diesen Fragen noch ganz andere Antworten ein.

der Wächter der Götter, könne auch hören, dass das Gras auf der Erde und die Wolle auf den Schafen wächst sowie überhaupt alles, was einen Laut von sich gibt! Dieser Heimdall muss ganz schön große Ohren gehabt haben!

Wer heute sagt, »der hört das Gras wachsen«, meint damit, dass jemand schon bevor eine Situation eintritt, Vermutungen darüber anstellt, was in dieser Situation passieren wird. Oder dass jemand über Probleme nachdenkt, die noch gar nicht da sind.

Der Jahreszeitenast im Frühling

Überlegt euch gemeinsam, womit ihr den Ast für das Frühjahr schmücken möchtet. Wie wäre es mit zarten Blümchen aus Krepppapier oder bunten Vögelchen? Die kleinen bunte Vögelchen kann man kaufen. Ihr könnt die Vögel aber auch aus Zeitungen ausschneiden oder selbst malen.

Malt einfach Vögel in verschiedenen Größen auf Karton. Schneidet sie aus und hängt sie mit Wäscheklammern an den Ast. Größere Kinder können extra Flügel ausschneiden und diese an die gezeichneten Papiervögel kleben oder Flügel aus buntem Papier falten wie eine Ziehharmonika, und durch einen Schlitz im Kartonvogel stecken.

Blümchen aus Krepppapier

Man braucht:
- KREPPPAPIER
- DRAHT
- SCHERE

Buntes Krepppapier in etwa 8 cm breite und 40 cm lange Streifen schneiden. Die 8 cm auf etwa 4 cm falten und zu kleinen Blüten aufrollen. Mit Draht umwickeln, evtl. noch grüne Kreppblätter ausschneiden und unter die Blüten kleben.

Der Jahreszeitensetzkasten im Frühling

Vielleicht möchtet ihr statt des Astes – oder auch zusätzlich – lieber gemeinsam einen Setzkasten füllen mit Dingen, die für die Familienmitglieder das Frühjahr veranschaulichen. Überlegt euch, was das sein könnte: Was ist »typisch Frühling«? Vielleicht ein Samenkorn, eine winzige Vase für die erste Frühlingsblume, die gefunden wird, eine Knospe, ein kleiner Flacon mit einem Frühlingsduft, ein Osterei, ein selbst geformter Osterhase, ein Küken, eine Hühnerfeder, ein Fläschchen frische Erde ...

Ein Frühlingskranz für die Haustür

Ein Kranz zu jeder Jahreszeit heißt die Eintretenden willkommen.

Im Frühjahr flechten Sie den Kranz aus Weiden und zarten Stoffblümchen oder Krepppapierblumen. Oder hängen Sie in die Mitte des Kranzes eine kleine (gekaufte) Elfe.

So flechten Sie einen Kranz:

Wenn die Weiden im Frühjahr frisch und grün sind, ist die beste Zeit, sie zu schneiden und Kränze aus ihnen zu flechten. Nehmen Sie drei Weidenruten, knoten Sie das eine Ende mit einem Band oder einer Schnur fest zusammen. Nun flechten Sie die Weiden wie einen Zopf und binden die beiden Enden zu einem Kranz zusammen. Die Weiden werden mit der Zeit braun und hart, aber solange die Ruten nicht brechen, kann man diesen Kranz immer wieder verwenden.

Haben Sie keine Weiden, können Sie einen schönen Kranz aus Buchs binden. Dazu brauchen Sie Buchszweige und Draht. Binden Sie erst ein paar der Zweige fest mit dem Draht zusammen. Den Draht nicht durchschneiden. Denn nun wird er fest um den entstehenden Kranz gebunden. Während man immer wieder neue Buchszweige in die Mitte der anderen Zweige steckt, wickelt man den Draht immer weiter herum. Bis man schließlich den Kranz schließen kann. Dekorieren Sie den Kranz, wie es Ihrer Familie gefällt. An Ostern kann man die Frühlingsdekoration gegen Ostereier tauschen.

Frühlingsrollen

Es gibt zwei Arten von Frühlingsrollen:
1. Man stellt sich im Frühling auf einen Berg und lässt sich hinunterrollen.
2. Man stellt sich in die Küche und kocht chinesische, thailändische, vietnamesische oder vegetarische Frühlingsrollen.
Wir entscheiden uns für Letzteres.

Vegetarische Frühlingsrollen

Rezept für 18 Stück • Zutaten:

· 18 TEIGPLATTEN FÜR FRÜHLINGSROLLEN
  (TIEFGEKÜHLT 12,5 X 12,5 CM)
· 8 GETROCKNETE SHIITAKEPILZE
· 160 G KAROTTEN
· 100 G CHINAKOHL
· 100 G BAMBUSSPROSSEN AUS DER DOSE
· 100 G MUNGOBOHNENSPROSSEN
· 80 G STAUDENSELLERIE
· 6 FRÜHLINGSZWIEBELN
· 6–10 EL ÖL
· 4 EL HOISINSAUCE
· 2 EL SOJASAUCE
· SALZ
· 2 EL SPEISESTÄRKE
· ÖL ZUM AUSBACKEN
· SÜSSSAURE SAUCE ODER SOJASAUCE ZUM DIPPEN

Die Teigplatten unter einem feuchten Tuch auftauen lassen. Die Shiitakepilze 20 Minuten in warmem Wasser einweichen. Mit einem Küchentuch trocken drücken. Pilze, geschälte Karotten, Chinakohl, Bambus-, Mungobohnensprossen, Staudensellerie, Frühlingszwiebeln und Lauch putzen und klein schneiden. 6 EL Öl in einer Pfanne erhitzen (sehr geeignet auch für den Wok). Karotten, Staudensellerie und Frühlingszwiebeln hineingeben und anbraten. Pilze, Chinakohl, Bambus- und Mungobohnensprossen dazugeben. Durchrühren und vom Herd nehmen. Hoisin- und Sojasauce unterrühren und mit Salz abschmecken. Die Speisestärke mit etwas Wasser glatt rühren und unterheben. Die Ränder der Teigplatten mit Wasser bestreichen und auf jede Platte etwa 1 EL

Füllung geben. Die Teigplatten von den Seiten her bis zur Mitte überschlagen. Enden fest andrücken. Frühlingsrollen im heißen Öl goldgelb ausbacken. Achtung: Das spritzt ziemlich! Deshalb sollte der Topf hoch genug sein. Kinder sollten auf jeden Fall Abstand halten. Falls die Frühlingsrollen platzen, wenn sie mit dem heißen Öl in Berührung kommen, versuchen Sie, die Teigplatten fester um die Füllung zu wickeln, damit sich möglichst wenig Luft in der Teigtasche befindet. Oder stechen Sie mit einer Gabel ein paar Löcher hinein, damit die Luft entweichen kann.
Tipp: Wenn Ihre Kinder das eine oder andere Gemüse nicht mögen, können Sie es auch gegen andere Zutaten tauschen oder einfach weglassen. Frühlingsrollen lassen sich zum Beispiel auch mit Hackfleisch füllen.

Meine Frühlingsrollen

»Würmer« nennen meine Kinder die Bambus- und Mungobohnensprossen, und jede Sprosse wird ordentlich aussortiert und an den Tellerrand gelegt. Deshalb erfand ich irgendwann unsere Kinderfrühlingsrollen.

Zutaten:

· GEMÜSE (ALLES, WAS DAS KIND MAG)
· 1–2 EL ÖL
· 150 G FETA
· ETWAS CREME FRAICHE ODER SAHNE
· 1 EI ZUM BESTREICHEN
· SALZ, PFEFFER
· BLÄTTERTEIG (IN EINER ROLLE MIT BACKPAPIER,
  DAS MAN DIREKT AUF DAS BLECH ROLLEN KANN)

Gemüse klein schneiden und mit etwas Öl in einer Pfanne andünsten.
In einer Schüssel den Schafskäse zerdrücken und die Gemüsemasse dazugeben. Alles gut vermischen. Creme Fraiche oder Sahne dazugeben. Salzen und pfeffern.
Eine Teigplatte auf das Blech rollen, kleine Portionen der Gemüsekäsemasse in Abständen mit einem Löffel daraufgeben. Die zweite Teigplatte über die Häufchen legen, nun die leeren Zwischenräume zusammendrücken und dann dort durchschneiden. So entstehen Teigtaschen. Mit einer Gabel Löcher in

die Teigtaschen pieken und die Päckchen mit Ei bestreichen. Im vorgeheizten Backofen bei 180 °C etwa 20 Minuten goldgelb backen.

Ein Riesen-Blumenkissen ✂

Man braucht:
· UNTERSCHIEDLICHE ALTE ODER NEUE STOFFE
· ZEITUNG
· NÄHMASCHINE
· SCHNUR
· 2 STIFTE
· NÄHZEUG
· AUFNÄHER, BÜGELBILDER, KNÖPFE U. Ä. ZUR VERZIERUNG
· FÜLLWATTE ODER KISSENFÜLLMATERIAL (AUCH AUS ALTEN KISSEN)

Die Zeitung ausbreiten und als Schnittmuster verwenden. Basteln Sie sich mit den beiden Stiften und der Schnur einen Zirkel. Dazu die Stifte mit einem Abstand von etwa 28 cm an die Schnur binden. Einen Stift mit der Spitze in die Mitte der Zeitung drücken und halten. Der andere Stift malt nun bei gespannter Schnur außen herum die Kreislinie für die Blüte. Am Strich entlang ausschneiden.
Nun die Blütenblätter: Große Blütenblätter nach Belieben (schmal oder dicker) aus der Zeitung ausschneiden. Meine Blätter waren etwa 40 cm lang und 30 cm breit an der breitesten Stelle. Probieren Sie aus, wie viele Blütenblätter Sie brauchen, damit alle an der Blume Platz haben. An meiner Blume hatten acht Blütenblätter bequem Platz.
Nun können Sie die Zeitungsschnittmuster auf die Stoffe legen und übertragen. Lustiger wird das Kissen, wenn Sie für die Vorder- und Rückseite verschiedene Stoffe nehmen. Schneiden Sie die Stoffe zu. Bevor Sie die einzelnen Blütenblätter zusammennähen, wird verziert: Schneiden Sie Herzen, Buchstaben, Kringel aus anderen Stoffen aus. Vielleicht finden Sie auch auf alten T-Shirts aufgedruckte Blumen, Schriften oder Schmetterlinge, die Sie ausschneiden können. All das nähen Sie nun auf die Blumenstoffe. Auch Knöpfe oder Spitzenborten sehen schön aus. Nun legen Sie immer zwei Blütenblätter links auf links und nähen diese an der Kante zusammen. Die

Seite, mit der die Blütenblätter auf die Blumenmitte stoßen, bleibt noch offen. Jetzt die Blütenblätter auf rechts drehen und mit Füllwatte befüllen.
Die beiden kreisrunden Stoffe für die Blütenmitte einsäumen. Noch nicht zusammennähen und noch nicht befüllen. Jetzt erst die Blütenblätter zwischen die beiden runden Stoffe heften. Nun alles zusammennähen – Blütenblätter an Blütenmitte und gleichzeitig Vorder- und Rückseite der runden Blütenmitte. Achtung: Ein Loch lassen, um auch die Mitte mit Füllwatte auszustopfen. Am Schluss das Füllloch mit der Hand zunähen – fertig ist der Kissenblumentraum.
Tipp: Füllwatte gibt es im Bastelgeschäft oder im Internet. Da braucht man eine ganze Menge. In mein Kissen gingen etwa 1000 g.
Je verschiedener die Stoffe sind, umso schöner und lustiger wird das Kissen. Auch wenn man anfangs hier und da denkt, die Stoffe würden nicht zusammenpassen – wenn alles genäht ist, passt es auf wundersame Weise. So ist das beim Patchwork. Die unterschiedlichsten Stoffe werden zu einem großen bunten Kunstwerk.

Dein Baum im Frühling

Wie sieht dein Baum im Frühling aus? Male ihn auf ein Papier oder fotografiere einen blühenden Frühlingsbaum und klebe das Foto auf. Bewahr das Blatt gut auf. Wenn du das zu Beginn jeder Jahreszeit machst, hast du nach einem Jahr eine schöne Baumgalerie, die die Veränderungen der Natur zeigt.

April, April, der macht, was er will!

Regen, Sonne, Wind, Sturm und manchmal noch Hagel oder sogar Schnee – oft zeigt uns der April noch einmal alles, was das Wetter zu bieten hat. Bis es wärmer wird und das Wetter beständiger, dauert es aber doch noch ein Weilchen. Wenn sich das Wetter wieder einmal nicht entscheiden kann, gibt es oft einen Regenbogen. Aus welchen Farben besteht der eigentlich?

Regen + Sonne = Regenbogen

Ein Regenbogen besteht aus den Farben Lila, Blau, Grün, Gelb, Orange und Rot. Wer einen Regenbogen am Himmel sieht, hat die Sonne im Rücken und die Regenwand vor sich. Nur dann ist es möglich, den Regenbogen zu sehen.

Wusstet ihr, dass es auch einen Mondregenbogen gibt? Er heißt so, weil es ein Regenbogen bei Nacht ist. Er wird eben nicht von der Sonne reflektiert, sondern vom Licht des Mondes.

Auch im Sprühnebel eines Gartenschlauchs kann man, wenn der Wasserstrahl von der Sonne angestrahlt wird, einen Regenbogen sehen. Die einzelnen Regenbogenfarben sind auch zu sehen, wenn alles im Winter verschneit ist und die Sonne die Schneedecke beleuchtet. Dann glitzert der Schnee in wunderbaren Regenbogenfarben.

Wie ein Regenbogen entsteht

Wir sehen den Regenbogen ganz deutlich, aber ist er wirklich da? Zumindest anfassen können wir ihn nicht. Auch wenn wir den Anfang und das Ende eines Regenbogens suchen würden, würde uns dies nicht gelingen. Denn der Regenbogen entsteht durch Spiegelungen. Das Licht der Sonne bricht sich im Wasser der Regentropfen wie in einem Prisma. Das hat damit zu tun, dass Farben durch unterschiedliche Wellenlängen von Licht zustande kommen. Das Licht kann seinen Weg, wenn es auf die Regentropfen trifft, nicht fortsetzen. Darum knickt der Lichtstrahl am Wasser oder am Glas ab. Jede Farbe hat eine andere Wellenlänge. So ist zum Beispiel langwelliges Licht rot, dann kommt orange, dann gelb, grün, blau und zuletzt lila. Unser Auge setzt die verschiedenen Wellenlängen in die jeweiligen Farben um.

Ein eigener Regenbogen

Hängt euch ein kleines, geschliffenes Stück Glas ans Fenster. Ihr werdet sehen, wenn die Sonne hereinscheint, leuchten plötzlich an den Zimmerwänden viele bunte Regenbögen. Oder macht euer eigenes Regenbogenexperiment. Bei Sonne stellt ihr eine Glasschüssel mit Wasser an das geöffnete Fenster. Nun braucht ihr noch einen kleinen Spiegel. Den taucht ihr schräg in die Wasserschüssel hinein, sodass sich die Sonne darin spiegelt und das Licht an die Wand im Zimmer reflektiert wird. Wartet, bis sich das Wasser beruhigt hat. Was seht ihr?

Spaß im Regen? Kein Problem!

Es gibt kein falsches Wetter, nur die falsche Kleidung. Ich würde mir wünschen, dass es noch viel mehr Auswahl an bunten Regenmänteln, Schirmen und Gummistiefeln gäbe. Sie müssen so schön sein, dass ich, wenn es regnet, rufe: »Juhu, es regnet – jetzt darf ich endlich meine wunderbaren Regenklamotten anziehen und rausgehen!«

Entwirf das tollste Muster oder die lustigste Farbe für dein persönliches Regenoutfit.

Und was macht man dann da draußen im Regen?
• Über Pfützen springen,
• in Pfützen springen,
• kleine Papierschiffe oder Kronkorkenminischiffchen in Pfützen fahren lassen,
• Regenwürmer zählen.
Sicher fällt euch noch viel mehr ein.

Sonnenscheingehen

Das ist nicht leicht: Ihr geht dabei durch den Regen und tut so, als ob die Sonne scheint. Wenn ihr die Menschen im Regen beobachtet, versenken die meisten ihren Kopf zwischen den Schultern und ziehen die Nase kraus. Sehr faltig sieht das aus. Aber nützt diese Gangart etwas? Wird man dadurch weniger nass? Bestimmt nicht! Also richtet euch auf, und lacht dem Regen entgegen. Dann ist so ein Regen auch schön!

Das Tollste ist, wie sich die Haut nach einem Regenspaziergang anfühlt, wenn man wieder in die warme, trockene Wohnung kommt! Dann sofort die Haare trocken rubbeln, eventuell ein Fußbad nehmen und eine warme Milch mit Honig oder einen leckeren Tee trinken.

April, April!

Diesen freudigen Ruf habt ihr sicher auch schon gehört, und zwar nachdem euch jemand etwas Erstaunliches oder Ungewöhnliches, aber leider Falsches erzählt hat, und ihr es geglaubt habt. Ihr wurdet »in den April geschickt«. Jemand hat sich mit euch einen Scherz erlaubt und freut sich nun sehr, dass ihr ihm geglaubt habt. Denn am ersten April ist es Tradition, seine Mitmenschen zu veralbern und auf den Arm zu nehmen. Wo dieser Brauch herkommt, ist nicht

ganz klar, aber in Bayern gibt es ihn bereits seit 1618. Wenn sich jemand mit euch einen Aprilscherz erlaubt hat, seid nicht beleidigt, sondern lacht einfach mit und nutzt den Rest des ersten Aprils, um euch mit einem eigenen Scherz zu revanchieren.

Deine Aprilscherze

Schreibe deine fünf besten Ideen für lustige Aprilscherze auf:

1. _____

2. _____

3. _____

4. _____

5. _____

Launometer

Auch die eigene Laune ändert sich täglich – wie das Wetter. Da ist es gut zu wissen, wie die Laune der anderen Familienmitglieder gerade ist, denn dann könnt ihr euch aufeinander einstellen.

Wie wäre es, ein Familienlaunometer an die Wand zu hängen? Auf ein Blatt werden viele gleichgroße Kästchen gemalt – sieben nebeneinander für jeden Wochentag und so viele untereinander, wie es Familienmitglieder gibt. Nun malt ihr in jedes Kästchen einen Kopf ohne Gesicht. Das wird nun jeden Morgen in den Kopf gemalt. Und je nach Laune in der Familie mit Mundwinkeln nach oben, unten oder gerade, also neutral.

Frühjahrsputz – Ramadama

Es ist jedes Jahr das gleiche: Die Sonne scheint durchs Fenster herein – oder besser gesagt, sie versucht es. Aber der Winter hat seine Spuren hinterlassen. Und da es auch bei uns jedes Jahr das Gleiche ist, machen wir ein Familienritual draus: Wir machen uns gemeinsam an den Frühjahrsputz. Wir putzen den Winter weg, damit der Frühling hereinkommen kann. Nehmt euch das an einem Wochenende im Frühling

vor, und stellt die Putzaktion unter das Motto: Ramadama (bayerisch »Räumen tun wir«) oder auch Frühlingsputz. Dabei helfen alle mit! Es werden Fenster geputzt. Dinge abgestaubt, aufgeräumt und aussortiert. Stellt große Kisten auf, in die alles hineinkommt, was demnächst zum Flohmarkt gebracht wird.

Ob jeder für sich sein eigenes Zimmer auf Vordermann bringt, oder ob alle zusammen helfen, die

Küche, das Wohnzimmer, dann die Kinderzimmer und zuletzt auch noch das Bad zu putzen, oder ob jeder das tut, was er am besten kann – diese Entscheidung bleibt dem Familienrat vorbehalten. Oder ihr schreibt alle Putz- und Aufräumaufgaben auf Zettel, und diese kommen in einen Hut. Jedes Familienmitglied zieht seine Aufgaben. Aufgaben tauschen ist erlaubt, wenn beide Partner einverstanden sind.

Es gibt natürlich Dinge, die könnt ihr Kinder noch nicht allein erledigen. Aber Becken putzen, Boden fegen, Staubwischen – das können schon die Kleinsten. Es ist schön, wenn man lernt, dass alles viel schneller geht und auch mehr Spaß macht, wenn man zusammenarbeitet.

Lasst laute Musik laufen, denn mit Musik geht alles besser. Wenn alle fleißig arbeiten, gibt es auch ab und zu eine kleine Unterbrechung mit Stärkung – ein Vitamindrink oder einen Energieschub mit einem Obstteller – und am Schluss eine Belohnung für alle. Vielleicht ein Kinobesuch oder ein Essen in einem Restaurant?

Flohmarkt

Nach einem anstrengenden Ramadama habt ihr sicher viel aussortiert, was ihr nicht mehr haben wollt, aber andere vielleicht brauchen können. Dann gehts damit auf den nächsten Flohmarkt. Flohmarkt macht Spaß. Meine Tipps:
• Macht wirkliche Flohmarktpreise. Schließlich wollt ihr all die Dinge loswerden und nicht wieder mit nach Hause schleppen. Selbst bei kleinen Preisen kann man später mit vollem Geldbeutel nach Hause gehen.
• Vergesst nicht Getränke, Sonnenschirm, Tapeziertisch und Klappstühle.
• Plant Proviant, Wechselgeld und Tüten ein.
• Faustregel: Wenn ihr beim dritten Flohmarktbesuch immer noch dieselben Sachen dabeihabt, verschenkt sie einfach. Verschenken macht mindestens genauso glücklich wie ein voller Geldbeutel.

Zu klein geworden

Wenn Sie Kinderkleidung aussortiert haben, wie wäre es dann mit einem E-Mail-Flohmarkt? Fotografieren Sie die Dinge, und schreiben Sie die Preise dazu. Verschicken Sie die Fotos an all Ihre Freundinnen mit Kindern.

Oder treffen Sie sich bei Kuchen und Kaffee oder Tee zum privaten Kinderflohmarkt. Oft ist es besser, man tauscht die Kinderkleidung untereinander, statt sie zu verkaufen.

Oder behalten Sie sie, und nähen Sie neue Dinge daraus: Ein Kuschelschaf aus einem lieb gewordenen alten T-Shirt, eine Tasche aus einem alten bunten Pulli, ein Kissen oder eine Decke. Das Umarbeiten macht Spaß, und so kann man seine Lieblingsdinge, aus denen die Kinder längst herausgewachsen sind, noch immer um sich haben.

Sicher unterwegs – Fahrradcheck

Auch die Fahrräder und Dreiräder, kurz, der ganze Fuhrpark muss für kommende Ausflüge hergerichtet werden:
• Haben die Reifen noch genug Luft?
• Funktionieren Bremsen und Licht?
• Sind die Reflektoren sauber?
• Ist die Kette geölt?
• Sind alle Schrauben fest?
• Klappert nichts?
• Wollen wir ein Fahrrad aufpeppen? In einer anderen Farbe ansprühen oder einfach nur auf Hochglanz polieren?

Und wenn dann alles wieder läuft und glänzt, kann man den ersten Fahrradausflug unternehmen. Eine Tour durch die Stadt? Mit Stadtkarte? Ein Ausflug in den nahe gelegenen Wald?

Mit dem Fahrrad nach Hawaii

Wie wäre es, wenn ihr ein Umweltprojekt startet: Alle Kilometer, die die Familie mit dem Fahrrad fährt, werden notiert und auf eine Weltkarte übertragen. Die Frage ist zum Beispiel: Schaffen wir es nach Hawaii? So muss dann der Strich Kilometer für Kilometer auf der Karte eingetragen werden und wird mit der Zeit immer länger – bis nach Hawaii. Jeder Kilometer mit dem Fahrrad zum Bäcker, zur Schule oder Arbeit wird übertragen. Ihr könnt natürlich auch ein anderes Ziel anvisieren. Vielleicht die Stadt, in der Oma wohnt oder irgendeinen Ort, den ihr auf der Karte lustig findet.

Sinn und Zweck ist, dass ihr versucht, so viele Kilometer wie möglich mit dem Fahrrad statt mit dem Auto zu fahren.

DIE FARBE GRÜN

Jetzt geht es los. Überall wird es langsam grün. Nie mehr im Jahr sind die Wiesen so kräftiggrün wie im Frühling. Es dauert allerdings ein Weilchen, bis alles so richtig saftig ist. Zunächst muss es ein bisschen regnen, dann ein wenig die Sonne scheinen und wieder ein bisschen regnen. Plötzlich ist es dann so weit: Das junge grüne Gras guckt heraus und wächst enorm schnell – zu grünen Wiesen und schatten-spendenden Laubbäumen. Deshalb ist Grün die Farbe, die wir am meisten mit dem Frühling verbinden: mit fruchtbaren Wiesen, Feldern und Wäldern, mit der Natur.

Grün ist nicht gleich Grün

Die Farbe Grün steht für: Frische, Beharrlichkeit, Entspannung, auch für Harmonie. Grün gilt außerdem als Farbe der Hoffnung.
Im Straßenverkehr bedeutet grün: Freie Fahrt!
Wenn man »jemandem nicht grün ist«, dann versteht man sich nicht so gut oder ist dem anderen gegenüber misstrauisch. Und »dasselbe in Grün« heißt, dass zwei Dinge so gut wie dasselbe sind.

Grünes suchen
Schaut euch um: Wie viele verschiedene Grüntöne könnt ihr im Zimmer finden? Schau auch aus dem Fenster hinaus! Wie viele Grüntöne seht ihr hier? Und in deinem Stiftekasten?
Was ist alles grün? Nehmt euch einen Zettel und schreibt eine Liste. Ihr könnt sie eine Woche lang ergänzen, wenn euch noch etwas neues Grünes einfällt. Am Ende der Woche werdet ihr erstaunt sein, was ihr alles gefunden habt.

Dein grüner Tag

Erkläre einen Tag im Frühling zum grünen Tag! Zieh dich grün an, bitte deine Eltern, etwas Grünes zu kochen (Zucchinisuppe, Spinat, Erbsen oder grüne Nudeln), klebe ein grünes Bild, indem du alles, was grün ist, aus Zeitschriften ausschneidest. Schicke jemandem eine grüne Postkarte, antworte auf zehn Fragen an diesem Tag mit »grün« (Wie geht es dir? Ganz grün!; Wie wars in der Schule? Alles im grünen Bereich), schreibe an diesem Tag mit grüner Tinte oder einem grünen Stift, spiele Erbsenspiele!

Das Kichererbsenspiel
Zwei Familienmitglieder sehen sich tief in die Augen. Wer zuerst lacht, ist die Kichererbse und hat verloren.

Erbsen saugen
Mit einem Strohhalm werden zehn Erbsen von einem Teller zum anderen transportiert, indem man die Erbsen mit dem Strohhalm ansaugt. Wer es zuerst geschafft hat, hat gewonnen.

Erbsen pusten
Dazu brauchst du ein Blasrohr. Das ist schnell gemacht: Du nimmst einfach aus einem Stift Mine und Stöpsel heraus. Als Munition dienen die Erbsen. Nun könnt ihr Zielschießen spielen. Entweder ihr blast die Erbsen in einen Topf – das scheppert schön – oder auf eine selbst gemalte Zielscheibe.
Erbsen blasen macht Spaß, und ihr könnt gleich ein bisschen über den Umgang mit Blasrohren lernen. Denn die Wucht der fliegenden Erbse ist nicht zu unterschätzen und kann auch gefährlich werden, wenn sie in ein Auge trifft. Ziele deshalb nie auf Menschen oder Tiere!
Achtung Eltern: Lassen Sie die Kinder mit den Blasrohren nicht allein, und erklären Sie ihnen den Umgang damit und was dabei passieren kann. Spielen Sie am besten eine Weile mit.

Kurzärmelige T-Shirts statt Fleecepullover, dünne Jacken, kurze Hosen, Kleider und Röcke, Halbschuhe statt Stiefel – das Tolle am Frühling ist, dass wir wieder in leichter Kleidung raus können und nicht schon nach kurzer Zeit wieder ins Haus möchten, weil uns zu kalt geworden ist.

Der Frühlingsspaziergang

Die ersten wärmeren Sonnenstrahlen locken nicht nur das Grün und die Vögel, sie locken auch uns Menschen aus unseren vier Wänden hinaus in die Natur. Trotzdem: Kinder brechen normalerweise nicht in Jubel aus, wenn es heißt: »Wir machen jetzt einen schönen Spaziergang.« Aber wenn Sie diesen Spaziergang lustig und spannend für die Kinder gestalten, kann er zu einem wunderbaren Erlebnis für die ganze Familie werden und macht allen Beteiligten sehr viel Spaß – ganz besonders, wenn Ihre Kinder auch noch ihre Freunde und Freundinnen mitnehmen dürfen.

Im Takt der Musik ♪ 💡

Mit Musik geht bekanntlich alles leichter – auch das Wandern. Gehen Sie mit einem fröhlichen Lied auf den Lippen. Etwa mit diesem Wanderliedklassiker:

Das Wandern ist des Müllers Lust,
Das Wandern!
Das muss ein schlechter Müller sein,
Dem niemals fiel das Wandern ein,
Das Wandern.

Lieder selbst dichten

Sie finden solche Lieder langweilig? Dann dichten Sie doch ein eigenes Frühlingsspaziergangslied. Binden Sie alle Familienmitglieder ein. Nehmen Sie eine bekannte Melodie als Grundlage – zum Beispiel »ein Vogel wollte Hochzeit machen«. Jedes Familienmitglied dichtet reihum eine neue Strophe. »Fideralala« singen dann wieder alle zusammen. Die Texte müssen überhaupt nicht anspruchsvoll sein. Denn lustig wirds vor allem dann, wenn die Strophen die abstrusesten Reime haben. Zum Beispiel:

Die Oma, die Oma, geht Hand in Hand mit Ooooopa!
Fideralala, Fideralala, Fideralalalala
Die kleine Lisa hüpft voran, weil sie am besten hüpfen kann! Fideralala …
Der Papa pfeift das Liedchen mit, er läuft so gern, denn er ist fit! Fideralala …
Die Mama kann schon bald nicht mehr, denn ihre Schuhe drücken sehr! Fideralala …

Der Wald im Frühling

Wann seid ihr zum letzten Mal auf einen Baum geklettert? Im Frühling muss man einfach einmal auf einen Baum klettern. Vergewissert euch, dass die Äste stark genug sind. Manche Bäume haben Äste, die fast wie Leitern gewachsen sind. Es ist nicht schwer, auf diese zu klettern. Nichts wie rauf!

Im Märchenwald

Auf dem Weg durch den Wald stellt sich ein Familienmitglied auf einen Baumstumpf am Wegrand: völlig bewegungslos und in einer bestimmten Pose, die es sich vorher überlegt hat. Die anderen Familienmitglieder kommen heran und raten zunächst,

was für eine Märchenfigur das sein könnte. Wenn sie falsch liegen, drücken sie auf den Knopf, nämlich die Nase der »Märchenfigur«, und die Figur bewegt sich nun wie eine Puppe auf einer Spieluhr. Es sollte eine typische Bewegung sein, die diese Märchenfigur erkennbar macht. Die anderen raten weiter. Errät es niemand, kann man noch einmal auf den »Knopf« drücken, und die Märchenfigur spricht einen typischen Satz.

Die Figur steht beispielsweise in gebückter Haltung mit dem Zeigefinger nach oben auf dem Baumstamm. Als Nächstes bewegt sie den Zeigefinger hin und her, und beim nächsten Knopfdruck sagt sie: »Knusper, knusper Knäuschen, wer knabbert an meinem Häuschen?« Nun wird allen endlich klar: »Hänsel und Gretel« heißt das gesuchte Märchen.

Auf Elfensuche

Der Frühling ist auch die Zeit für Elfen. Langsam tauen ihre Flügel auf, und sie kriechen hier und da aus ihren Häusern in Bäumen und unter Wurzeln. Wie wäre es bei einem Waldspaziergang mit einer Elfenhaussuche?

Unter welcher Wurzel könnte eine kleine Elfe wohnen? Vielleicht baut ihr auch gemeinsam ein Elfenhäuschen aus Rinden und Ästen. Findet ihr schon Beeren, die ihr in einem Blattteller in das Häuschen stellen könnt?

Woran ihr eine Elfe erkennt, wenn ihr eine seht? Elfen sind klein, haben durchsichtige Flügelchen und spitze Ohren! Außerdem sprechen sie mit einem glockenhellen Stimmchen, man versteht sie also nur dann, wenn man ganz genau hinhört. Wenn du ein Weidenpfeifchen schnitzt und auf ihm spielst, kommen die Elfen aus ihren Behausungen.

WAS IST EIN ELFCHEN?

Ein Elfchen ist ein Gedicht in einer bestimmten Form. Es besteht aus elf Wörtern, die auf fünf Zeilen verteilt werden. Ein Elfchen soll mit Worten ein Gefühl ausdrücken. Es muss sich nicht reimen.

➤ In die erste Zeile schreibst du ein Wort

BUNT
eine Farbe oder eine Eigenschaft

Grün

➤ In die zweite Zeile zwei Wörter
DIE VÖGEL
einen Gegenstand oder eine Person mit dem Artikel

Ein Baum

➤ In die dritte Zeile drei Wörter

SIE SINGEN SCHÖN
wo oder wie ist der Gegenstand oder was macht die Person

So viele Blätter

Er gibt mir Kraft

Danke

➤ In die vierte Zeile vier Wörter

DEN GANZEN MORGEN LANG
zum Beispiel etwas über sich selbst oder einen Zustand

Schreibe ein eigenes Elfchen über den Frühling:

....

....

....

....

➤ In die fünfte Zeile ein Wort

ZIWITT
Abschluss

Dein Elfchenbuch

Lege dir ein kleines Buch an, in das du vielleicht jeden Abend ein kleines Elfchen über den Tag hineinschreibst. Vielleicht schreibst du an einem Tag über dein Fußballtraining, am nächsten über einen Streit mit einem Freund oder über dein Kaninchen oder über den Regen, einen Lehrer oder über einen Traum, den du hast...

Weidenpfeifen ✂

Im Mai, wenn die Weiden frisch sind, ist die beste Zeit, um ein Weidenpfeifchen zu schnitzen. Ihr braucht allerdings ein Taschenmesser dazu. Vielleicht müsst ihr euch von den Eltern helfen lassen. Schneidet einen Weidenast ab, und kürzt ihn auf die Länge der Flöte – also ungefähr auf 12 cm. Jetzt ritzt ihr die Rinde am Anfang und am Ende der Flöte einmal rundherum ein. Etwa 1 cm vom oberen Rand entfernt schnitzt ihr einen kleinen Keil hinein – der wird dann das Pfeifenloch.

Nun klopft ihr mit der Rückseite des Messers rundherum auf die Rinde. Dabei sagt ihr folgenden Spruch – nur dann funktioniert es:

Weidenrinden lass di schinden,
Lass dir die Haut übern Kopf obi ziagn.
(Das ist Bayerisch, und die letzten beiden Worte heißen »hinunterziehen«.)

Sagt den Spruch immer wieder und klopft und klopft. Irgendwann, wenn ihr gut geklopft habt, lässt sich die Rinde vom Holz ziehen, und zwar (hoffentlich) in einem Stück. Nun habt ihr also ein Holzstück und ein Rindenstück.

Vom Holzstück noch das vordere Stück bis zum Keil abschneiden. Und von diesem ein kleines Stück längs wegschneiden – damit die Luft, wenn ihr sie hineinpustet, hindurchkann.

Dieses kleine Stück steckt ihr nun in die Rinde, an die Seite des ausgeschnittenen kleinen Keils. Das längere Stück Holz schiebt ihr auf der anderen Seite in die Rinde. Je nachdem wie weit das Holz hineingeschoben wird, variiert die Tonlage.

Blumen pressen

Bei so einem Frühlingsspaziergang wird Ihnen und den Kindern immer wieder auffallen, wie sehr die Pflanzen wachsen und wie viele Blüten es schon gibt. Sammeln Sie gemeinsam Blumen, und pressen Sie sie.

Das geht sehr gut in Büchern, alten Telefonbüchern oder Versandkatalogen – wichtig ist nur, dass sie dick und schwer sind. Dann sind es die perfekten Blumenpressen, deren Gewicht die Blumen auch wirklich platt drückt.

Dazu einfach Blumen zwischen zwei Papiere oder Löschblätter in die dicken Bücher legen und einige Tage darin trocknen lassen.

Eine eigene Blumenpresse ✂

Man kann auch eine Blumenpresse selbst bauen.

Man braucht:

· ZWEI QUADRATISCHE HOLZPLATTEN 25 X 25 CM
· LÖSCHPAPIERE UND PAPPEN
· GEWINDESCHRAUBEN 10 CM LANG
· PASSENDE FLÜGELMUTTERN
· BOHRER

Löschpapiere und Pappen zuschneiden – etwas kleiner als die Holzplatten und dazwischenlegen. Durch beide Hölzer in jede der vier Ecken ein Loch bohren. Die Gewindeschrauben durchstecken, die Flügelmuttern aufschrauben, und fertig ist die eigene Blumenpresse.

Die Blumen werden zwischen die Pappen und Löschpapiere gelegt, dann die Muttern vorsichtig festgeschraubt. Nach einigen Tagen die gepressten Blumen vorsichtig herausnehmen: Sie sind äußerst empfindlich, aber wunderschön.

Ein Herbarium

Und was macht man nun mit den vielen gepressten Blumen und Gräsern? Wie wäre es mit einem Herbarium? So nennt man eine Sammlung getrockneter Pflanzen, in der man wie in einem Lexikon nachschlagen kann.

Dazu die gepressten Pflanzen in ein Buch mit leeren Seiten kleben, aus dem Internet oder einem Pflanzenbestimmungsbuch Namen und Informationen herausuchen und diese unter die getrockneten Pflanzen in das Herbarium schreiben. Datum und Fundort der Pflanzen vervollständigen das Lexikon. Ist das Buch ein Ordner mit gelochten Seiten, können die Pflanzen auch nach dem Alphabet sortiert und leicht ergänzt werden.

Frühlingsbild aus ✀ gepressten Blumen

Man braucht:
· GEPRESSTE BLUMEN UND GRÄSER
· PAPIER
· STIFTE
· KLEBER

Aus den Blumen und Gräsern ein großes Frühlingsbild kleben. Die Blumen müssen sehr vorsichtig aufgeklebt werden, damit sie nicht brechen. Dazu kann man noch Schmetterlinge, Bienen oder Marienkäfer malen, die von Blume zu Blume fliegen – fast ein lebendiges Frühlingsbild.

Blumen drucken ✀

Man braucht:
· GEPRESSTE BLUMEN, BLÄTTER ODER GRÄSER
· FARBE (Z.B. ACRYL)
· 1 GLASSCHEIBE (Z.B. AUS EINEM BILDERRAHMEN)
· FARBWALZE (ETWA 6 CM BREIT, DURCHMESSER VON ETWA 5 CM; GIBT ES IN KÜNSTLERBEDARFS-GESCHÄFTEN UND IST EINE ANSCHAFFUNG WERT)
· SCHMIERPAPIER
· 2 MOOSGUMMIPLATTEN
· 1 GRÖSSERE FARBROLLE ODER EIN NUDELHOLZ
· ETWAS ZUM BEDRUCKEN

Worauf wollt ihr drucken?

Man kann zum Beispiel auf Briefpapier, Kuverts, Geschenkpapier, Packpapier, Tüten, Glückwunschkarten drucken, sogar auf Stoffe. Dafür müsstet ihr allerdings Stofffarbe besorgen. Auch sollten die Stoffe vorher gewaschen sein und nach dem Druck von links gegengebügelt werden.

So gehts:

Etwas Farbe auf die Glasplatte geben. Mit der Farbwalze so lange darüberrollen, bis sich die Farbe gleichmäßig auf Glas und Walze verteilt hat.
Jetzt legt ihr ein Schmierpapier auf einen festen Untergrund und darauf eine gepresste Blüte. Mit der Walze voller Farbe vorsichtig darüberrollen, bis die Blüte gleichmäßig voller Farbe ist.
Die Blüte vorsichtig vom Untergrund lösen und mit der Unterseite auf ein weißes Blatt legen. Darunter legt man nun ein Stück Moosgummi.
Legt das Papier, das ihr bedrucken wollt, oder den Stoff mit der Druckseite auf die Farbe und noch ein Moosgummi darüber. Nun beginnt das Drucken: Rollt das Nudelholz über euer »Drucksandwich«. Übt dabei möglichst viel Druck aus, damit das Ergebnis richtig schön wird.
Die bereits abgedruckte Pflanze kann auch mehrmals gedruckt werden, ohne noch einmal eingefärbt zu werden. Oft werden die Nachdrucke mit weniger Farbe schöner.

Aus Löwenzahn wird Pusteblume

Löwenzahn heißt – je nach Region – auch Augenmilch, Augenwurz, Bärenzahnkraut, Bayerischer Enzian, Schäfchenblume, Pappenstiel, Melkdistel, Kuhlattich oder Blindblume. Der Löwenzahn blüht von April bis Mai in Gärten, auf Wiesen und Feldern und lässt sie im Sonnenlicht leuchtend gelb erstrahlen. Aus den jungen Blättern vom Löwenzahn kann man vitaminreichen Salat, aus den gelben Blüten Sirup machen!

Der Löwenzahn verwandelt sich in die Pusteblume, und der Wind weht die kleinen Fallschirmchen mit den Samenkörnern über das Land, damit sich die Löwenzähne überall ausbreiten können.

Ich glaube, das Wort Pusteblume gehört zu meinen Lieblingswörtern. Sehen die Schirmchen der Pusteblume nicht wirklich aus wie kleine Fallschirme?

Löwenzahnsirup

Zutaten:
- 3 HANDVOLL GELBE LÖWENZAHNBLÜTEN (AM BESTEN VON WIESEN AUF DEM LAND OHNE HUNDEHÄUFCHEN UND AUTOABGASE)
- 1 L WASSER
- 1 KG ZUCKER
- 1/2 ZITRONE, ZITRONENSAFT UND SCHALE

Löwenzahnblüten in einen Topf geben. Wasser darübergießen. Deckel auf den Topf. Blüten etwa eine Stunde ziehen lassen, dann das Wasser zum Kochen bringen. Etwa 10 Minuten kochen lassen. Die Flüssigkeit mit den Blüten über Nacht ziehen lassen.

Die Blüten am nächsten Tag herausfiltern. Zucker und Zitronensaft in die Flüssigkeit geben sowie die Zitronenschale. Die Mischung unter Rühren erneut kurz kochen, dann auf kleiner Flamme so lange köcheln lassen, bis sie Fäden zieht. Das kann ein paar Stunden dauern.

Zum Überprüfen einen Teelöffel der Flüssigkeit auf einem Teller auskühlen lassen, dann erst sieht man, ob die Konsistenz schon stimmt. Sie sollte einem flüssigen Honig ähnlich sein. Ist dies der Fall, kann der Löwenzahnsirup in Gläser abgefüllt werden. Auf die Gläser das Abfülldatum schreiben – fertig.
Tipp: Schmeckt lecker als Brotaufstrich oder zum Süßen von Müslis.

Ein Pusteblumenbild

Man braucht:
- PAPIER
- WASSERFARBEN
- PINSEL, WASSER
- 1 STROHHALM

Ihr malt oder tupft auf den unteren Rand des Blattes sehr wässrige grüne Farbe. So lange sie noch nicht trocken ist, könnt ihr sie mit dem Strohhalm nach oben pusten. So entsteht eine lustige Wiese. An die höchsten Halme könnt ihr bunte Farbe tupfen, ebenfalls möglichst wässrig. Nun kreisförmig die Blütenblätter pusten.

WENN IHR NOCH MEHR BLUMENBILDER WOLLT
Es gibt auch noch viele andere Arten, Blumenbilder zu schaffen:
Ihr könnt Blumenbilder mit vielen Farbklecksen malen – moderne Malerei. Oder ihr schneidet viele, viele Blumen aus Zeitschriften aus und klebt sie auf ein großes Papier. Malt eine riesige Blüte und schreibt in verschiedenen Sprachen das Wort »Blume« darum. Faltet aus Zeitungspapier Blumen, und klebt sie auf. Klebt ein Bild aus gepressten Blüten. Fotografiert Blumen, und vergrößert die Fotos. Schreibt auf ein Bild ein Blumengedicht und dies in Blumenform. Bastelt Blumenstempel aus Moosgummi (siehe Seite 51) und stempelt ein Bild. Malt viele klitzekleine Blumen mit Kugelschreiber. Malt einen Menschen aus Blüten, Blättern und Blumen. Teilt ein Papier mit Lineal in mehrere gleichgroße Quadrate ein und malt in jedes Kästchen eine andere Blüte. Reißt kleine Blütenblätter aus Tonpapier und klebt sie auf.

Blumenbilderausstellung

Ihr habt nun viele Bilder aus unterschiedlichen Materialien. Veranstaltet doch eine Ausstellung. Nennt sie »Es grünt so grün« oder »Blütenkunst«, oder sucht einen anderen passenden Namen. Dann spannt Schnüre durch ein Zimmer und hängt die Bilder mit Wäscheklammern daran auf. Nun ladet Familie, Nachbarn und Freunde zur Eröffnung ein – zur Vernissage, so heißt nämlich eine Ausstellungseröffnung. Vielleicht gibt es auch kleine Käsehäppchen oder Salzstangen und etwas zu trinken wie bei einer richtigen Vernissage. Führt die Besucher durch die Ausstellung und erklärt ihnen die Bilder.

Vögel, die gefiederten Frühlingsboten

Das Tier dieser Jahreszeit ist für mich eindeutig der Vogel. Wenn man an einem Morgen im Frühling das Fenster öffnet, wird man mit den schönsten Tönen in den Tag geleitet. Vögel wohnen überall: im Garten, in den Bäumen und Büschen, in Feldern und Wäldern, an Seen und in Städten und Parks. Denn es gibt sehr viele verschiedene Arten. Wusstet ihr schon, dass die Knochen der Vögel innen hohl sind? Dadurch wiegen Vögel so wenig und können fliegen. Nur rund 13 Gramm wiegt ein Singvogel.

?

Welcher Vogel hat immer schmutzige Federn?
Der Dreckspatz

Welche Vögel können nicht fliegen?
Pinguin, Vogel Strauß und Hühner

Bei dir piepts wohl

Habt ihr schon von der diebischen Elster gehört? Woher kommt dieser schlechte Ruf eigentlich, den sie da hat? Man sagt, sie sei ein Räuber! Klaut sie wirklich Dinge? Und was ist eine Rabenmutter oder eine Glucke? Gibt es einen Spaßvogel oder einen Dreckspatz? Und all die anderen komischen Vögel? Kaum ein anderes Tier hat es geschafft, so sehr in unserer Sprache verankert zu sein. Auch in zahlreichen Redensarten sind die Vögel vertreten: Der frühe Vogel fängt den Wurm; einen Vogel haben; bei dir piepts wohl; besser einen Spatz in der Hand als eine Taube auf dem Dach! Aber wie ist das wirklich mit der Elster und dem Raben?
Die Elster ist ein sehr kluges Tier. Ihr gefallen tatsächlich glitzernde Dinge, geleitet wird sie wahrscheinlich von ihrem Spieltrieb. Glitzernde Dinge findet sie einfach spannend, die muss sie untersuchen. Für sie ist also ein glänzender Kronkorken genauso spannend wie ein goldener Ring. In vielen Sagen und Fabeln wird die Elster als schlaues Tier dargestellt, dem man meist nicht über den Weg trauen kann.

Eine Rabenmutter? So nennt man eine Menschenmutter, die sich nicht gut um ihre Kinder kümmert. Diese Redensart ist entstanden, als beobachtet wurde, dass kleine Babyraben, bevor sie richtig fliegen können, das Nest verlassen. Das Gegenteil ist die Glucke, die ihre Kinder überbehütet.
Und Spaßvögel und Dreckspatzen kennt ihr selbst genug, nur sind dies keine echten Vögel!

Wie Vögel singen

Gut zuhören heißt die Devise. Dann kann man schnell zum Vogelexperten werden.
• Die Amsel singt zum Beispiel so: Gixgixgixgixgixjiek. Man kann sie zu jeder Jahreszeit hören.
• Der Specht hört sich in etwa so an: Gikgikgikgikgikgik. Wenn er trommelt, macht er: Arrrrrrrr arrrrrrrrr.
• Der Kleiber pfeift eher: Tuit Tuit.
• Das Pirolweibchen ruft: Kwää. Das Männchen eher: Liukiu.
• Die Elster ruft etwa: Schakackackack oder räckäckäckäck.

Und warum singen die Vögel überhaupt?

Manchmal tun sie es wohl genau wie wir einfach aus Lust am Singen. Aber normalerweise wollen sie damit den anderen Vögeln ihrer Art etwas mitteilen – sozusagen zurufen oder zuzwitschern. Und das sind vor allem zwei Dinge:
1. Dieses Gebiet, indem ich mich befinde, gehört mir. Da hast du nichts zu suchen.
2. Ich suche einen Partner, mit dem ich ein Nest bauen und Küken großziehen kann. Genau das beschreibt übrigens das bekannte Volkslied »Ein Vogel wollte Hochzeit machen«.
Da sich in unseren Breiten Vögel vor allem im Frühjahr vermehren, ist der Vogelgesang im Frühling auch am lautesten und abwechslungsreichsten. Sind erst die Küken da, haben die Vogeleltern nur noch wenig Zeit zum Zwitschern.

Vogellexikon

Legt doch ein schönes Heft an für all die Singvögel im Frühling. Ihr könnt die Vögel abmalen oder fotografieren und Bilder in das Heft kleben. Dann ver-

sucht ihr, möglichst viel über die einzelnen Vogelarten herauszufinden. Vielleicht könnt ihr hier und da eine passende Feder einkleben oder ihr findet heraus, ob dieser oder jener Vogel eher Tuit tuit oder Gikgikgikgiiiik pfeift.

Und wie fliegen sie? In großen Schwüngen auf und nieder oder kreisen sie? Wo nisten die Vögel? Wie viele Eier legen sie, und wie lange brüten sie? Die Eier der Singvögel sehen nicht wie die Hühnereier alle gleich aus. Zeichne sie also auch in dein privates Vogellexikon.

Sucht im Garten oder im Park einen perfekt getarnten Vogelbeobachtungsplatz. Vielleicht könnt ihr auch ein Futterhaus und einen Nistkasten sehen. Schreibt eure Beobachtungen in das Heft, und ihr werdet zum echten Vogelexperten.

Versucht auch, alles, was sonst noch interessant ist, herauszufinden: Warum stoßen Vögel in der Luft eigentlich nicht zusammen? Warum fallen Vögel, wenn sie schlafen, nicht vom Ast? Blinzeln Vögel eigentlich? Und wo sind ihre Ohren? – Vermutlich fallen euch eine Menge mehr spannende Fragen rund um die Piepmätze ein.

Ein Vogel wollte Hochzeit machen

Ein Vogel wollte Hochzeit machen in dem grünen Walde. Fidiralala, Fidiralala, Fidiralalalala
Die Drossel ist der Bräutigam, die Amsel ist die Braute. Fidiralala …
Der Sperber, der Sperber, der ist der Hochzeitswerber. Fidiralala …
Der Seidenschwanz, der Seidenschwanz, der bringt der Braut den Hochzeitskranz. Fidiralala …
Die Lerche, die Lerche, die bringt die Braut zur Kerche. Fidiralala …
Der Auerhahn, der Auerhahn, der ist der würdige Herr Kaplan. Fidiralala …
Die Gänse und die Anten, das sind die Musikanten. Fidiralala …
Der Pfau mit seinem bunten Schwanz, der führt die Braut zum Hochzeitstanz. Fidiralala …
Brautmutter ist die Eule, nimmt Abschied mit Geheule. Fidiralala …
Frau Kratzefuß, Frau Kratzefuß gibt allen einen Abschiedskuss. Fidiralala …
Der Uhu, der Uhu, der macht die Fensterläden zu. Fidiralala …
Der Hahn, der krähet: Gute Nacht! Dann wird die Kammer zugemacht. Fidiralala …
Nun ist die Vogelhochzeit aus, und alle ziehn vergnügt nach Haus. Fidiralala …

Vogeltheater spielen

Die Vogelhochzeit könnt ihr auch nachspielen – als kleines Theaterstück. Seht euch Bilder der Vögel an, die in dem Lied vorkommen, und bastelt euch Kostüme. Die Drossel trägt als Bräutigam natürlich einen dunklen Anzug. Der Pfau bräuchte einen Pfauenschwanz oder einen Fächer. Auf dem Kopf trägt er lange Puschel, der Hahn dagegen einen Kamm und die Braut einen Schleier. Die Eule könnte mit einer Brille größere Augen bekommen. Wer ist eigentlich Frau Kratzefuß?

Und wie bewegen sich all diese Vögel? Macht doch ein Ratespiel daraus: Welcher Vogel bin ich? Vor allem für euer Theaterstück müsst ihr euch genau merken, wie euer Vogel geht. Wippt er mit dem Hals vor und zurück? Watschelt er? Hüpft er wie ein Spatz? Geht er stolz oder klein und geduckt?

Aus Pappe könnt ihr euch Flügel ausschneiden und sie mit Federn bekleben. Habt ihr nicht so viele Federn, schneidet doch auch diese aus Papier aus. Dann die Schnüre wie Schlaufen an den Unterseiten der Flügel festnähen, die Arme durchstecken – fertig. Besonders toll sieht das Vogelkostüm aus, wenn ihr noch ein T-Shirt und eine Hose oder einen Rock in der Farbe des Vogels anzieht, den ihr darstellen wollt.

Perfekte Vorbereitung

Malt Plakate und hängt sie in der Wohnung auf: »Heute: Die Vogelhochzeit. Im Wohnzimmertheater« und vergesst nicht, die Uhrzeit mit draufzuschreiben. Bastelt Eintrittskarten und verteilt sie. Es macht Spaß, an der Tür zu stehen und die Eintrittskarten abzureißen. Mit einem wichtigen Blick (wichtige Blicke sind immer sehr nützlich) deutet ihr auf das Sofa und sagt: »Sie sitzen in der Ehrenloge in der ersten Reihe! Darf ich Sie zu Ihrem Platz führen?« Vielleicht ladet ihr auch noch Oma und Opa oder eine Tante ein, die in der Nähe wohnt, oder die Nachbarn.
Und nun: Vorhang auf für eure Vogelhochzeit. Oh, wie gern wäre ich dabei! Viel Spaß!

Vogelkostüme basteln ✄

Man braucht:
- ALTE CAPS (KAPPEN)
- NÄHZEUG
- EVTL. GELBEN STOFF
- SCHWARZEN FILZ
- KLEBER
- FEDERN
- PAPPE
- PAPIER
- SCHNÜRE
- EVTL. T-SHIRT, HOSE, ROCK IN VOGELFARBE

Alte Caps kann man wunderbar umarbeiten als Vogelköpfe. Die Sonnenschilder stellen den Vogelschnabel dar, eventuell kann man das Schild der Kappe mit gelbem Stoff umnähen. Jetzt muss man nur noch zwei Augen aus Filz ausschneiden und auf die Mütze nähen oder kleben. Und vielleicht noch ein paar Federn an das Vogelkopfcap nähen.

Unterstützt das Brüten

In unserem Garten hängen viele verschiedene Nistkästen. Ein roter, einer mit der Nummer 6, einer aus Metall, einer aus dunkler Eiche. Im Frühling setzen wir uns immer in den Garten und beobachten die Vögel, wenn sie die verschiedenen Wohnungen inspizieren. Das ist wirklich lustig. Wir denken uns dann aus, was die Vögel wohl sagen: »Von außen ist dieses Haus ja ganz hübsch, aber die Tapete müsste dringend übermalt werden«, oder: »Ohne Lift und Balkon – das kommt überhaupt nicht in Frage«, oder: »Ja, dieses Häuschen ist ein Traum, stimmts nicht, Schatz, und das hier wird das Kinderzimmer.« Und wenn dann endlich die Entscheidung gefallen ist, und ein Vogelpärchen in das Haus mit der Nummer 6 einzieht, wird es spannend. Erst wird eingerichtet, dann gebrütet, und dann hört man es plötzlich piepsen, und die Eltern fliegen auf Futtersuche unermüdlich hin und her. Die unersättlichen Vogelbabys halten sie ganz schön auf trapp – für schöne Gesänge wie zu Beginn des Frühlings bleibt da keine Zeit mehr! So einen Nistkasten könnt ihr ganz leicht selber bauen.

Einen Nistkasten bauen ✂

Man braucht:

- HOLZ (4 WÄNDE À 12 X 20 CM, 1 FLACHDACH 12 X 18 CM, 1 BODEN 12 X 12 CM)
- 1 RUNDER STAB (4 CM LANG, 8 MM DURCHMESSER)
- 2 SCHARNIERE
- 1 RIEGEL AUS ZWEI KLEINEN HOLZSTÜCKCHEN UND EINEM NAGEL (KLÖTZCHEN 2 CM LANG, 8 MM DURCHMESSER)
- LEIM (NÄGEL)
- PINSEL
- FARBE (FÜR DRAUSSEN GEEIGNET)
- STICHSÄGE

Holz selbst zuschneiden oder im Baumarkt zuschneiden lassen. Mit der Stichsäge in die vordere Wand ein 3 bis 4 Zentimeter großes Einflugloch sägen. In eine Seitenwand eine kleine Tür schneiden und diese wieder mit den Scharnieren und Hammer und Nägeln befestigen. Den Riegel an dieser Tür anbringen. Dazu kann man ein Holzklötzchen mit einem Nagel an der Wand einen Zentimeter von der Tür entfernt anbringen, dieses Klötzchen lässt sich jetzt hin und her bewegen. Das andere Klötzchen leimt man an der Tür an, so hat man einen kleinen Griff, an dem man die Tür aufmachen kann. Alle Holzteile zusammenleimen oder -hämmern.
Das Dach darauf befestigen und den Boden anleimen. Jetzt kann das Vogelhaus ganz nach Lust und Laune angemalt werden.
Und damit es im Haus nicht zu stickig wird, wenn die Sonne scheint, kann man unter dem Dachvorsprung ein paar Luftlöcher bohren.
Tipp: Achtet bei der Größe des Einfluglochs darauf, dass es die Vogelarten, für die es sich eignet, bei euch auch wirklich gibt. Sonst wartet ihr vergeblich auf Mieter.
Das Türchen an der Seite ist wichtig, damit das Saubermachen leichter fällt, wenn die Vogelfamilie ausgezogen ist. Reinigen sollte man das Häuschen zwischen September und Februar.

Den Nistkasten richtig aufhängen

Hier gelten ein paar einfache Regeln, damit auch wirklich ein Vogelpaar in das selbst gebaute Haus einzieht: Das Einflugloch sollte nicht zur Wetterseite, nach Westen, und auch nicht zur prallen Sonne im Süden zeigen. Perfekt ist eine Ausrichtung nach Südosten. Für die meisten Vogelarten ist eine Höhe von zwei bis drei Metern ideal.

Federn – leicht und bunt

Sicher habt ihr draußen schon öfters Federn gefunden. Sie ermöglichen Vögeln das Fliegen. Die Federn, die wir sehen, heißen Deckfedern. Sie geben dem Vogel seine äußere Form und durch die Farbverteilung das Aussehen einer speziellen Art. Außerdem bilden sie am Flügel die Tragflächen und am Schwanz das Steuer. Darunter haben die meisten Vögel noch Unterfedern oder Daunen. Sie sind klein, weich und schützen die Piepmätze vor Kälte.

Ein Vogelbild

Malt einen Vogelkopf und Vogelfüße, klebt nun Federn dazwischen, so bekommt euer Vogel einen schönen Körper. Federn könnt ihr sammeln, im Bastelgeschäft kaufen, aus Papier oder Stoffen ausschneiden, oder aus einem alten Kissen stibitzen.

Was Menschen mit Federn machen

Sofa-, Kopfkissen und vor allem Winterbetten werden mit den kuscheligen Daunen gefüllt und halten uns dann genauso warm wie vorher die Vögel.
Habt ihr Tinte? Dann taucht doch mal den angespitzten Stiel einer stabilen Feder hinein. So haben früher die Menschen geschrieben, als es noch keine Kugelschreiber gab und so ist auch der Füller entstanden – nicht umsonst nennt man ihn ja heute noch: Füllfederhalter.
Mit einer Feder könnt ihr auch jemanden kitzeln. Früher wurden Menschen damit gefoltert: Man fesselte sie und kitzelte sie mit einer Feder, bis sie willig waren, das Versteck eines Schatzes zu verraten oder einen Geheimplan auszuplaudern.
Eine Feder könnt ihr auch fliegen lassen. Wie lange dauert es, bis sie den Boden berührt? Macht doch ein Spiel daraus. Die Feder darf nicht den Boden berühren, sie wird immer wieder in die Luft gepustet.

Zeit im Garten

Endlich geht das Garteln wieder los. Wenn ihr keinen eigenen Garten habt, fragt doch Omas oder Tanten, ob ihr nicht ein kleines Stück Erde in deren Garten bekommen könnt. Oder legt für jedes Familienmitglied einen Blumenkasten auf dem Balkon oder einen Topf auf der Fensterbank an. Da kann dann experimentiert werden.

Ein Beet gestalten

Schenken Sie Ihren Kindern ein kleines Beet in Ihrem Garten. Das können die Kinder nach ihren Vorstellungen gestalten, pflanzen, was sie wollen, und vor allem selbst die Verantwortung dafür übernehmen: Es muss gepflanzt, gegossen, Unkraut gejätet und geerntet werden.

Interessant ist, wie jedes Kind seine ganz eigenen Vorstellungen hat. Mein Sohn setzte sich damals erst einmal hin und malte einen Plan. Er wollte ein ordentliches Beet. Alle Farben und Pflanzen sollten in einer Reihe stehen, umsäumt von Steinen, über die kleine Steingartenpflanzen wuchern sollten. Meine Tochter fing gleich ohne Plan an, alle möglichen Kräuter zu pflanzen. Sie wurde im Lauf der Zeit eine richtige kleine Kräuterhexe und kennt sich mittlerweile mit Kräutern besser aus als ich.

Das ist mein Beet!

Wenn das Kinderbeet auch ganz individuell gekennzeichnet ist und sich vom übrigen Garten und seinen Beeten abheben darf, macht es den Kindern noch mehr Spaß und das Kümmern um die eigenen Pflänzchen fällt leichter. Dazu kann der Nachwuchs große schöne Steine sammeln und mit Acrylfarben anmalen (danach lackieren, damit der Regen die Farben nicht abwäscht) oder mit Farben auf jeden Stein einen Buchstaben schreiben und damit seinen eigenen Namen um das Beet legen. Oder das Kinderbeet wird mit einer selbst gemalten und genähten Fahne markiert. Oder Ihr Kind ist schon alt genug, um einen kleinen Weidenzaun um das Beet zu flechten.

Ein eigener Fenstergarten

Ein schönes Mitbringsel für Kinder ist ein einfacher Tontopf – mit Erde und einem Samentütchen, zum Beispiel von Sonnenblumen. Oder lassen Sie Ihr Kind Gemüse im Topf anpflanzen. Gerade für Stadtkinder ist es ein Erlebnis, eigene Karotten zu ernten oder festzustellen, dass Salat nicht im Supermarkt wächst. Und so frisch aus der Erde schmeckt Gemüse gleich noch mal so gut! Mit mehreren großen und kleinen Tontöpfen entsteht ein Topfgarten, der die Fensterbank im Kinderzimmer schmückt.

Tontöpfe bemalen

Damit die Topfparade auf dem Fensterbrett nicht zu langweilig aussieht, können die Töpfe mit Acrylfarbe angemalt werden. Malt doch Blumen darauf oder Schmetterlinge oder Ameisen, die den Topf rundherum hintereinander herlaufen oder Marienkäfer oder Schnecken.

Auf kleine Holzschilder könnt ihr die jeweilige Blume malen, die als Samen in die Erde gepflanzt wurde. Schön ist es auch, wenn ihr gemeinsam versucht, die lateinischen Namen der Pflanzen herauszufinden. Das macht sich immer gut. Beide Namen werden auf das Schild geschrieben und vielleicht noch das Pflanzdatum dazu.

Wer wächst am schnellsten?

Sammelt verschiedene Kerne wie Apfel-, Papaya-, Mango-, Mandarinen-, Birnenkerne oder andere. Trocknet sie gut, damit sie nicht anfangen zu schimmeln, und füllt für jeden Kern einen kleinen Tonblumentopf mit Erde. Drückt die Kerne hinein, bastelt kleine Schildchen, oder schreibt die Namen außen an den Topf. Ihr könnt einfach nur Apfelkern auf das Schildchen für den Apfelkerntopf schreiben. Wenn ihr es lustiger wollt, erfindet doch Namen für eure Kerne: Matilda Apfelboom zum Beispiel oder Maja Papaya oder etwas Ähnliches. Jetzt legt ihr ein Zentimetermaß oder ein Lineal und einen Notizzettel mit Stift neben das kleine Samenexperiment. Tragt das Pflanzdatum in eure Liste ein.

Nun müsst ihr ein wenig Geduld haben. Denn es kann schon eine Weile dauern, bis das erste grüne Spitzchen herausschaut. Ihr könnt also bis dahin ruhig auch andere Dinge tun! Aber vergesst nicht, die Töpfchen gut zu pflegen. Das heißt: nicht zu viel und nicht zu wenig Wasser.

Wenn es dann allerdings so weit ist, gilt es den Ersten, der aus der Erde guckt, sofort zu notieren. Ihr könnt auch ein Lineal in die Erde stecken und Zielmarken markieren: Welche Pflanze schafft es als Erste, bei der 5-Zentimeter-Marke anzukommen? Welche hat das erste Blatt, welche wird am höchsten, welcher Stiel ist am dicksten ... Nicht alle Samen werden keimen. Das ist ein echtes Experiment. Sei nicht traurig, wenn sich vielleicht nur zwei oder drei grüne Spitzen zeigen.

Später, wenn aus deinen Pflänzchen stattliche Gewächse geworden sind und sie mehr Platz brauchen als einen Topf auf der Fensterbank, könnt ihr sie in einen Garten von Freunden oder einen Wald auspflanzen. Das klingt vielleicht ein bisschen herzlos, aber die Pflänzchen haben es unter ihresgleichen sicher schön und fühlen sich in der freien Natur wohl. Dort haben sie genug Platz, um weiterzuwachsen. Ihr könnt den Platz auf einer Schatzkarte eintragen, so findet ihr eure Bäumchen – denn ich hoffe, es werden irgendwann Bäumchen – leicht wieder.

Erdbeeren pflücken

Rot, saftig und aromatisch – Erdbeeren schmecken nicht nur köstlich, sie sind auch etwas Besonderes – die erste Obstsorte im Jahr, die in unseren Regionen reift: Im Mai gehts los und dann je nach Sorte bis in den August hinein. Klar, vorher gab es schon welche aus Spanien oder Marokko, aber ganz ehrlich: Die sahen zwar gut aus, aber so richtig gut geschmeckt haben sie nicht, oder? Das liegt daran, dass Erdbeeren am besten schmecken, wenn sie möglichst lange auf dem Feld reifen können und dann bald gegessen werden. Das klappt natürlich nicht, wenn sie noch so einen langen Weg zu uns zurücklegen müssen. Vielleicht wachsen Erdbeeren auch in eurem Garten, aber falls nicht, gibt es sicher in eurer Nähe ein Erdbeerfeld. Mindestens einmal im späten Frühling sollte man auf ein Erdbeerfeld und Beeren pflücken. Dabei ist es wichtig, dass man ganz oft und viel probiert, um immer wieder zu testen, ob die Erdbeeren auch reif sind. Am Ende sollten alle einen roten Erdbeermund haben.

Und dann kann man Erdbeerquark, Erdbeergrütze, Erdbeermarmelade, Erdbeereis (Rezept auf Seite 69, Fruchteis), Erdbeerbowle, Erdbeerkuchen oder einfach Erdbeeren mit Zucker essen.

Erdbeerbowle

Zutaten:
- 1,5 KG ERDBEEREN
- 0,5 LITER ERDBEERSIRUP
- 2 LITER FRUCHTSAFT
- 2 LITER MINERALWASSER

Erdbeeren putzen und halbieren oder je nach Größe vierteln. Alles miteinander vermischen und einige Stunden kühl stellen.

Den Frühling feiern und genießen

Verkleidung und Kamelle, Verzicht und Einkehr, Ostereier und Auferstehung, Muttertag und Vatertag – das Frühjahr hält ganz unterschiedliche Feste und Feiertage bereit, um das Alte zu verabschieden und das Neue zu begrüßen.

In eine andere Haut schlüpfen

Egal ob Fastnacht, Fasenacht, Fasching oder Karneval – die Zeit der Narren gilt auch als fünfte Jahreszeit, denn sie hat ihren ganz eigenen Rhythmus. Eigentlich beginnt die Narrenzeit ja bereits am 11.11. um 11 Uhr 11! Doch die tollen Tage finden zwischen Donnerstag und Mittwoch, genauer gesagt zwischen Weiberfastnacht, auch fetter oder schmalziger Donnerstag genannt, und Aschermittwoch statt. Ihren Höhepunkt bildet der Rosenmontag – in manchen Regionen auch der Faschingsdienstag. In einigen Städten Deutschlands wie beispielsweise in den Karnevalshochburgen Köln, Düsseldorf und Mainz herrscht dann Ausnahmezustand, in anderen bekommt man vom närrischen Treiben gar nichts mit.

Mit den Masken wollten die alten Germanen die bösen Wintergeister vertreiben und die Wachstumsgeister des Frühlings wecken. Deshalb zogen sie los, hinter Furcht einflößenden Masken versteckt, mit Schellen, Peitschen und lauten Rasseln.

Die Vorläufer des Karnevals sind bereits in der Antike zu finden. Vom 12. Jahrhundert bis zum Ende des 16. Jahrhunderts feierte man Narrenfeste oder sogenannte Eselsfeste. Heute sind Narrenzüge durch die Straßen beliebt, bei denen Tonnen von Kamellen, also Süßigkeiten, in die Schaulustigen geworfen werden und dabei Ahoi, Helau oder Alaaf gerufen wird. Der Aschermittwoch, an dem die Fastenzeit eingeleitet wird, hieß früher auch »Carne vale«, was so viel heißt wie: Abschied von allen Fleischspeisen und Festessen. Am Aschermittwoch um Punkt Mitternacht ist der Karneval vorbei. An manchen Orten ist es Tradition, dass die Karnevalisten in dieser Nacht eine Strohpuppe, den sogenannten Nubbel, als Verantwortlichen für alle Laster der letzten Tage, verbrennen. In anderen Städten wird der Schelm Hoppeditz zu Grabe getragen.

Der Verkleidungskoffer – ein Muss im Kinderzimmer

Nicht nur für Karneval, sondern auch für Regenwettertage, Theaterspiele, Kostümpartys und Rollenspiele jeder Art könnt ihr Kostüme brauchen. Legt euch doch einen Koffer, eine Truhe oder eine schöne Kiste als Verkleidungskiste an. Sammelt von Großeltern und Tanten alte Hüte, Handschuhe, Spitzenvorhänge, Stoffe als Umhänge, alte Jacketts oder ausrangierte Abendkleider.

Mit der Zeit bekommt ihr einen richtigen kleinen Kostümfundus zusammen, aus dem man unendlich fantasievoll schöpfen kann – beispielsweise für Karneval, für Modenschauen und Mottopartys.

Modenschau

Mit einem Kostümfundus lässt sich eine lustige Modenschau veranstalten. Jeder sucht sich eine schicke oder ausgeflippte Kombination aus der Kiste aus und stellt diese auf dem imaginären Laufsteg im Wohnzimmer vor. Musik an und los geht es. Und wenn ich jeder sage, meine ich jeder! Da muss auch der Papa ran: Mal sehen, ob er etwas von Mode versteht und wie gut er sich auf dem Laufsteg macht.

Mottopartys

Vielleicht habt ihr Lust, eine Faschingsfeier zu veranstalten. Unter ein Motto gestellt, wird das Ganze noch lustiger. Zum Beispiel:

Unter dem Meer

Eure Einladungen könnt ihr wie alte Schatzkarten in Flaschen stecken – natürlich verteilt ihr diese Einladungen persönlich. Nun wird alles im Meeresstil geschmückt. Habt ihr ein Netz? Das könnte man an die Decke hängen. Fische aus Pappe ausschneiden und in dieses Netz hineinhängen. Auch Fische aus aufgeblasenen Luftballons (siehe Seite 44) sehen toll aus. Die Wände mit blauen Stoffen wie Wellen verkleiden. Auch Taucherflossen können als Dekoration herhalten. Oder Seepferdchen und Kraken. Kraken kann man aus mehreren alten Strumpfhosen schnell basteln: Alte Kinderstrumpfhosen ausstopfen und dann als Krakenbeine zusammennähen. Im Internet gibt es Seiten, auf denen man Meeresrauschen und Möwengeschrei downloaden kann – für die richtige Atmosphäre.

Das Kinderbett kann mit Pappe zum Schiffswrack verkleidet werden. Zu essen gibt es Fischstäbchen, und auch der Kuchen hat eine Fischform. Vielleicht bittet ihr die Gäste um Meeresgaben zum Buffet: Geteilte Arbeit ist schließlich halbe Arbeit.

Wenn alle Gäste passend zum Thema verkleidet kommen – als Qualle, als Meerjungfrau, als König Neptun, Taucher oder Pinguin –, beginnt der Spaß. Spielen könnt ihr:

• **Angeln:** Dazu Schnüre an Stöcken und Magnete am anderen Ende der Schnüre befestigen. In eine Schüssel – ohne Wasser – Pappfische legen. Diese mit Büroklammern versehen, damit sie am Magnet hängen bleiben.

• **Taucherflossenparcours:** Jeder muss versuchen, mit Flossen an den Füßen möglichst schnell einen Hindernisparcours entlangzulaufen. Für Fehler gibt es Strafsekunden.

• **Glasorgelmusik:** Dazu Gläser mit Wasser füllen und gemeinsam auf der Glasorgel spielen. Dabei die Finger nass machen und langsam um den Glasrand herumstreichen.

• **Apfelschnappen:** Ein Apfel wird in eine Schüssel voll Wasser gelegt. Man hält die Hände auf dem Rücken und versucht, mit dem Mund den Apfel zu schnappen und ihn so herauszufischen.

- **Schnorchelball:** Zwei Spieler pusten mit Schnorcheln einen Tischtennisball von einer Seite des Tisches zur anderen. Wer es schafft, den Ball beim gegenüberliegenden Spieler vom Tisch zu pusten, hat gewonnen.
- **Steck dem Fisch die Flosse an:** Auf eine Pappe wird ein großer Fisch, allerdings ohne Flosse, aufgemalt und an die Wand gehängt. Die Flosse wird auf ein extra Blatt gezeichnet und ausgeschnitten. Ein doppelseitiges Klebeband wird an ihr befestigt. Jetzt verbindet man einem die Augen, und dieser versucht nun, die Flosse an die richtige Stelle zu stecken. Die anderen helfen durch Tipps wie »mehr rechts« oder »weiter links«.
- **Zungenbrecherkönig:** Jeder versucht sein Glück mit diesem passendem Zungenbrecher:
  Fischers Fritz fischt frische Fische,
  Frische Fische fischt Fischers Fritz!
  Wer es am besten macht, ist der Zungenbrecherkönig.
- **König Neptuns Erbsenspiel:** Mit Gabeln versucht man um die Wette, Erbsen aufzuladen und sie von einer Schüssel in ein anderes Gefäß zu befördern. Wer nach zwei Minuten die meisten Erbsen geschafft hat, hat gewonnen.
- **Luftballonfisch:** Aus einem Luftballon wird mit Papierflossen und Eddingaugen ein Fisch gebastelt. Nun müssen die Tiefseegäste versuchen, den Ballon von einem zum anderen zu werfen, ohne dass dieser den Boden berührt.
- **Schatzsuche:** Zum Schluss entdeckt man im Fischernetz noch eine Flasche mit einer Schatzkarte darin und macht sich auf die Suche: Tatsächlich ist im Schiffswrack (dem Bett) ein Schatz versteckt mit Goldtalern aus Schokolade und Gummifischen.

Im Grunde können viele bekannte Partyspiele dem Motto angepasst werden. Topfschlagen heißt dann vielleicht Muschelschlagen, und der kleine Preis befindet sich unter einer großen Muschel.

So entsteht ein Mottofest

Wollt ihr lieber ein anderes Motto für eure Party? Pippi Langstrumpf, Märchen, Promiparty, Feuerwehr, Dschungelparty, Steinzeitfeier, Cowboy, Ritter, Indianer, Forscher, Formel 1, Winnie Puh, Bauernhof, Reiterparty, Clowns, Circus, 1001 Nacht, Geister, Piraten, Elfen, Wikinger, Weltraum, Detektive, Star Wars, Künstler oder vielleicht auch Hexen … Sucht euch gemeinsam ein Motto aus, das der gan-

zen Familie besonders gut gefällt. Dann sitzen alle um den Tisch herum, ein weißes Blatt Papier vor sich und einen Stift. Schreibt das Motto oben auf das Papier und beginnt mit dem Brainstorming, also mit »Gehirnstürmereien«, wie ich gern zu sagen pflege. Denn nun darf es wirklich stürmen. Es darf Ideen und Worte hageln, und alles darf auf das Blatt herunterprasseln, was euch spontan zu diesem Motto einfällt. Auch wenn man erst noch nicht so genau weiß, ob sich später aus dem Gedanken eine Idee für ein Spiel oder eine Dekoration umsetzten lässt. Ihr könnt auch ein Lexikon zu Hilfe nehmen oder andere Bücher zum Thema. Stehen viele Worte auf den Papieren, beginnt gemeinsam zu überlegen, wie man diese Gedanken in konkrete Ideen für die Feier umsetzen kann.

Eine Pferdeparty

Auf dem Zettel stehen Worte wie:
Pferd, reiten, Jockey, Heu, Wette, wiehern, Sattel, Pferdeschwanz, striegeln, Apfel, Hafer, Karotte, Pferdeäpfel.
So könnte man das umsetzen:
Ein Steckenpferd wird für jeden gebastelt, mit einem Socken als Kopf und einem Stock für den Körper. Die Ohren aus Leder oder Filz und die Pferdeaugen aus Knöpfen. Nun hat jeder ein eigenes Pferd und ist sogleich ein Jockey. Also kann ein Hindernisparcours geritten oder eine vornehme Dressur zu einer Musik einstudiert werden. Die Preisrichter vergeben Punkte und bestimmen so, wer gewonnen hat. Das beste Pferd bekommt einen Buchskranz umgehängt. Weitere Spiele zum Motto »Pferde«:

- **Such die Nadel im Heuhaufen:** Ein Häufchen Heu gibt es beim Kleintierfutter in jedem Supermarkt. Natürlich nimmt man keine spitze Nadel, aber irgendetwas anderes Kleines, zum Beispiel eine Büroklammer. Das Heu wird in eine große Schüssel oder einen Wäschekorb gegeben und die Zeit der Suche gestoppt. Das Kind, das die »Nadel« am schnellsten gefunden hat, hat gewonnen.
- **Pferdeschwanz flechten:** Ein Pferd wird auf ein großes Papier gemalt, es hat einen Schwanz aus Wolle. Der muss in kleine Zöpfe geflochten werden. Auf die Plätze, fertig, los!
- **Schnauben wie ein Pferd:** Wenn man die Lippen locker aufeinanderlegt und die Luft hörbar ausatmet, hört man sich fast an wie ein schnaubendes Pferd. Dies ist übrigens auch eine beliebte Übung

für Sänger. Dadurch bekommt die Stimme einen festen Sitz. Wer schafft es, am längsten seine Lippen vibrieren zu lassen?

• **Zu wenig Sättel:** Jetzt könnten die Jockeys zur Musik um ihre »Sättel«, die Kissen auf dem Boden, herum reiten. Ein Jockey ist allerdings zu viel bzw. ein Kissen zu wenig. Stoppt die Musik, müssen sich die galoppierenden Reiter auf die Kissen setzen. Wer keinen Sattel ergattert hat, scheidet aus. Die ausgeschiedenen Kinder dürfen in den nächsten Runden durch die Worte: Schritt, Trab und Galopp die Geschwindigkeit der Reiter beeinflussen.

• **Pferdefangen:** Habt ihr kleine Pferde aus Plastik? Dann befestigt sie auf kleinen Autos – mit Klebeband. Dann eine Schnur an dem Pferdeauto befestigen, am anderen Ende der Schnur einen Holzstab und in einem langen Flur geht das Wettwickeln los: Wickelt die Schnur auf und zieht die Pferde dadurch zu euch heran. Wer als Erstes sein Pferd eingefangen hat, hat gewonnen.

• Zu essen gibt es vielleicht einen Haferflockenkuchen. Oder Möhrenmuffins – oder Apfelkuchen (der heißt natürlich dann Pferdeapfelkuchen), das lieben Pferde auch.

Die Fastenzeit beginnt

Der Aschermittwoch ist der siebte Mittwoch vor Ostern. Er heißt so, weil die Asche der Palmen vom Palmsonntag des Vorjahres geweiht wird. Asche ist das Symbol für Vergänglichkeit, Reue und Buße, aber auch für die Seelenreinigung. Der Aschermittwoch beendet die Karnevalszeit und eröffnet die 40-tägige Fastenzeit.

Die Fastenzeit wird im Christentum sieben Wochen vor Ostern begangen. Sie erinnert an das Fasten von Jesus, das 40 Tage andauerte und der Vorbereitung auf sein Wirken in der Öffentlichkeit diente. Die Fastenzeit ist eine Zeit des Verzichts. Es gibt ein strenges Fasten, bei dem man auf alle tierischen Produkte verzichtet sowie auf Öl und Alkohol. Andere verzichten lediglich auf Fleisch. Es ist eine Bußzeit. Gleichzeitig wird der Körper gereinigt. Das Fasten gibt es auch in anderen Religionen, zum Beispiel im Islam. Da nennt man es Ramadan.

Selbst einmal verzichten

Auch ohne religiösen Hintergrund ist es ein spannendes Experiment, sich in der Fastenzeit ein wenig einzuschränken – vielleicht in einer Gewohnheit oder auch beim Essen und Trinken. Man beweist sich selbst, dass man von nichts abhängig ist. Wie wäre es, mit der Familie eine Fernseh-, eine Auto-, eine Cola- oder Süßkramfastenzeit zu beginnen?

Fernsehfasten

Ihr selbst legt im Familienrat die Zeitspanne für das Fernsehfasten fest. Es muss also nicht die gesamte offizielle Fastenzeit andauern, kann aber. Am ersten Tag legt ihr Notizzettel auf den Tisch. Jeder darf nun Ideen und Vorschläge darauf schreiben, was man statt Fernsehen am Abend machen könnte.

• »Ich packe meinen Koffer« spielen,
• ein Spieleabend mit Karten- oder Gesellschaftsspielen,
• etwas Leckeres backen,
• ein Drei-Gänge-Menü kochen,
• gemeinsames Basteln (Ideen liefert dieses Buch),
• zusammen malen am großen Tisch (es könnte einer aus der Familie ein Thema vorgeben oder gemeinsam ein Bilderbuch illustriert werden, oder jeder malt jeden, oder man erfindet lustige Tiere ...),
• ein gemeinsames Bild malen,
• ein Hörspiel anhören,
• ein Hörspiel sprechen mit verteilten Rollen,
• einen Film drehen,
• ein Buch vorlesen,
• ein Märchen erzählen,
• Erinnerungen aus der Kindheit erzählen,
• Gedichte schreiben,
• Veränderspiel (einer geht aus dem Zimmer, die anderen verändern nun fünf Dinge im Raum, die der Hinausgegangene herausfinden muss),
• Cocktails mixen,
• in der Wohnung Verstecken spielen,
• einen Abendspaziergang machen,
• in die Sterne sehen,
• eine Schatzsuche durch die Wohnung,
• Gruselgeschichten bei Kerzenschein erzählen,
• Pantomime,

- eine Collage kleben,
- Montagsmaler spielen,
- »Wer bin ich« spielen – heiteres Beruferaten,
- »Wetten dass« spielen,
- eine Kegelbahn mit Plastikflaschen bauen und diese mit einem Tennisball umwerfen,
- Kissenschlacht,
- sein Traumhaus malen,
- einen langen Brief an Tante Elfriede schreiben,
- eine Show aufführen.

Wenn ihr in Ruhe nachdenkt, wird euch noch viel, viel mehr einfallen. Die Zettel werden in ein Kistchen gesteckt, und jeden Abend darf einer aus der Familie einen Vorschlag ziehen oder ein Zettelchen auswählen.

Am Ende der Fastenzeit belohnt ihr euch mit einem schönen Familienfilm. Vielleicht haben euch die fernsehfreien Abende auch so viel Spaß gemacht, dass ihr beschließt, daraus ein gemeinsames Ritual zu machen und weiterhin jede Woche ein oder zwei Abende zusammen mit den besten Ideen aus euren Zettelkistchen zu verbringen.

Ostern – von Trauer und Freude

Ostern ist das älteste und höchste Fest der Christenheit. Es wird seit der Zeit der Apostel, also schon fast 2000 Jahre, zur Erinnerung an den Tod und die Auferstehung Jesu gefeiert. Woher der Name Ostern kommt, ist nicht ganz klar. Manche denken, »Ostern« leite sich von dem Wort »östra« für Morgenröte ab oder von der Göttin »Ostera«, der Frühlingsgöttin. Die Osterzeit beginnt mit dem Ostermorgen und endet 50 Tage später an Pfingsten. Ostern selbst besteht aus mehreren Feiertagen, mit denen unterschiedliche Bedeutungen und Rituale verknüpft werden.

WARUM DAS OSTERDATUM WECHSELT
Warum liegt Ostern manchmal so spät oder dann wieder so früh im Jahr, und warum verschieben sich mit ihm viele andere Feiertage ebenfalls? Es liegt daran, dass es sich nach dem Frühlingsvollmond richtet, und zwar ist Ostern immer am Sonntag nach dem ersten Frühlingsvollmond. Der aber ist jedes Jahr an einem anderen Tag. Alle anderen unregelmäßigen Feiertage eines Jahres können vom Ostersonntag abgeleitet werden: So ist der Aschermittwoch immer der 46. Tag vor Ostern und Pfingsten der 49. Tag nach Ostern. Christi Himmelfahrt 10 Tage vor Pfingsten und Fronleichnam 11 Tage nach Pfingsten.

Palmsonntag – freudige Begrüßung

Der Sonntag vor Ostern wird Palmsonntag genannt. Warum? In der Bibel steht, dass viele Menschen Jesus beim Einzug in die Stadt Jerusalem mit Palmwedeln zuwinkten. Palmen wurden im Altertum als heilige Bäume verehrt. In südlichen Ländern werden deshalb am Palmsonntag Palmenzweige und Olivenzweige gesegnet, bei uns die Palmkätzchen, also Gebinde aus Weidenzweigen, und Buchsbaumzweige. Die Palmprozession ist die Darstellung des Einzugs Jesu in Jerusalem.

Wer wird Palmesel?

Ein Brauch in vielen Familien ist es, denjenigen, der an diesem Tag am längsten schläft, als Palmesel zu bezeichnen. Sitzt er dann endlich am Frühstückstisch, bekommt er einen Palmkätzchenzweig und einen ausgeschnittenen Esel auf den Frühstücksteller gelegt. Ob dieses Ritual nun eine Belohnung für Langschläfer ist oder nicht, könnt ihr selbst entscheiden.

Gründonnerstag – die Geburt des Abendmahls

Jesus feierte am Abend mit seinen zwölf Jüngern das festliche Passahmahl. Er wusch seinen Jüngern die Füße und feierte mit ihnen die erste Eucharistie. Jesus sagte den Jüngern, dass einer von ihnen ihn verraten würde. So kam es auch.

Der Gründonnerstag ist der Ursprung aller Abendmahlfeiern. Zum Zeichen der Trauer werden in den Kirchen die Altarkerzen und das Ewige Licht gelöscht. Man verhüllt die Statuen der Heiligen mit Tüchern. Nach dem Gloria-Gesang verstummen in den Gottesdiensten die Orgeln und die Glocken. Die Glocken werden bis zum Osterfest nicht mehr geläutet. Der Gründonnerstag heißt wohl deshalb so, weil die Büßer in die Kirche eintraten und als Zeichen für die Vergebung ihrer Sünden junges Grün in Händen hielten. Grün steht für das Erwachen der Natur nach einem langen Winter. Grün ist die Farbe der Hoffnung. In vielen Familien ist es an diesem Tag Brauch, etwas Grünes zu essen, wie zum Beispiel Gemüse, Spinat, Grünkohl. Der Name könnte aber auch auf den althochdeutschen Begriff »grunen« also »greinen, weinen« zurückgehen.

Füße waschen

Wie wäre es, in eurer Familie an Gründonnerstag einen Fußwaschbrauch einzuführen? Jesus wusch den Jüngern die Füße, denn er wollte zeigen, dass niemand über dem anderen steht und jeder jedermanns Diener ist.

Füße waschen kann etwas sehr Intimes sein. Man muss die Berührung zulassen. Gerade Kinder sind kitzelig an den Füßen. Wer wem die Füße wäscht, bleibt euch überlassen. Es ist ein schönes Ritual. Ob in der Badewanne oder einer großen Schüssel, wascht die Füße mit einer besonders gut duftenden Seife. Trocknet danach die Füße liebevoll ab, und cremt sie mit einem Lavendelöl und einer angenehmen Fußmassage ein. Versucht, dies alles schweigend zu tun: Dann kümmert man sich viel bewusster um die Füße, die dies wirklich verdient haben. Denn schließlich tragen sie uns tagein, tagaus – uns und unser ganzes Gewicht.

Karfreitag – ein stiller Feiertag

Der Freitag vor Ostern wird auch stiller Freitag genannt, weil alle lärmenden Aktivitäten wie Volksfeste oder Disco an diesem Tag verboten sind. Denn dies ist der Tag der Gefangennahme Jesu, seiner Verhörung vor dem Hohen Rat, der Überstellung an den römischen Stadthalter Pilatus, Jesu Verspottung und schließlich sein Tod am Kreuz. So leitet sich das Wort Karfreitag vom althochdeutschen Begriff »chara« ab, was Klagen und Trauer bedeutet.

Euer Tag in Stille

Verbringt den Tag doch auch im Stillen: keine laute Musik, kein Fernsehen. Wie wäre es mit einem schweigenden Gang in den Wald als jährlich wiederkehrendes Familienritual? Einfach nur die Waldluft einatmen, in die Bäume sehen und die Gedanken fließen lassen.

Auch essen in Stille ist schön. Da verändert sich zusehends die Wahrnehmung. Man hört das laute Kauen und Schlucken der anderen Familienmitglieder. Man schmeckt bewusst das Gericht, weil man sich nicht durch Gespräche ablenken lässt. Wie lange schafft ihr es, nichts zu sagen? Und wer ist der, der das Schweigen bricht?

Osternacht – es werde Licht!

Am Samstag nach Karfreitag, am Karsamstag, wird tagsüber der Grabesruhe Jesu gedacht. In der Nacht wird in den katholischen Kirchen die Auferstehung Jesu mit Gottesdiensten gefeiert. Die Osternacht wird bestimmt von der Lichtsymbolik. Die Glocken, die am Gründonnerstag verstummten, tönen jetzt wieder in vollem Klang.

Osterfeuer – neues Licht für die Welt

Vielerorts werden am Ostersamstag Osterfeuer entzündet. Das Osterfeuer steht als Symbol für das Lichtwerden durch die Auferstehung Christi. Es versinnbildlicht das neue Licht, das mit Christus in die Welt gekommen ist. In einigen Gegenden werden mit Stroh umwickelte Holzräder brennend den Berg hinuntergerollt ins Tal.

Die Osterkerze

Die Osterkerze steht im Mittelpunkt der Osternachtfeier. Die Ostermesse in der Kirche ist ein anrührendes Erlebnis. Die Kerze wird an einem geweihten Osterfeuer entzündet. Anschließend wird sie in einer feierlichen Prozession unter Gesang in das abgedunkelte Gotteshaus getragen. Alle Menschen entzünden ihre mitgebrachten Kerzen an der Flamme der Osterkerze und die Kirche wird heller und heller, allein mit dem Licht der Kerzen.

Eine Osterkerze gestalten ✂

Um auch ein Licht in eurem Haus aufgehen zu lassen, bastelt doch zusammen eine Osterkerze.

Man braucht:
- EINE DICKE, GROSSE, WEISSE KERZE
- BUNTE WACHSPLATTEN
- SCHERE ODER MESSER

Aus den Wachsplatten kann man Symbole ausschneiden und mit etwas Druck auf die Kerze kleben. Das Wachs klebt ganz von selbst. Ob ihr christliche Symbole wählt oder lieber Hasen oder bunte Blumen darauf abbilden wollt, bleibt euch selbst überlassen. Das Weiß der Kerze symbolisiert die Hoffnung. Meist ist die Kerze mit einem Kreuz und dem ersten und letzten Buchstaben des griechischen Alphabets zu sehen: Alpha und Omega – für Anfang und Ende. Die fünf roten Nägel sollen an die fünf Wunden Jesu am Kreuz erinnern. Die Kerze kann mit Motiven wie Kreuz, Lamm, Sonnenstrahlen oder Wasser verziert werden.

Ostersonntag – ein Tag großer Freude

Drei Tage nach der Kreuzigung: Die Auferstehung wird gefeiert. Die Christen feiern, dass Jesus den Tod überwunden hat. Es ist der ranghöchste Feiertag im christlichen Kirchenjahr. Der Ostersonntag ist das Ende der Fastenzeit. Mit dem Ostersonntag beginnt die österliche Freudenzeit – 50 Tage bis Pfingsten. Viele Familien feiern den Ostersonntag im Familienkreis mit einem ausgedehnten Osterfrühstück oder einem Osterbrunch. Und nicht zu vergessen: Am Ostersonntag hat der Osterhase die bunten Eier versteckt.

Osterlachen als Zeichen der Freude

Zwischen dem 14. und 19. Jahrhundert war es Brauch, dass der Pfarrer während einer Predigt die Gemeinde zum Lachen bringen musste. Das nannte man das »Osterlachen«. Mit dem gemeinsamen Lachen wollte man die Freude über Jesu Auferstehung ausdrücken.
Als die Prediger anfingen, nicht nur fromme Witze zu machen, sondern immer wildere Faxen, wurde der Brauch verboten. Schade. Ich finde, es ist ein sehr schöner Brauch, und man sollte viel öfter in der Kirche laut lachen.
Führen Sie diesen Brauch doch an Ostern in Ihrer Familie ein. Während des Osterfrühstücks soll jeder aus der Familie eine Geschichte erzählen oder Faxen machen, die die anderen zum Lachen bringen.

Eines der schönsten Rituale – das Osterfrühstück

Eines der schönsten Rituale an Ostern ist wohl das Osterfrühstück mit der Familie oder Freunden. Viele verschieben das Frühstück auch gern nach hinten und machen einen Osterbrunch daraus. Während sich beim Osterfrühstück der Tisch von Marmeladen, Müsli, Eiern, Osterlamm, Osterfladen, Wurst und Käse biegt, kann man beim Brunch jeden Gast bitten, etwas Selbstgekochtes beizusteuern.

Nicht ohne Osterlamm

Das Lamm ist ein Opfertier. Es symbolisiert Frieden, weil es jung und unschuldig ist. Wehrlos. Sein weißes Fell ist ein Zeichen für Reinheit. Jesus wird

auch als »Lamm Gottes« bezeichnet. Das Osterlamm – als leckerer Kuchen – sollte auf keinem Osterfrühstückstisch fehlen. In vielen Familien gibt es aber auch einen Lammbraten zum Mittag- oder Abendessen.

Eier picken

Manche nennen es auch Eier pecken. Jeder Spieler nimmt ein gekochtes Osterei in die Hand. Nun stößt – pickt oder peckt – man mit den Eierspitzen oder den -böden gegeneinander. Dabei gilt die Regel »Spitze gegen Spitze, Boden gegen Boden«. Derjenige, dessen Ei heil bleibt, hat gewonnen. Er bekommt das angepickte Ei des anderen. Eier picken ist ein beliebtes Spiel beim Osterfrühstück, das sich aber auch immer dann anbietet, wenn zwei Familienmitglieder harte Ostereier essen möchten.

Ostermontag – Zeit für Gemeinsamkeit

Mit dem Ostermontag wird die Osterfeier vom Sonntag fortgesetzt und die Osterwoche beendet. Dieser Tag ist ein Familientag. Man nimmt gemeinsam das Essen ein und verbringt den Tag miteinander. Ein gemeinsamer Spaziergang gehört für die meisten auch dazu.

Der Osterhase

Die Protestanten fügten dem Osterfest im 17. Jahrhundert den Osterhasen hinzu. Er war derjenige,

der die Eier legen, bemalen und verstecken sollte. Der Osterhase ist das Symbol für neues Leben hauptsächlich wegen seiner Fruchtbarkeit. In manchen Gegenden brachte der Hahn die Eier, in der Schweiz der Kuckuck, in Westfalen der Fuchs, in Thüringen der Storch – bis sich im 19. Jahrhundert überall der Hase durchsetzte.

Möhrenkuchen

Zutaten:
- 12 SCHEIBEN ZWIEBACK
- 5 EIER
- 250 G ZUCKER
- 250 G GEMAHLENE HASELNÜSSE
- 3 TL BACKPULVER
- 250 G GERASPELTE MÖHREN
- SAFT UND SCHALE EINER UNBEHANDELTEN ZITRONE
- BUTTER FÜR DIE FORM
- 200 G KUVERTÜRE FÜR DEN GUSS

Den Zwieback in eine Tüte geben, zuknoten und mit einem Nudelholz darüberrollen und zerkrümeln. Die Eier trennen. Eigelb und Zucker schaumig rühren. Nüsse, Backpulver, Möhren, Zwiebackkrümel, Zitronensaft und Zitronenschale untermischen. Eiweiß zu Schnee schlagen, unterheben. Die Form mit Butter einfetten, den Teig in die Form füllen. Im vorgeheizten Backofen bei 180° ca. 1 Stunde backen. Kuvertüre im Wasserbad auflösen und den abgekühlten Möhrenkuchen damit überziehen.

Freude durch Osterpost

Verschickt doch auch einmal zu Ostern eine schöne Karte an Freunde und Verwandte. Jedes Familienmitglied zeichnet einen Hasen, die werden nebeneinander in eine ebenfalls gemalte grüne Wiese gesetzt und nun entweder kopiert oder eingescannt und ausgedruckt. Oder stempelt Hasen mit meinen beliebten Moosgummistempeln (siehe Seite 51) auf eine Karte, da können auch die Kleinsten fröhlich mitstempeln. Oder gestaltet eine Osterkarte mit der Reißtechnik. Tonpapier in Hasenform nicht schneiden, sondern reißen, aufkleben, fertig.

OSTERMANN UND WEIHNACHTSHASE

Eine kleine Geschichte zum Vorlesen oder Selberlesen

Als der Weihnachtsmann zum tausendsten Mal alle Geschenke verteilt hatte und von seiner langen Reise so müde war, dass er sich völlig erschöpft auf einer alten Bank niederließ, um ein wenig zu verschnaufen, hoppelte ein kleiner Hase an ihm vorbei. »Wohin des Weges, junger Freund?«, fragte der Weihnachtsmann. Der Hase blieb stehen. »Du bist der Weihnachtsmann!«, stellte er fest. Dieser nickte und strich sich über den Bart. Der Hase wurde ganz aufgeregt: »So viele, viele Jahre wünsche ich mir, dich kennenzulernen.« »Und wer bist du?«, fragte der Weihnachtsmann. Der Hase stellte sich kerzengerade auf seine Hinterpfoten und verneigte sich. »Ich bin der Osterhase«, stellte er sich vor.

Der alte Mann bekam große Augen. »Jetzt schon? Um diese Zeit?« »Ich bin nur ein kleines bisschen früher losgezogen, wollte ein wenig Stress vermeiden.

Aber was machst du immer noch hier?« »Ich bin ein kleines bisschen länger geblieben, um mich auszuruhen!«, antwortete der Mann mit dem weißen Bart. Der Hase trat näher und deutete auf die Bank. »Darf ich?«, fragte er höflich. »Nur zu!« Und so setzte sich der Osterhase zum Weihnachtsmann auf die Bank. Eine Weile saßen sie da und genossen einfach die Anwesenheit des anderen.

Dann begann der Weihnachtsmann: »So viele Jahre bringe ich die Geschenke zu den Kindern, rutsche durch den Kamin oder fülle ihre Schuhe, die sie vor die Türen stellen. Schmücke Weihnachtsbäume und lese Wunschzettel. Ich langweile mich ein wenig.« Der Hase schwieg noch eine Weile, er dachte nach.

»Immer nur Eier«, stöhnte dann der Hase, »ich kann schon keine Eier mehr sehen! Wer bin ich denn? Ein Huhn vielleicht? Eier bemalen, Eier verstecken und im nächsten Jahr wieder dasselbe von vorn, jedes Jahr wieder.« »Hm«, machte der Weihnachtsmann. Und »Pfffff«, machte der Hase. Dann sahen sie sich an: Sie wollten tauschen!

Sogleich machten sie sich ans Werk. Alle Müdigkeit war vom Weihnachtsmann abgefallen, denn so ist das oft bei neuen, aufregenden Aufgaben. Der Hase stieg in den Rentierschlitten und ließ sich von den Tieren zum Nordpol ziehen. Der Weihnachtsmann schnallte sich den Korb mit Eiern um und hüpfte fröhlich drauflos. Er hüpfte von Haus zu Haus, denn es war nun bereits Ostersonntag, und versteckte die Eier. In den Schuhen, im Kamin und ab und an hängte er einige in die Bäume, die vor den Häusern standen. Dann wartete er. Niemand sagte ihm ein Gedicht auf. Alle liefen an ihm vorbei und suchten die Eier. Doch die meisten fanden sie, als sie ihre Schuhe anzogen. Oder im Kamin das Feuer anzündeten. Was für ein Ärger!

Missmutig hoppelte der Ostermann in den Wald zurück und setzte sich schmollend auf einen Baumstumpf. So saß er dann, bis der Weihnachtshase schließlich einige Zeit später mit dem Schlitten über den Himmel flog. Die Päckchen versteckte er hinter Büschen und unter dem Schnee. Und die Kinder fanden den Weihnachtsbaum ohne Päckchen vor. So ein Durcheinander! Schnell hüpfte der Weihnachtshase in den Wald, um den Ostermann zu suchen. Der saß da immer noch auf seinem Baumstumpf. Als er den Hasen sah, war er sehr erleichtert und schüttelte ihm die Pfote. »Ich denke, das Beste wird sein, wir machen das, was wir immer gemacht haben und was wir wirklich gut können!«, sagte er. Und der Hase nickte.

Fingerabdruckhasen

Man braucht:
- STIFTE
- PAPIER
- STEMPELKISSEN IN VERSCHIEDENEN FARBEN

Zuerst stempelt man mit seinem Finger einige Abdrücke auf das Papier. Nun können diese Abdrücke mit Ohren und einem Hasengesicht zum Osterhasen verwandelt werden. So kann man natürlich auch Marienkäfer, kleine Piepmätze auf einer Leine sitzend oder gelbe Küken entstehen lassen.

Moosgummistempel

Man braucht:
- MOOSGUMMI
- SCHERE ODER CUTTER
- KLEBER
- HOLZ ODER FESTE PAPPE
- STEMPELKISSEN ODER FARBE UND PINSEL

Aus Moosgummi Figuren, Buchstaben oder Zahlen ausschneiden, diese mit Kleber auf ein kleines Stück Holz oder eine feste Pappe kleben, schon sind die Stempel fertig. Man kann sie in Stempelkissen drücken oder mit einem Pinsel Wasser- oder Acrylfarbe gleichmäßig, aber nicht zu dick auftragen und dann stempeln.

Hasenohren

Vielleicht möchtet ihr Teil des Osterfestes sein, indem ihr euch Hasenohren bastelt.

Man braucht:
- BRAUNES UND ROSAFARBENES TONPAPIER
- SCHERE
- KLEBSTOFF
- WÄSCHEKLAMMER

Schneidet aus dem braunen Tonpapier einen Streifen, der etwa 5 cm breit ist. Legt diesen um euren Kopf und merkt euch, an welcher Stelle er zusammengeklebt werden muss, damit er passt. Dann kleben und mit der Wäscheklammer die Klebestellen zusammenklammern: So kann der Klebstoff trocknen. Schneidet in der Zwischenzeit aus dem braunen Papier zwei längliche Hasenohren zurecht. Die dürfen ruhig 20 cm lang sein – nicht umsonst sagt man zum Hasen auch Langohr! Dann aus dem rosa Papier noch einmal kleinere Hasenohren ausschneiden und auf die großen ausgeschnittenen braunen Ohren kleben. Jetzt die Ohren in einem Abstand von etwa 10 cm an den Kopfreif kleben, fertig sind die Hasenöhrchen.

Osterhasen jagen

Einer ist der Jäger und die übrigen sind die Osterhasen. Alle Osterhasen stecken sich ein buntes Tuch in den Hosen- oder Rockbund. Nun rennen alle wild herum, und der Jäger versucht, die Tücher zu erhaschen. Der Hase, der sein Tuch am längsten behält, ist der Sieger.

Kleiner Knuddelhase ✂

Man braucht:
· BABYSTRUMPFHOSE
· NÄHZEUG
· FÜLLWATTE

Die Strumpfhosenbeine werden die Ohren. Dafür werden sie mit Füllwatte gestopft und über dem Hasenkopf zugebunden. Zwei Knopfaugen und eine Hasennase mit Garn auf das Gesicht, also den Knoten, nähen. Den Kopf mit Füllwatte ausstopfen, und den Hals mit Schnur zubinden. Fertig ist der kleine Knuddelhase.

Was wäre Ostern ohne Eier?

Das bekannteste Symbol für Ostern sind die Ostereier. Sie werden bemalt, gefärbt und verziert, gegessen oder an Zweige oder Kränze gehängt.
Eier gelten als Fruchtbarkeitssymbol. Das Ei steht für die Entstehung neuen Lebens. Ein alter Mythos erzählt vom Weltenei, aus dessen beiden Hälften sich Himmel und Erde gebildet haben sollen. Im Mittelalter konnte man sogar mit Eiern bezahlen. Das Ei verkörpert in vielen Mythen den Ursprung des Lebens. In der finnischen Mythologie, der Kalevala, entstand das Universum aus sieben Eiern, sechs goldenen und einem aus Eisen. Aus den oberen Schalenhälften wurde der Himmel, aus dem Eigelb die Sonne, aus dem Eiweiß der Mond, und die restlichen Schalenstücke bildeten Sterne und Wolken. Aus dem schwarzen Dotter des Eiseneis wurde eine Gewitterwolke.
Viele Jahre war es verboten, während der Fastenzeit Eier zu essen. Da die Hühner allerdings weiter legten, gab es nach dieser Zeit einen Eierüberschuss. Aus dem Überfluss wurde ein Brauch, und seither werden Eier versteckt, verschenkt, gesucht und als Dekoration benutzt.

Warum malt man die Eier an?

Ursprünglich malte man die Ostereier an, um die geweihten Eier von den nicht geweihten Eiern zu unterscheiden. Sogar die Farbe spielte früher eine Rolle: Gelb stand für Erleuchtung und Weisheit, Rot für den Opfertod Christi, Weiß für die Reinheit, Grün für die Unschuld und Jugend sowie

Orange für Kraft, Ausdauer, Ehrgeiz und Wärme. Heute sollen die Eier durch die Bemalung vor allem anders und schöner aussehen als unsere »Alltagseier«, aber ihr könnt dadurch auch die rohen von den gekochten Eiern unterscheiden.

Ei-Experimente

Woran erkennt man, ob ein Ei roh ist oder gekocht? Ja klar, lass es fallen, und du weißt es ganz genau! Nein, halt!
Ist ein gekochtes Ei vielleicht schwerer als ein rohes? Probiere es doch aus!
Und wie verhalten sich ein rohes und ein gekochtes Ei, wenn man sie auf einer Tischplatte dreht wie einen Kreisel?

Eierspiele – typisch Ostern

Ostern ist wohl die einzige Zeit im Jahr, wo wir guten Gewissens mit Lebensmitteln spielen können: Denn dafür eignen sich hart gekochte Eier hervorragend – am Schluss werden sie ja doch gegessen.

Eierkullern

Man lässt die gekochten bunten Eier ein schräges Brett oder einen kleinen Hügel hinunterkullern. Trifft man die Ostereier der anderen, darf man sie behalten oder benutzt sie im nächsten Durchgang zum erneuten Kullern. Dieses Spiel kann man auch gut mit Schokoladeneiern spielen.

Osterberg

Auf dem Tisch wird eine Zeitung ausgebreitet und ein Berg aus Sand, Salz oder Mehl aufgehäuft. Oben auf diesen Berg setzt man ein hart gekochtes Ei. Jeder hält einen Löffel in der Hand, und ihr löffelt nun der Reihe nach den Berg rundherum ab. Aber vorsichtig: Das Ei auf dem Berg darf nicht herunterfallen. Bei wem es kippt, der hat verloren.

Eierlauf

Ein hart gekochtes Ei wird auf einen Löffel gelegt. Vorher bestimmen die Spieler die Strecke, die gelaufen werden muss. Zum Beispiel bis zum nächsten Baum, um ihn herum und zurück. Oder man stellt Stühle, Bälle und andere Dinge als Hindernisse auf, um die man entweder herumgehen oder über die man steigen muss. Es laufen immer zwei Spieler gleichzeitig. Wenn ein Ei auf den Boden fällt, muss

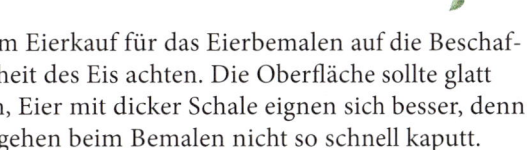

der Läufer wieder zurück zum Start und erneut von vorn beginnen. Wer als Erster mit einem heilen Ei das Ziel erreicht, hat gewonnen!

Eier werfen

Natürlich wirft man hierbei keine echten Eier, sondern Tischtennisbälle. Ziel ist ein Eierkarton. Diesen stellt man in einiger Entfernung aufgeklappt auf den Boden. Den einzelnen Vertiefungen können noch Punkte gegeben werden. Und nun versucht man, mit Tischtennisbällen in den Karton zu treffen und zwar so, dass der Ball darin liegen bleibt.

Eierkuchen backen

Ein Eierkuchen ist kein Kuchen, obwohl er so heißt, so wie im Käsekuchen auch kein Gouda oder Emmentaler zu finden ist. Eierkuchen wird regional auch Pfannkuchen oder Palatschinken genannt. Und in Frankreich ist der Eierkuchen etwas dünner und heißt Crêpes, während er in Amerika dicker ist und sich Pancake nennt.

Ob süß mit Honig, Marmelade, Schokolade, Zimt und Zucker, mit Äpfeln, Apfelmus oder Preiselbeeren oder salzig mit Frischkäse, Leberwurst oder Schinken – jeder isst ihn so, wie er ihn liebt.

Pfannkuchen sind einfach zuzubereiten und gehören deshalb zu den ersten Rezepten, die Kinder bald ganz allein kochen können.

Pfannkuchen

Zutaten:
- 2 EIER
- 150 G MEHL
- 250 ML MILCH
- ETWAS SALZ
- BUTTER ODER FETT
- FÜLLUNG NACH GESCHMACK

Eier schaumig schlagen, Mehl und Milch hinzufügen. Eine Prise Salz dazugeben und alles zu einem glatten Teig rühren. In einer Pfanne etwas Fett heiß werden lassen. Teig in die Pfanne gießen und auf beiden Seiten goldgelb werden lassen.

Auf dem Teller mit beliebiger Zutat füllen und zu einer Rolle aufrollen.

Eier verzieren und bemalen

Beim Eierkauf für das Eierbemalen auf die Beschaffenheit des Eis achten. Die Oberfläche sollte glatt sein, Eier mit dicker Schale eignen sich besser, denn sie gehen beim Bemalen nicht so schnell kaputt. Bevor man wunderschöne bunte Ostereier verzieren kann, muss man sie zunächst einmal ausblasen.

Eier ausblasen

Die Eier könnt ihr zum Reinigen in Wasser mit einem Teelöffel Essigessenz geben. Danach mit warmem Wasser noch einmal abspülen. So befreit ihr die Eier von Fett und Schmutz. Dann mit einer großen Nadel oben und unten ins rohe Ei jeweils ein Loch bohren. Beide Löcher vorsichtig vergrößern, bis ungefähr ein halber Zentimeter Durchmesser erreicht ist. Jetzt mit dem Ei über eine Schüssel beugen und in das obere Loch pusten: mit vollen Backen und viel Kraft. Manchmal dauert es eine Weile, bis das erste Eiweiß unten herauskommt.

Tipp: Aus dem ausgeblasenen Ei kann man Rührei oder Pfannkuchen machen.

Das leere Ei noch einmal vorsichtig mit viel Gefühl auswaschen, abtrocknen, und jetzt kann das Bemalen und Bekleben losgehen.

Die Eier könnt ihr am besten bemalen, wenn ihr sie auf einen Holzspieß aufspießt und diesen wiederum in die Eierkartonpappe steckt.

Wenn die Eier dekoriert sind, brauchen sie noch einen Aufhänger. Dazu ein Streichholz in ein Zentimeter kleine Stücke brechen und daran jeweils in der Mitte einen Faden mit Aufhängöse befestigen. Das Holzstückchen in das Eierloch ganz hineinstecken, am Faden vorsichtig zurückziehen, bis sich das Holz festgesetzt hat – fertig!

Ei im Wortgewand

Schneidet aus Zeitschriften schöne und lustige Worte aus: Liebe, Hoffnung, Glaube, Freude und so weiter. Rührt etwas Tapetenkleister an, und streicht mit einem eingekleisterten Pinsel die Worte auf das Ei. Rundherum. Bis das Ei überall mit schönen Worten beklebt ist, es sozusagen ein »Wortgewand« hat. Oder bestempelt das Ei mit Buchstabenstempeln.

Eierschnüre

Das Ei rundherum mit Kleber bepinseln. Eine Paketschnur von oben nach unten um das Ei kleben. In Spiralen. Dies sieht auch mit bunten Schnüren oder Borten schön aus. Borten kann man in Bastelgeschäften oder Stoffgeschäften kaufen. Aber auch Stoffreste können in schmale Streifen geschnitten und um das Ei geklebt werden. Das sieht dann aus wie ein »Flickerlteppichei«.

Konfetti-Ei

Sind noch Konfetti übrig von Fasching? Falls nicht, einfach bunte Papiere oder bunte Werbeseiten aus Zeitschriften lochen. Lochpunkte sammeln und dicht aneinander auf das Ei kleben.

Eierköpfe

Es gibt Menschen, die haben richtige Eierköpfe. Vielleicht könnt ihr euch beim Eiermalen von diesen Menschen inspirieren lassen: Malt die Eier als Köpfe an. Mit Glatzen oder Halbglatzen oder Haaren aus Wolle oder Filz. Vielleicht hängt bald eine ganze Eierkopffamilie am Osterzweig.

Haseneier

Färbt ihr Eier einfarbig braun, könnt ihr mit Hilfe von Filzohren und einem süßen Hasengesicht alle Eier in Osterhasen verwandeln. Oder gelbe Eier zu Küken.

LEGT EIN WEISSES HUHN WEISSE EIER UND EIN BRAUNES HUHN BRAUNE?

Das wäre ja auch zu einfach. Die Farbe der Eier hat nichts mit der Gefiederfarbe zu tun. Das hängt mit der Rasse zusammen. Manchmal kann man einen Hinweis auf die Eierfarbe in den Hühnerohren sehen. Wenn ein Huhn weiße Ohrenscheiben hat, legt es weiße, hat es rote Ohrenscheiben, legt es braune Eier. Dies stimmt aber auch nicht immer. Es gibt sogar ein Huhn, das Auracana-Huhn aus Südamerika, das legt türkisgrüne Eier. Aber egal ob weiß oder braun – Ei bleibt Ei. Keines ist vitaminreicher oder leckerer. Mit geschlossenen Augen würde man gar nicht schmecken, ob man ein weißes oder ein braunes Ei isst.

Bis ein Ei in einem Huhn reift, dauert das übrigens etwa 24 Stunden. Ein Huhn kann also maximal ein Ei am Tag legen. Die Eier im Handel sind in der Regel unbefruchtet. Man isst also nicht – wie ich es als Kind immer dachte – ein ungeborenes Küken.

Um ein befruchtetes Ei auszubrüten, sitzt die Henne drei Wochen lang auf dem Ei. Durch das Gefieder sorgt sie für eine Temperatur von etwa 38 °C. Die Küken, die da in den Eiern heranwachsen und Mamis Wärme genießen, verabreden sich übrigens mit Piepsen zum gemeinsamen Schlüpfen. Innerhalb eines Tages schlüpfen alle Küken einer Henne aus.

Blümcheneier

Ich liebe Blümcheneier. Mit einem dünnen Pinsel und Acrylfarben werden nur durch Punkte winzig kleine Blümchen auf das Ei gepunktet. Ob in einer Farbe oder ganz bunt, bleibt euch überlassen. »Beblümelt« das Ei über und über. Das können auch schon die Kleinen.

Eier fürs Osternest färben

Ostereier, die als gekochte Eier ins Osternest sollen, kann man mit natürlichen Farben färben. Kocht man die Eier mit Spinat ab, werden sie grün, rote Beete färbt sie rot, dunkle Zwiebelschalen oder Kaffee braun, Safran macht sie gelb. Zum kochenden Wasser ein wenig Essigessenz hinzufügen. Die natürlichen Farben färben die Eier nur zart. Aber dies ist in jedem Fall die gesündeste Variante, verursacht keine Allergien und die pastelligen Töne sehen trotzdem wunderschön aus. Danach die Ostereier mit Speiseöl polieren, dann glänzen sie.

Handabdruck Huhn

Male deine Hand mit Acryl- oder Fingerfarbe bunt an, drucke die ganze Hand auf ein Papier. Mal nun dem Daumenabdruck einen Kamm und einen Schnabel und zwei Hühnerbeine unten dran. So bekommst du ein lustiges Huhn aus eigener Hand!

Lasst Hühner gackern ✂

Man braucht:

- LEERE KONSERVENDOSEN
- ROTES TONPAPIER
- FARBE
- PINSEL
- KLEBSTOFF
- 40 CM FESTEN ZWIRN ODER KNOPFLOCHSEIDE
- WACHS ODER HARZ
- 1 NAGEL
- HAMMER

Mitten in die Unterseite der Dose mit dem Nagel ein Loch hämmern. Den Faden durch das Loch ziehen, innen verknoten. Den Faden mit Harz oder Wachs einreiben. Aus dem Tonpapier einen Kamm für das Huhn und einen Schnabel malen. Die Dosen

wie ein Huhn bemalen, dann Kamm und Schnabel aufkleben. Hält man das Huhn jetzt an der Schnur, zieht an ihr und reibt mit den Fingern ruckartig von oben nach unten, gackert das Huhn.

Osterplätzchen

Warum sollen nur an Weihnachten Plätzchen gebacken werden? Mit dem Teig könnt ihr auch wunderbare Hasen, Lämmchen und Küken ausstechen. Osterausstechformen gibt es in vielen Geschäften.

Zutaten:
- 150 G KALTE BUTTER
- 1 EI
- 250 G MEHL
- 125 G ZUCKER
- 2 PÄCKCHEN VANILLEZUCKER
- 1 EIGELB ZUM BESTREICHEN

Butter schaumig rühren, Ei hinzugeben und unterrühren, dann alle anderen Zutaten. Alles zu einem schönen Teig kneten. Diesen zu einer Kugel formen, in Klarsichtfolie einwickeln und eine halbe Stunde im Kühlschrank kalt stellen.
Mehl auf eine Arbeitsplatte stäuben, den Backofen auf 180 °C (Umluft 160 °C) vorheizen. Ein Backblech einfetten oder mit Backpapier auslegen.

Teig aus dem Kühlschrank holen und ausrollen. Osterplätzchen mit passenden Motiven ausstechen, auf das Blech legen, mit Eigelb bestreichen und eventuell noch mit bunten Streuseln verzieren. Im Ofen etwa 10 Minuten backen.

Tipp: Zwischen Nudelholz und Teig eine Klarsichtfolie legen, dann klebt der Teig nicht an.

Hefehasen

Wir backen zu Ostern immer kleine Hefehasen und packen sie nach dem Backen in durchsichtige Folie mit einem schönen Schleifchen drumherum. Fertig ist ein schönes Ostermitbringsel!

Zutaten:
- 1 WÜRFEL HEFE (42 G)
- 250 ML LAUWARME MILCH
- 100 G ZUCKER
- 2 EIER
- 1 PRISE SALZ
- 600 G MEHL
- 100 G BUTTER
- ZUM BESTREICHEN 1 EI
- HAGELZUCKER
- NÜSSE UND SULTANINEN FÜR AUGEN UND NASEN

Die Hefe mit der lauwarmen Milch und einem Teelöffel Zucker in einem hohen Gefäß verrühren. Warm stellen – 15 Minuten gehen lassen.

Den restlichen Zucker, Eier und Salz mit der Hefemilch in einer Schüssel verrühren. Das Mehl dazugeben. Die lauwarme Butter dazugeben und alles mindestens 10 Minuten verkneten. Dann eventuell noch etwas Mehl dazu geben. Der Teig soll sich vom Schüsselrand lösen und nicht zu klebrig sein.

Den Teig zugedeckt an einer warmen Stelle etwa 45 Minuten gehen lassen – bis sich sein Volumen verdoppelt hat.

Das Blech mit Butter einfetten oder mit Backpapier auslegen. Den Teig in kleine Stücke teilen und Hasen formen. Die Hasen lieber übertrieben lang formen, weil der Teig beim Backen so stark aufgeht, dass die Hasen manchmal ein wenig ihre Form verlieren. Mit Sultaninen und Nüssen noch Augen und Nasen legen. Und die Hasen nun mit Ei bestreichen und mit Hagelzucker bestreuen.

Im vorgeheizten Backofen bei 200 °C etwa 20 Minuten backen.

Nest aus Pappmaschee ✂

Man braucht:
- SCHÜSSEL IN NESTGRÖSSE
- FRISCHHALTEFOLIE
- ALTE ZEITUNGEN ODER SEIDENPAPIER
- TAPETENLEIM
- PINSEL
- EVTL. FARBE ZUM SPÄTEREN ANMALEN

Man dreht die Schüssel um. Dann legt man die Frischhaltefolie über die Schüssel, zieht sie ganz glatt darüber, damit der Kleister nicht an der Schüssel klebt. Nun reißt oder schneidet man die Zeitung in kleine Streifen und klebt diese mit dem Leim auf die Schüssel. Mit einem Pinsel kann man die Schnipsel glatt streichen. Drei oder vier Schichten Papier auf diese Weise auftragen, dann das Ganze einen Tag trocknen lassen. Dann die Zeitungsschüssel vorsichtig von der echten Schüssel trennen. Nun kann dieses »Nest« noch angemalt werden. Wer farbiges Japanpapier nimmt, spart sich das Anmalen. Fertig ist ein wunderschönes Nest.

Papiertütennester ✂

Schneller geht da natürlich ein einfaches Papiertütennest. Nehmt eine braune Papiertüte, und stülpt diese nach außen um. So oft, bis die Tüte ungefähr 15 cm hoch ist. Fertig ist das Nest. Den Boden mit Heu auslegen, und nun die bunten Eier darauf verteilen.

Walpurgisnacht – ein Tanz in den Mai

Die Walpurgisnacht ist ein traditionelles europäisches Fest. Es erhielt seinen Namen von der heiligen Walpurga (710–779), einer Äbtissin aus England, der die Kraft zugesprochen wurde, vor Zaubern zu schützen. Der Gedenktag dieser Heiligen wurde am 1. Mai gefeiert. Die neun Tage davor wurden als Walpurgistage bezeichnet, und der 30. April wird noch heute als Walpurgisnacht gefeiert. In diesen Tagen und ganz besonders in der Walpurgisnacht sollten Hexen ganz besonders aktiv sein. Deshalb unternahm man allerlei gegen sie: Glocken wurden geläutet zur Abwehr von Hexen und bösen Geistern. Durch Peitschenknallen in der Nacht, ausgelegte Besen und Maibüsche hoffte manch einer, seinen Hof vor Hexen und dem Bösen zu beschützen. Von dem Fest der Hexen und den Abwehrmaßnahmen der braven Bürger am 30. April ist heutzutage überall der Tanz in den Mai übrig geblieben. In manchen Regionen wird die Walpurgisnacht auch als Freinacht bezeichnet. Die Jugendlichen ziehen um die Häuser und spielen Streiche, sie sprühen zum Beispiel Autos mit Rasierschaum an oder wickeln sie mit Toilettenpapier ein.

Maifeuer

Am 30. April werden Feuer entfacht, die alle bösen Geister erschrecken und vertreiben sollen. Wenn das Feuer etwas heruntergebrannt ist, findet in manchen Gegenden der Maisprung statt. Bei diesem Brauch ist es üblich, als Liebespärchen gemeinsam über das Feuer zu springen.

Ein Hexenfest feiern

Wie wäre es mit einem klitzekleinen Hexenfest? Es gibt Kräuterbutter, Kräutertee, Wurzelbrot (hexisches Wort für Möhrenbrot) und Hexensuppe. Vielleicht kann es eine eigene kleine Familientradition werden, in der Walpurgisnacht ein Hexenessen zu veranstalten. Essen unter einem Motto macht immer Spaß. Als Tischdekoration einen alten Besen oder kleine aus Papier gefaltete Raben über den Tisch hängen. Lavendel und andere duftende Kräuter in kleinen Vasen auf den Tisch stellen. Und Kerzen natürlich. Kerzen sind immer stimmungsvoll.

Hier schwebt ein Besen. Fehlt nur noch die kleine Hexe!

Kräuterpfannkuchen

Für 2 Personen • Zutaten:
- 1 ZWIEBEL
- 1 BUND PETERSILIE
- 5 EIER
- 50 G MARGARINE
- 1 BECHER SAUERRAHM (150 G)
- 150 G MEHL
- SALZ
- 120 G SPECK
- 2 EL ÖL

Zwiebel würfeln, Petersilie hacken. Eier mit zerlassener Margarine, Sauerrahm, Mehl und Salz verrühren. Zwiebel und Petersilie daruntermischen. Etwa 20 Minuten ziehen lassen.
Speck würfeln und anbraten, bis er richtig knusprig ist. Dann im Öl mit Speck die Pfannkuchen backen.
Tipp: Dazu schmecken dunkles Bier, Kinderbier (Malzbier) und Eissalat.

Maifest

Der erste Mai wird als Tag der Arbeit gefeiert und ist in vielen Ländern ein gesetzlicher Feiertag. Ist das nicht kurios? Tag der Arbeit und man hat frei? Man verschenkt zum Maifest ein Maiglöckchen als Symbol des Frühlings und als Glücksbringer.

Der Maibaum – Symbol der Fruchtbarkeit

Der Maibaum ist ein geschmückter Baumstamm, der in den meisten Regionen am 1. Mai aufgestellt wird. Während er in Bayern mit einer weißblauen Spirale angemalt wird – »richtig geschnürt« nennen die Bayern das –, sind sie in Franken weiß-rot gestreift. Mancherorts sind die Bäume bis zu 50 m hoch. Der Maibaum gilt als Fruchtbarkeitssymbol und als Darstellung des Weltenbaums. Der Weltenbaum gehört zur Mythologie vieler Völker und ist ein uraltes Symbol der kosmischen Ordnung. Es steht als Weltachse im Weltmittelpunkt. Die Wurzeln reichen tief in die Erde und seine Äste berühren oder tragen den Himmel. Somit verbindet der Weltenbaum die drei Ebenen Himmel, Erde und Unterwelt.

In der Mainacht werden die Bäume aus dem Wald ins Dorf gebracht. Er soll die Fruchtbarkeit der Natur symbolisieren. So wird ein Stück Natur ins Dorf, in die Stadt geholt. Manchmal liegt der Baum auch schon einige Wochen vorher im Dorf. Dort wird er geschält, bemalt und mit einem Kranz behängt. Und er wird natürlich bewacht.
Denn ein weiterer Maibaumbrauch ist es, den Baum zu stehlen. Ihn wiederzufinden und zurückzubekommen, kann teuer werden, denn meist muss man die Maibaumdiebe mit Brotzeiten und Getränken bezahlen. Dann wird der Baum aufgestellt. Oft spielt Blasmusik dazu. Manchmal gibt es einen Tanzboden und meistens Speisen und Getränke.
Mancherorts tanzen die Menschen um den Maibaum. Sie haben dazu Bänder, die sich während der Drehungen ineinanderflechten.
Und manche Maibäume werden mit Zunftschildern geschmückt. Auf einem Zunftschild kann man verschiedene Berufe sehen.
Wie wäre es, wenn ihr einen kleinen Familien-Maibaum im Garten aufstellt? Habt ihr keinen Garten, könnt ihr auch einen Maibaum auf ein großes Papier malen, ausschneiden und an die Wand hängen.

Muttertag – denn ohne sie läuft nichts

Der Brauch, die Mutter an einem bestimmten Tag zu ehren, stammt ursprünglich aus England und ist schon über 300 Jahre alt. Als Mutter des Muttertags gilt jedoch eine Frau in Amerika, Anna Jarvis: Sie setzte sich dafür ein, einen Muttertag zu feiern, einen Tag, an dem die Arbeit der Mütter geachtet werden sollte. Am 12. Mai 1907 veranstaltete sie eine entsprechende Feier. Seitdem findet der Muttertag alljährlich in vielen Ländern am zweiten Sonntag im Mai statt. Bei uns wurde er durch den Verband deutscher Blumengeschäftsinhaber (wie geschäftstüchtig) 1923 verbreitet.
Ich habe immer behauptet, der Muttertag wäre mir überhaupt kein bisschen wichtig: »das ganze Gedöhns!« Doch dann kam der Tag, an dem alle vergaßen, dass Muttertag war. Alle – bis auf mich. Ich dachte die ganze Zeit daran. Ich suchte vergeblich

die Blümchen auf dem Tisch und hoffte immer, dass gleich eines meiner Kinder ein wundervoll kitschiges Muttertagsgedicht aufsagen würde. Aber nichts geschah. Mit Tränen in den Augen rief ich meine Mutter an und schrie fast in den Hörer, damit es die Meinigen alle hören konnten: »Alles Gute zum M-u-t-t-e-r-t-a-g, liebe Mutti!!!!!«
Erst dann fiel es ihnen auf, und ganz betreten standen sie vor mir. Mir liefen ein paar Tränen die Wange runter, und wir beschlossen, den Tag noch einmal neu anzufangen. Also alle wieder ins Bett, und los ging es.
Das war mir eine Lehre. Muttertag ist eben doch irgendwie wichtig. Es muss nicht der riesige Blumenstrauß sein oder ein eingepacktes gekauftes Geschenk. Aber ich finde, die Mutter sollte auf jeden Fall einen eigenen Tag haben, an dem sie merkt,

dass ihre Arbeit gewürdigt wird. Denn als Mutter hat man den einzigen Fulltimejob der Welt: morgens, mittags, abends und sogar nachts!

Muttertagsgeschenke

Überlegt, was eurer Mutter Freude macht. Mit Sicherheit findet sie es schön, wenn ihr Kinder an diesem Tag das Frühstück (mit Hilfe des Papas) macht und sie noch ein bisschen länger liegen bleiben darf. Wenn Mama aufsteht, ist der Tisch wundervoll gedeckt: mit Kerze und Servietten oder einer aus Krepppapier gebastelten Blumengirlande.
Man kann auch viele rote Herzen aus Tonpapier ausschneiden und damit den Tisch dekorieren. Oder die Herzen überall verteilen, an Stellen, an denen Mami sie sicher an diesem Tag finden wird. Im Kühlschrank, am Spiegel, in ihrer Wäscheschublade, in ihrem Buch, das sie gerade liest, auf ihrem Schreibtisch, in ihrem Klapphandy ... euch fallen sicher noch andere gute Plätze für Herzchen ein. Eine kleine Vase oder ein Glas mit selbst gepflückten Gänseblümchen rundet die Tischdekoration ab. Und ein selbst gemaltes Bild liegt auf Mamas Teller.

Was ihr noch basteln könnt:

Euch fällt nichts ein, was ihr eurer Mutter schenken könntet? Hier sind einige Ideen:
• **Einen Blumenkranz aus Krepppapier,** den Mami an diesem Tag tragen darf. Dazu die Krepppapierblumen wie auf Seite 23 basteln und an eine Schnur binden.
• **Blumen aus Servietten:**
Das geht so: Man braucht einfarbige Servietten in Rosa zum Beispiel und grün für den Stiel.
Nun schneidet man die rosa Serviette in Streifen, zieht eine Lage der Serviette ab, knickt den oberen Rand um und wickelt sie zu einer Blüte, bei der der umgeknickte Rand oben ist. Am Blütenhals gut festhalten. Dann die grüne Serviette ebenfalls in Streifen schneiden, eine Lage abziehen und diese um den Blütenhals und weiter hinunter zu einem Blütenstiel wickeln. So fest wie möglich. So kann man einen ganzen Blumenstrauß wickeln.
• **Ein lustiges Foto von euch:**
Eine Collage: Ihr klebt – mit dem Papa – ein Foto von Mami in die Mitte auf ein großes Blatt Papier, und außen herum zeichnet ihr alles, was die Mutter ausmacht und was sie mag.

• **Ein Gutscheinast:** Ein schöner Ast, an den die Kinder kleine Zettelchen – vielleicht in Herzform – hängen, auf denen Dinge stehen, die die Kinder in nächster Zeit übernehmen wollen. Die Mutter kann die Gutscheine ganz nach Belieben einlösen.
• **Ein Muttertagskonzert veranstalten:** Spielt ihr Kinder ein Instrument? Oder könnt ihr vielleicht selbst Instrumente basteln? Vielleicht genügt ein Schlagzeug aus Töpfen? Gesungen werden Mamis Lieblingslieder.
• **Eisessen:** Ihr ladet die Mami an diesem Tag zum Eisessen ein!
• **Ein Gedicht:** Am schönsten sind natürlich selbst geschriebene Gedichte. Mit Schönschrift und ganz viel Liebe. Ein wunderbares Geschenk.

EIN GEDICHT FÜR MAMA
Einst saß ich wie ein Ei im Nest
Dann hast du mich geboren,
du liebtest mich von Kopf bis Fuß
sogar bis zu den Ohren
Auch wenn ich unausstehlich bin
Und manchmal nicht nach deinem Sinn
Du liebst mich und du stehst zu mir
Ich lieb dich auch und dank dafür!

Kirschblütenfest

In Japan feiert man das Kirschblütenfest. Wenn die Kirschbäume zu blühen beginnen, treffen sich die Menschen unter den Bäumen, breiten Decken aus und machen ein Picknick. Oder gehen spazieren, um die neu erwachte Natur zu begrüßen. Die Kirschbäume blühen nur kurze Zeit, dann werden die Blüten vom Wind fort getragen. Wie kleine Geister oder Schneeflocken. Die Kirschblüte symbolisiert die weibliche Schönheit, aber auch Aufbruch und Vergänglichkeit. Manch einer reist der Kirschblüte vom Süden bis in den Norden des Landes hinterher. Auch bei uns wird das japanische Fest in manchen Städten mittlerweile gefeiert. Nur blühen bei uns die Kirschbäume wesentlich später als in Japan – je nach Region und Wetterlage meist im Mai.

Euer eigenes Kirschblütenfest

Feiert doch auch einmal ein Kirschblütenfest. Wo steht der nächste Kirschbaum? Stellt einen kleinen Tisch darunter mit Stühlen oder eine Decke für ein gemütliches Picknick. Vielleicht gibt es japanische Frühlingsrollen (siehe Seite 24) oder Sushi oder sonst etwas Japanisches. Ihr könnt auch verschiedene Trommeln auf eine Decke stellen und gemeinsam den Frühling »eintrommeln« – in Japan sorgt hierfür ein riesiges Feuerwerk.

Edle Samurais

Vielleicht habt ihr Lust, Samurai zu spielen. Das waren in Japan adlige Krieger, die keine Angst vor dem Tod hatten und gütig gegenüber Schwachen waren. Der Samuraikampf geht so: Breitet eine Decke aus, und stellt euch darauf zu zweit gegenüber. Nun verneigen sich die Samurais voreinander und gehen in Gorillastellung – Beine in die Grätsche und Handknöchel auf den Boden. Wenn der zweite Kämpfer mit dem zweiten Handknöchel den Boden berührt, geht es los: Nun wird gerangelt, bis einer es schafft, den anderen von der Decke zu drücken. Die eigentliche Kunst ist es, zwar zu kämpfen, aber trotzdem die Hochachtung und den vorsichtigen Umgang miteinander nicht zu verlieren. Denn niemand soll sich dabei verletzen.

Christi Himmelfahrt

40 Tage nach Ostern, also nachdem Jesus den Aposteln erschienen ist, kehrt er in den Himmel zurück und nimmt Platz neben Gott. In manchen Orten wird dann eine Prozession abgehalten. Was ist das eigentlich – eine Prozession? Das Wort Prozession kommt aus dem Lateinischen von »processio« – voranschreiten. Die Prozession ist ein religiöses Ritual.

Viele Menschen gehen zu Fuß gemeinsam einen Weg. Oft wird gesungen.
An Himmelfahrt wird in einigen Regionen eine Statue von Jesus durch das Heiliggeistloch in der Kirche gezogen. Das Heiliggeistloch oder auch Pfingstloch ist eine Öffnung in der Decke des Langhauses einer Kirche.

Vatertag

Der Vatertag wird an Christi Himmelfahrt gefeiert. Dieser Tag wird auch als Männer- oder Herrentag bezeichnet.

Im Gegensatz zum Muttertag, an dem man etwas mit der Familie unternimmt, ziehen die Väter meist unter sich durch die Gegend. Bekannt ist auch die sogenannte Herrenpartie: Die Väter machen eine gemeinsame Wanderung oder eine Fahrt, bei der meist Alkohol getrunken wird.

Aber wie man den Vatertag letztlich feiert, bleibt jedem selbst überlassen. Und nichts spricht gegen einen Familien-Vatertagsausflug, bei dem der Vater Bestimmer sein darf.

EIN GEDICHT FÜR PAPA

Leider gibt es kein Vatertagsgedicht. Bis jetzt:

Lieber Papa,

Heut zu deinem Vatertag

Sag ich dir, dass ich dich mag.

Von hier zum Mond bis zu dem Stern

So hab ich meinen Papi gern!

Noch mehr freut sich euer Vater sicher, wenn ihr ihm etwas ganz eigenes, nur für ihn dichtet.

Pfingsten

50 Tage nach Ostern wird das Pfingstfest gefeiert. In der Sprache der alten Griechen hieß der fünfzigste Tag »pentekoste« – so ist das Wort Pfingsten entstanden. Das Pfingstfest war vor fast 2000 Jahren der Anfang der christlichen Kirche. Es wird erzählt, dass der heilige Geist an diesem Tag zu den Jüngern herabkam und ihnen die Angst nahm. Alle gingen hinaus und erzählten von Jesus und predigten von Gott. Gleichzeitig ist das Pfingstfest auch das Ende der Osterzeit. Früher wurden zu Pfingsten Pfingstochsen mit Blumen geschmückt durch das Dorf getrieben. Dieser Brauch hat sich nur noch in einigen wenigen Gegenden gehalten. Dafür nennt man aber denjenigen, der an diesem Tag zuletzt aus den Federn kommt, Pfingstochse. Im Schwarzwald werden Spätaufsteher auch als Pfingstdreck oder Pfingstlümmel bezeichnet. (Das ist in Bayern an Palmsonntag der Palmesel.) Und in Westfalen wurden die menschlichen Pfingstochsen sogar mit einer Schubkarre durch das Dorf gefahren – höchstwahrscheinlich noch in ihren Schlafanzügen.

Auch an diesen Feiertagen gibt es wie an Ostern Pfingstfeuer und Pfingstkerzen. Und das Wasser soll an Pfingsten besonders segensreich sein.

Heischen mit der Pfingstbraut

Das ist ein Brauch aus Westfalen. Bitten oder Betteln hieß früher »heischen« und war an Feiertagen üblich bei Kindern und Armen. An Pfingsten gab es einen sogenannten Heischeumzug. Dessen Mittelpunkt war die Pfingstbraut, die »Pingstebrut«: ein kleines Mädchen, das mit einem weißen Kleid und geschmückt mit Bändern und Schleifen von Haus zu Haus ging. Das Mädchen wurde von einem Jungen, dem Bräutigam, begleitet. Beide gingen unter einem Blumenbogen, den zwei Kinder trugen. So zogen die Kinder in die Küchen der Häuser ein und sangen. Dann wurde die Küche mit Blumen bestreut. Die essbaren Gaben, die die Kinder auf diese Weise bekamen, wurden später gemeinsam verspeist.

Pfingstringelstechen

Es gibt auch einige traditionelle Spiele, zum Beispiel das Pfingstringelstechen.

Früher war es ein Reiterspiel. Man galoppierte auf einem Pferd mit einer Lanze heran und versuchte, einen kleinen Ring aufzuspießen. Aber wer kann schon heute noch mit einer Lanze in der Hand auf einem Pferd galoppieren? Trotzdem könnt ihr einen kleinen Ring an einen Baum hängen und versuchen, mit einem Stock hindurchzustechen. Vielleicht könnt ihr euch aber auch aus einem Leiterwagen ein Pferd basteln mit einem Pferdekopf aus Pappmaschee. Einer zieht das Pferd in Richtung Ring, der andere spießt diesen auf oder versucht es zumindest. Auch Papas Rücken ist ein guter Pferdeersatz. Und vielleicht kann das Papapferd sogar die Mama tragen.

Sommer

Schlafen unter einem leichten Laken, in null Komma nichts angezogen – man fühlt

es schon, wenn man morgens aufwacht: Es ist Sommer.

Flipflops begleiten uns mit diesem lustigen »flip-flop, flip-flop, flip-flop«-Geräusch,

der Geruch von Sonnencreme und Schwimmbad auf unserer Haut.

Die Tage sind schwül, wir liegen im Schatten, essen Kirschen und Eis.

Die Nächte sind lau und verzaubern uns mit Glühwürmchen.

Ist der Sommer nicht herrlich?

Sonne und blauer Himmel, kühles Eis und heiße Grills, Schweiß auf der Haut und Spaß am Wasser – dann ist ein Sommer wirklich Sommer, und wir sehnen sogar manchmal den Regen herbei. Ein großer Teil des Lebens spielt sich jetzt draußen ab – und das nicht nur während der Ferien oder des Urlaubs.

Trarira, der Sommer, der ist da!

Als Kind war für mich der Moment unvergesslich, an dem ich das erste Mal barfuß laufen durfte: Dieses wunderbare Gefühl mit nackten Füßen über den Rasen zu laufen oder über warme Gehwege – und auch das Pieksen von spitzen Steinchen! Dann das erste Eis in der Eisdiele – hmm – so lecker und kühl! Wenn ihr euer erstes Eis des Jahres schleckt,

denkt doch einmal ganz bewusst daran und schmeckt nach: Das ist unser erstes Sommereis! Wenn es dann richtig heiß wurde, gab es Hitzefrei, und es ging jeden Tag ins Freibad. Zu Hause ließen wir die Fensterläden zu, damit die heiße Luft nicht in die Wohnung kam. Auf den richtigen Moment kam es an: morgens Durchzug, dann Läden zu. Wir hatten sozusagen die kalte Nacht- und Morgenluft eingefangen und die warme Luft ausgesperrt. Ach Sommer, ich liebe den Sommer!

Wann genau beginnt der Sommer ?

Ihr wisst ja schon aus dem Kapitel über den Frühling, dass es gar nicht so einfach ist, den genauen Beginn der Jahreszeiten anzugeben. Genauso ist es beim Sommer. Auch hier gibt es unterschiedliche Daten – je nachdem, welche Grundlage man wählt: Der Sommer beginnt astronomisch mit der Sommersonnenwende am 21. Juni. Dann steht die Sonne am höchsten, und dieser Tag ist am längsten, danach – man glaubt es kaum – werden die Tage schon wieder kürzer. Der Sommer endet mit der herbstlichen Tagundnachtgleiche am 22. oder 23. September.

Meteorologisch ordnet man dem Sommer die Monate Juni, Juli und August zu, Sommerbeginn ist danach der 1. Juni.

Schaut man sich die Entwicklung der Natur an, schaut also auf den phänologischen Sommerbeginn, ist die Blüte von Gräsern, Holunder und Mohn das Zeichen, dass Frühsommer ist. Diese Pflanzen blühen je nach Region meist im Juni.

Eine eigene Sonnenuhr

In den Boden wird ein Stock gesteckt. Jetzt genügt ein kurzer Blick auf die Armbanduhr, und schon wissen wir, wo wir den ersten Stein hinlegen, der genau diese Zeit anzeigt. Davon ausgehend kann man nun die anderen Steine im Halbkreis dazulegen.

Wenn aus dem Sommertag ein Tropentag wird

Ein Jahrhundertsommer bezeichnet umgangssprachlich einen Sommer, der alle Rekorde bricht. Besonders lange Hitzephasen, Sonnenscheindauer oder die Zahl der Sommertage, deren Hitze über die normale Höchsttemperatur von 25 °C ansteigt. Vielleicht gibt es sogar in unseren Breiten einige Tropentage. Das sind Tage mit Temperaturen über 30 °C; sind die Nächte wärmer als 20 °C, sprechen die Meteorologen von Tropennächten.

Mit Sicherheit kommt dann auch die Frage: Ist das normal? Oder befinden wir uns bereits mitten im Klimawandel? So scheint es zwar, aber betrachten wir die berühmten Jahrhundertsommer, fällt auf, dass es immer wieder Zeiten gab, in denen die Temperatur für diese Jahreszeit zu hoch war – oder im anderen Fall viel zu kalt. So war einer der heißesten Tage in Deutschland der 27. Juli 1983: 40,2 °C wurden in Germersdorf in Bayern gemessen.

Was hilft wirklich bei extremer Hitze?

Immer wieder kaltes Wasser über die Handgelenke laufen lassen, den Körper mit kalten, feuchten Waschlappen abtupfen, viel trinken – am besten Leitungswasser mit Zitronenstückchen, Ingwer oder Pfefferminzblättchen, aber nicht zu kalt. All das hat sich bewährt, wenn es sehr heiß ist. Außerdem ist es wichtig, dass wir unser Leben auf die Hitze einstellen: Keine großen Anstrengungen in der prallen Sonne, leichte Speisen essen wie Salate oder einfach einmal als Mittagessen Cornflakes und Milch oder eine leckere Quarkspeise mit Aprikosen oder Erdbeeren. In südlichen Ländern sind die Straßen in der Mittagshitze wie leer gefegt, denn dort wird Siesta gehalten, eine Mittagsruhe im abgedunkelten, kühlen Zimmer. Wer sich draußen aufhält, sollte sich unbedingt gegen Sonnenbrand und Sonnenstich durch Eincremen und eine Kopfbedeckung schützen (siehe Seite 78).

Selbst gemachte Zitronenlimo

Unsere Zitronenlimo ist so einfach, dass man kaum ein Rezept braucht. Sie besteht nur aus Wasser, ausgepresster Zitrone, etwas Zucker und zwei Blättern frischer Minze, aber sie ist so erfrischend, dass meine Familie bei Hitze nichts anderes trinken möchte.

Endlich Hitzefrei!

Wenn schon morgens beim Aufstehen die Sonne vom Himmel knallt, stellen sich alle Schüler eine Frage: Wann gibt es Hitzefrei? Jeder von uns erinnert sich noch bestens an den Moment in der Schule, an dem durch die Lautsprecher die Durchsage kam: »Heute endet der Unterricht für alle nach der vierten Stunde, denn es ist Hitzefrei!« Der Jubel war riesig, und dann ging es ins Freibad!

Doch heutzutage wird immer seltener Hitzefrei gegeben. Das Thermometer hängt an einem schattigen Plätzchen, und jedes Bundesland hat eigene Erlässe, nach denen Hitzefrei gegeben wird. Zum Beispiel Hessen: Nach dem Hitzefrei-Erlass müssen morgens um 11.00 Uhr schon 25 °C in einem Klassenraum erreicht sein, damit Schüler der Unter- und Mittelstufe nach der 5. Stunde gehen dürfen. Zudem können Schulleiter den Unterricht auch nach draußen verlegen oder auf Hausaufgaben verzichten.

FAMILIENSTAMMTISCH

Jetzt ist es Zeit für den Sommer-Familien-Stammtisch: Was fällt euch zum Sommer ein? Den Kindern, den Erwachsenen? Setzt euch – vielleicht mit einer kühlen Quarkspeise – zusammen und sprecht miteinander über eure Sommergedanken:

- Wie schmeckt der Sommer?
  Nach Kirschen und Eis
- Wie riecht der Sommer?
  Nach Sonnenmilch und Meerwasser, nach Rosen und Grillabend
- Wie hört sich der Sommer an?
  Bienen summen überall, ab und zu ein kleines Mückchen, und Grillen zirpen durch die Nacht
- Wie fühlt sich der Sommer an?
  Warme Sonne auf meiner Haut, ich kann die leichte Bräune fühlen. Man spürt, wie einem ein kaltes Getränk die Kehle hinunterläuft bis in den Magen. Sand zwischen den Zehen, barfuß in die Schuhe.

Euch werden bestimmt noch viel mehr Dinge dazu einfallen.

To-Do-Liste für den Sommer

Genau wie im Frühling gibt es auch im Sommer eine Menge Dinge, die ihr nur zu dieser Jahreszeit tun könnt oder die jetzt am meisten Spaß machen. Überlegt einmal, was das genau für euch ist.

10 DINGE, DIE MAN TUN SOLLTE, WENN ES SOMMER IST

1. Im Freien übernachten
2. Sternschnuppen zählen
3. Glühwürmchen suchen
4. Auf einem Grashalm pfeifen
5. Einen Grillabend veranstalten
6. Eiswürfel lutschen
7. Barfuß durch den Sommerregen laufen
8. Sich einen Berg hinunterkullern lassen
9. Sich drehen, bis einem schwindelig wird
10. Ein Kirschkern-Weitspuckwettbewerb

Der Jahreszeitenast im Sommer

An unserem Jahreszeitenast könnten im Sommer Schmetterlinge aus gefaltetem Papier (siehe Seite 92), Sonnen, kleine Menschen aus Papier, die schwimmen und tauchen, (aus Zeitschriften ausgeschnitten, aus Fimo modelliert oder gekauft) oder allerlei Insekten aus Wäscheklammern hängen (siehe Seite 94). Oder

ganz andere Dinge, die ihr passend findet für euren persönlichen Sommerast.

Der Jahreszeitensetzkasten im Sommer

Auch der Setzkasten wird sorgfältig ausgeräumt und bei dieser Gelegenheit einmal gründlich sauber gemacht. Dann kommt Sommerliches hinein. Was das für euch ist, entscheidet ihr. Vielleicht: Steine, die an einem See beim Baden gesammelt wurden, Postkarten aus dem Urlaub, Muscheln, ein Fläschchen mit Sand, ein Stück Treibgut, ein Eisstiel ...

Dein Baum im Sommer

Wie sieht dein Baum im Sommer aus? Mal ihn auf ein Blatt Papier oder fotografiere einen Baum (am besten denselben wie im Frühling), und klebe das Foto auf. Hefte das Blatt zu deinem Frühlingsbaum (siehe Seite 25).

Sommer im Hof

Ist es nicht schön, dass einige Dinge nie aus der Mode kommen? Es gibt Spiele, die haben bereits unsere Großmütter und Mütter gespielt, aber sie sind so gut, dass sie auch heute noch Spaß machen und gern gespielt werden – wie Gummitwist und Seilspringen, Hüpfekästchen und Handklatschen. Es sind echte Klassiker wie manches alte Musikstück oder gute Buch. Wenn ihr nicht alle kennt, könnt ihr sie hier kennenlernen.

Ochs am Berg

Ein Kind steht an einer Mauer. Die anderen weit von ihm entfernt. Nun dreht sich das Kind zur Mauer um und ruft: »Ochs am Berge 1, 2, 3!« In dieser Zeit dürfen die anderen Kinder auf die Mauer zulaufen. Sie dürfen sich aber in dem Moment, in dem sich das Kind wieder zu ihnen umdreht, nicht mehr bewegen. Sieht das Kind an der Mauer eine Bewegung, muss das betreffende Kind wieder zum Anfang zurück. Das Kind, das es als Erstes schafft, die Mauer zu berühren, hat gewonnen. Und darf als Nächstes rufen: »Ochs am Berge 1, 2, 3!«

Kaiser, wie viele Schritte darf ich gehen?

Ein Kind ist der Kaiser. Es steht allein auf einer Seite. Die anderen Kinder auf der anderen Seite. Nun fragt das erste Kind: »Kaiser, Kaiser, wie viele Schritte darf ich gehen?« Der Kaiser überlegt und sagt zum Beispiel: »Zwei Riesenschritte«, worauf das fragende Kind sagen muss: »Darf ich?« Vergisst es dies, muss es zum Anfang zurück. Hat es aber gefragt, geht das Kind zwei Riesenschritte, und das nächste Kind ist an der Reihe. Wer den Kaiser zuerst erreicht, hat gewonnen.

Kreidebilder und -spiele

Auch ein riesiges gemaltes Kreidebild ist eine wunderbare Beschäftigung. Alle malen mit. Wenn ihr den ganzen Sommer über öfter solche Bilder malt, fotografiert doch eure fertigen Werke und macht am letzten Sommertag oder vielleicht auch im Winter eine Ausstellung mit den Fotos.

Oder malt eine Wohnung auf den Boden im Hof mit Zimmern und einem Flur, mit einem Eingang und einem Sofa im Wohnzimmer, auf das man sich setzen kann. Oder wie wäre eine Straßenlandschaft, auf der man mit Inlineskates, Rollern und Rädern oder Bobbycars fahren kann? Wer ist der Polizist, wer die Ampel? Oder einen Irrgarten mit vielen, vielen Linien. Wo ist der Anfang, wo ist das Ziel?

Oder malt einen Hindernisweg mit vielen verschiedenen Aufgaben: Da gibt es kleine Inseln, und man muss von einer zur anderen springen, sonst landet man im Wasser (vielleicht malt ihr sogar ein Krokodil oder einen Hai in das Wasser hinein). Dann gibt es einen Slalomweg, einen Balancierstrich, einen tiefen Graben und einen Einbeinhüpfweg. Vielleicht muss man auch einmal auf einem Elefanten reiten: Dies könnte der Papa sein. Im Ziel gibt es dann für jeden einen Keks oder ein Gummibärchen. Nennt das Ganze eine gefährliche Kreidesafari!

Gesellschaftsspiele im Hof

Warum müssen Gesellschaftsspiele meist bei Regen und in der Wohnung gespielt werden? Malt doch ein großes Schachspiel auf den Boden im Hof: Alle Menschen im Hof als Schachfiguren einsetzen und spielen. Oder ein großes »Mensch ärgere dich nicht« aufmalen und spielen.

Möchte man nicht selbst Spielfigur sein, kann man die Spielfiguren auch durch Steine oder andere Dinge ersetzen, wie zum Beispiel Blüten, Äste, Zapfen oder Schuhe. Dann würden die vier Figuren einer Farbe im »Mensch-ärgere-dich-nicht-Spiel« vielleicht einmal aus Turnschuhen, einmal aus Steinen und einmal aus Flip-Flops bestehen. Wichtig ist, dass ihr gut erkennen könnt, welche Figuren zusammengehören.

Wer ist der Würfel?

Habt ihr keinen echten Würfel dabei, kann einer der Würfel sein, indem er im Geist immer wieder von vorn von eins bis sechs zählt. Einer ruft »Stopp« und die Zahl, bei der euer »Würfel« angekommen ist, wird gezogen. Der »Würfel« sollte neutral sein und für keine Mannschaft Partei ergreifen, sonst kann es schnell Ärger geben.

Oder ihr schreibt die Zahlen eins bis sechs auf sechs Zettelchen und zieht eines. Dies wäre dann ein Zettelwürfel.

Eine andere Art von Würfel sind sechs etwa zehn Zentimeter lange Äste. In jeden Ast werden mit einem Taschenmesser ein bis sechs Kerben geschnitzt. Einer hält diese Ästchen so, dass man die Kerben nicht sieht und nur die Spitzen der Ästchen herausschauen. Wer an der Reihe ist und würfeln muss, zieht nun ein Ästchen und darf so viele Felder vorrücken, wie Kerben auf dem Holz sind.

Bunt und rund – Murmeln

Eine bunte Murmelsammlung in einem Marmeladenglas auf dem Regal – das ist meine Kindheitserinnerung. Die Glaskugeln werden auch Klicker, Knicker, Kuller und Schusser genannt. In Norwegen sagen sie Kniksekule, was mir persönlich sehr gut gefällt. Es gibt auch ein Murmeltier, das hab ich aber noch nie rumrollen gesehen. Stattdessen hab ich eine ganze Liste mit Ideen, was ihr mit Murmeln spielen könnt:

Murmelbillard ✂

Man braucht:
- 1 GROSSEN SCHUHKARTONDECKEL
- GRÜNEN FILZ
- KLEBER ODER DOPPELSEITIGES KLEBEBAND
- CUTTER/SCHERE
- 16 MURMELN (7 BUNTE, 7 EINFARBIGE, EINE WEISSE UND EINE SCHWARZE)
- 1 RUNDHOLZSTAB (CA. 60 CM LANG)
- KLEBEBAND

Den Deckel umdrehen, damit er Banden bekommt, an denen die Murmeln abprallen können. In vier Ecken des Kartons werden murmelgroße Löcher geschnitten. Jetzt werden der Boden des Kartons sowie die Wände mit grünem Filz beklebt. Nun kann man noch ein Dreieck aus Pappe basteln, in dem genau 15 Murmeln Platz haben. Um den Stab – also das Queue – am hinteren Ende Klebeband wickeln, damit man ihn besser in der Hand hat und er mehr wie ein echter Billard-Queue aussieht.

Das Spiel beginnt:

Die Murmeln werden in das Dreieck auf eine Seite des Spielfeldes gestellt. Dann das Dreieck vorsichtig entfernen. Jetzt mit der weißen Kugel die anderen Murmeln auseinander spielen. Wer die einfarbigen und wer die bunten Murmeln hat, wird entschieden, wenn die erste Kugel ins Loch fällt. Ist dies eine einfarbige, spielt dieser Spieler ab jetzt alle einfarbigen hintereinander in die Löcher – außer der schwarzen, denn die muss liegen bleiben bis zum Schluss. Hat man eine Kugel ins Loch getroffen, ist man noch einmal an der Reihe, und zwar so lange, bis man keine Murmel mehr versenkt. Wer alle Murmeln in den Löchern hat, darf sich um die schwarze kümmern. Die muss ins gegenüberliegende Loch der zuletzt versenkten Murmel gespielt werden. Fällt sie in ein anderes Loch, ist das Spiel aus, und der »Schwarzemurmelversenker« hat verloren.

Ab ins Häuschen

In einen Schuhkarton werden mehrere Tore geschnitten. Jedes Tor erhält eine Nummer. Jetzt schussert man seine Murmeln in die Tore und zählt seine jeweiligen Punkte zusammen.

EIS SELBER MACHEN

Auch Eis kann man selbst herstellen. Das macht nicht nur Spaß, man kann auch die verschiedensten Eissorten ausprobieren und vielleicht eine ganz neue Sorte erfinden.

Beereneis

Zutaten:
- 300 g Beeren (z.B. Johannisbeeren)
- 1 EL Vanillezucker
- 2 EL Puderzucker
- 250 ml Sahne

Johannisbeeren mit dem Pürierstab zerkleinern, mit den übrigen Zutaten gründlich vermengen, in eine Plastikform füllen und für 6 Stunden ab in die Kühltruhe.

Rhabarber-Joghurteis

Zutaten:
- 200 g Rhabarber
- 100 g Zucker
- 1 Päckchen Vanillezucker
- 125 ml roter Traubensaft
- 3 EL Zitronensaft
- 200 g Sahnejoghurt

Rhabarber schälen und in Stücke schneiden. Mit der Hälfte des Zuckers, Vanillezucker, dem Traubensaft und 1 EL Zitronensaft in einem Topf köcheln lassen. Dann pürieren und abkühlen lassen.
Sahnejoghurt mit 2 EL Zitronensaft und der zweiten Hälfte Zucker glatt rühren. Erst die Rhabarbermasse in die Förmchen füllen, dann die Joghurtmasse. Stiel hinein und für etwa 6 Stunden in die Tiefkühltruhe.

Wassereis

Ein erfrischendes Wassereis lässt sich ganz schnell herstellen. Einen beliebigen Saft in kleine leere Joghurtbecher füllen, einen Plastik- oder Holzeislöffel hineinstellen, damit das Eis später einen Stiel hat. Damit dieser Stiel in der Mitte des Eises bleibt, bevor es gefriert, kann man, bevor die kleinen Löffel in das Eis gesteckt werden, das Ganze mit Aluminiumfolie überziehen und für die Löffel in die Mitte ein Loch hineinschneiden.
Ab in die Gefriertruhe und nach einigen Stunden oder auch erst Tage später das Eis herausholen.

Fruchteis

Zutaten:
- Erdbeeren, Kiwis, Himbeeren, Honigmelone oder anderes Obst nach Geschmack
- Dazu Puderzucker (je nachdem wie süß man das Eis haben möchte)
- Etwas Zitronen oder Orangensaft

Die Früchte waschen bzw. schälen und zerkleinern. In einem hohen Gefäß pürieren, Puderzucker dazugeben und den Saft daruntermischen. Fruchtmasse in die Joghurtbecher oder Eisförmchen und ab damit in die Tiefkühltruhe!

Murmelbild ✂

Man braucht:

- 1 SCHUHKARTONDECKEL (DIN A4)
- PAPIER (DIN A4)
- WASSER–, PLAKA– ODER ACRYLFARBEN
- MURMELN

In den Deckel wird das Papier gelegt. Dann werden dicke Farbkleckse auf dem Papier verteilt, und eine Murmel darf nun darüberrollen. Hin und her und her und hin. Kreuz und quer. So rollt die Murmel immer wieder über die Farbe und verteilt sie auf dem Papier. Ein echtes Murmelkunstwerk!

Murmelrauskicker

Auf den Boden wird ein Kreis mit Kreide gemalt. Dahinein legt man zehn Murmeln. Jeder der Mitspieler erhält ebenfalls zehn Stück und darf nun versuchen, mit den eigenen die aus dem Kreis herauszukicken. Die herausgekickten Murmeln darf dieser Spieler behalten und auch wieder einsetzen. Er ist so lange an der Reihe, bis er keine Murmel mehr aus dem Kreis wirft. Das Spiel ist zu Ende, wenn keine Murmeln mehr im Kreis sind. Wer hat jetzt die meisten Murmeln? Das ist der Sieger oder die Siegerin!

Murmelboccia

Eine rote Murmel wird ein Stück weit gerollt. Nun müssen die Spieler (ihre Murmeln sollten sich farblich voneinander und von der roten unterscheiden) abwechselnd ihre Murmeln nachwerfen, nachschussern. Wer am Ende am nächsten mit seiner Kugel an der roten Murmel dran ist, hat gewonnen.

Murmellabyrinth

Aus einem Kartondeckel kann man auch ein Murmellabyrinth machen. Wege aus Pappe einkleben und in einige Ecken Löcher schneiden, damit es schwerer wird, die Kugel durch das Labyrinth zu schicken. Dazu dreht ihr den Kartondeckel vorsichtig hin und her, um die Kugel durch die Wege zu führen. Fällt die Murmel in eines der Löcher, muss man den Weg von vorne beginnen.

Allein, zu zweit, zu mehreren – Ballspiele für jede Gelegenheit

Ich glaube, es gibt kein vergleichbares »Spielzeug« wie den Ball, mit dem es möglich ist, so viele verschiedene Spiele und Sportarten zu spielen. Und auch keines, das sowohl die ganz Kleinen als auch die Jugendlichen und sogar die Erwachsenen begleitet. Selbst wenn wir groß sind und schon lange nicht mehr mit Puppen spielen, durch die Gegend hüpfen, mit Lego bauen, sondern Geld verdienen oder einen Haushalt versorgen – Ballspielen macht dann immer noch viel Spaß und hält fit.

Der Ballkreis

Alle stehen im Kreis. Fünf Spieler, fünf Bälle – oder jeweils auch mehr. Nun beginnen alle gleichzeitig, die Bälle nach rechts zu werfen und den von links kommenden Ball aufzufangen. Wenn alle dazu jedes Mal »Hepp« sagen, geht es leichter. Fängt einer den Ball nicht auf, geht es in die andere Richtung weiter. Oder er scheidet aus, bis am Ende nur noch zwei Spieler mit zwei Bällen dabei sind.

Fang den Ball

Befestigt mit einem Band einen Plastiktopf, ein Körbchen oder einen umgedrehten alten Hut auf eurem Kopf. – Wenn ihr zu mehreren seid, helft euch gegenseitig dabei. – Nun versucht, einen Tischtennisball in die Höhe zu werfen und ihn mit dem Hut oder dem Behälter auf eurem Kopf aufzufangen. Kleinere Kinder könnten bei diesem Spiel die Rolle des Werfers übernehmen, weil das Einfangen der Bälle etwas schwieriger ist.

Tipp: Wenn ihr in den Plastiktopf ein Taschentuch hineinlegt, springt der Tischtennisball nicht immer gleich wieder heraus.

Ball 10

Man stellt sich mit einem Ball zu einer Mauer. Nun wird der Ball an die Mauer geworfen und wieder aufgefangen. Dazu sagt man »Ball 10«. Wer an der Reihe ist, muss den Ball zehnmal an die Mauer werfen und wieder auffangen. Hat er dies geschafft, darf er weiter machen mit »Ball 9«. Nun muss er neunmal den Ball an die Wand werfen, einmal auf den Boden aufkommen lassen und wieder auffangen. Je weiter runter die Zahl geht, desto schwierigere Dinge denkt ihr euch aus. So muss man dann bei »Ball 4« den Ball viermal in die Luft werfen, sich einmal drehen und den Ball wieder auffangen oder etwas Ähnliches. Gelingt es nicht, den Ball zu fangen, kommt der nächste Spieler an die Reihe. Im nächsten Durchgang fängt jeder wieder da an, wo er beim letzten Mal aufgehört hat.

Tipp: Dieses Ballspiel macht auch allein viel Spaß, wenn einmal niemand Zeit hat.

Tratzball

Tratzball ist auch ein uraltes Spiel, und mancher kennt es vielleicht unter »Schweinchen ärgern«. Einer steht in der Mitte, die anderen im Abstand rechts und links von ihm. Die Mitte ist die Tratze, und jetzt beginnen die äußeren Spieler den Ball so hin und her zu werfen, dass der Spieler in der Tratze (er ist das Schweinchen) ihn nicht bekommt. Kriegt er ihn trotzdem, ist er frei und tauscht seinen Platz mit dem Spieler, der zuletzt

geworfen hat. Das Wort »tratzen« ist übrigens abgeleitet von triezen und bedeutet jemanden ärgern!

Abwurfball

Die Spieler werfen den Ball so hin und her, dass der andere Spieler, der ihn fangen soll, den Ball möglichst nicht fangen kann, aber der Ball dabei trotzdem den Fänger berührt. Berührt der Ball zum Beispiel dessen linken Arm, darf der getroffene Spieler diesen nicht mehr bewegen und darf nur noch mit rechts spielen. Genauso erfolgt es mit getroffenen Beinen.

Boden-Basketball

Auch wenn keine Basketballkörbe in der Nähe oder die Kinder vielleicht noch zu klein sind, um in hohe Körbe zu treffen, kann man eine Art Basketball spielen. Ihr braucht zwei große Körbe, die stellt ihr an beiden Seiten des vorher abgesteckten Spielfeldes auf den Boden. Jetzt sind die Regeln dieselben wie beim richtigen Basketball – nur dass die Körbe eben am Boden stehen.

Tischtennisball-Weltmeisterschaft

Ihr braucht einen Tischtennisball und einen hohen Plastikbecher. Jetzt geht es darum, den Tischtennisball in diesen Becher zu werfen. Im ersten Schritt wird er in direktem Bogen hineingeworfen. Habt ihr das geschafft, kommt Schritt zwei: einmal auf dem Boden aufkommen lassen und in den Becher. Klappt auch das, wird es noch schwieriger: Jede Stufe mehr erfordert auch mehr »Umwege«. So kann schließlich der Tischtennisball über eine Mauer oder sogar einige Stufen hinuntergeworfen werden, bis der Ball im Becher landet.

Tipp: Für kleinere Kinder könnt ihr auch einen Topf, eine Schüssel oder einen Korb nehmen, dann trifft es sich leichter.

Wasser, Wasser und noch mal Wasser

Im Sommer gibt es nichts Erfrischenderes, als ins kühle Wasser zu springen, durch eine Fontäne zu laufen oder die Füße in einen See oder einen Brunnen hängen zu lassen. Egal ob Flüsse, Seen, Meer oder ein einfaches Planschbecken im Garten – Hauptsache Wasser! Dort könnt ihr planschen, spielen und bauen oder aber einfach nur ruhig sitzen.

Wer am Wasser sitzt und den immer wiederkehrenden Bewegungen der Strömung zusieht, kann seine Gedanken fließen oder auch wegspülen lassen. Das ist äußerst entspannend, wenn man sich dafür Zeit nimmt. Der Blick auf Wasser kann uns dabei helfen, wirklich einmal nichts zu denken. Absolut nichts – das ist die größte Kunst überhaupt.

Spielen und Bauen am Wasser

Neben Staudämmen aus herumliegenden Steinen und Ästen, Blätter- oder Muschelbooten, die der Strömung mitgegeben werden, und einem Hafen für kleine Schiffe könnt ihr auch Wasserräder bauen.

Ein Wasserrad bauen ✀

Sucht zwei Astgabeln, die ihr in einem Abstand von etwa 15 cm in den Boden des Flusses oder des Ufers am See oder Meer steckt. In einen Korken wird oben und unten jeweils eine lange Schraube gesteckt, die später auf den Astgabeln liegt. Mit einem Messer schneidet ihr längliche Ritze in den Korken und steckt flache Hölzer hinein. Wenn ihr das Rad in die Astgabeln legt, kann das Wasser es drehen. Eventuell müsst ihr die Astgabeln noch tiefer in den Boden drücken, damit die Radschaufeln das Wasser berühren.

Habt ihr keinen Korken und keine Schrauben dabei, versucht es doch mit Stöcken, die angespitzt rechts und links in die Astgabeln gelegt werden. Ihr ritzt auch hier in die Mitte einige Kerben und steckt flache Äste hinein.

Mit Wasser Musik machen

• Mit einem **Strohhalm** in ein Glas voll Wasser pusten und eine Melodie blubbern.
• **Flaschen** unterschiedlich voll mit Wasser füllen und hineinpusten, so kann man sich eine Wasserflaschenorgel bauen. Testet gemeinsam, wie viel Wasser die Töne höher oder tiefer werden lässt.

• Mit der **Glasorgel** aus Weingläsern könnt ihr vermutlich die schönsten Töne erklingen lassen (siehe Seite 43).
Nehmt doch all diese Wasserinstrumente und veranstaltet ein Familienwasserkonzert mit einem Gläser-Flaschen-Blubberorchester.

Ein Mobile aus Treibholz basteln ✀

Ich liebe Treibholz, dieses seltsame Holz, das vom Wasser ein langes Stück mitgenommen und so weich gespült wurde, dass es glatt und leicht in der Hand liegt. Wie schön fühlt es sich an, über das abgeschliffene Holz zu streicheln. Da gibt es echte Handschmeichler. Treibgut könnt ihr auch sammeln. Daraus lässt sich ein wunderschönes Naturmobile basteln. Das geht so:
Treibgut (kleinere Hölzer) und andere Naturmaterialien wie Muscheln, Eicheln, Zapfen, getrocknete Blätter sammeln. Außerdem einen größeren Ast suchen, an dem alles aufgehängt wird. Mit einem Handbohrer vorsichtig Löcher in alle gesammelten Dinge bohren. Dünne Paketschnur hindurchfädeln, alles aneinander und dann an den Ast hängen.

Wildromantisch – ein Lagerfeuer am Wasser

Zu den schönsten Kindheits- und Jugenderinnerungen gehört für mich eindeutig ein Lagerfeuer an einem Fluss in einer lauen Sommernacht. Irgendwann sagte irgendjemand meinen Lieblingssatz: »Zufällig hab ich eine Gitarre dabei ...« Und dann wickelten wir uns in Decken, kuschelten uns an irgendwen in unserer Nähe, starrten ins Lagerfeuer, neben uns der rauschende Fluss, und sangen all die typischen Lagerfeuerlieder. Erst tief in der Nacht löschten wir das Feuer und konnten noch lange den Rauchgeruch in unseren Kleidern riechen. Herrlich! Erkundigen Sie sich, wo es in Ihrer Nähe eine Stelle an einem Fluss oder einem See gibt, an der ein Lagerfeuer erlaubt ist. Laden Sie Freunde dazu ein, bringen Sie Salate und Grillfleisch mit. Und vergessen Sie nicht, jemanden einzuladen, der Gitarre spielen kann oder auch Mundharmonika. Gute Lieder fürs Lagerfeuer gibt es reichlich:
• Take me home country roads von John Denver
• I am sailing von Rod Stewart

- Mrs. Robinson von Simon & Garfunkel
- Hey Jude von den Beatles

Wenn es ganz dunkel ist, können auch noch Gruselgeschichten erzählt werden.

Warten auf die Dunkelheit

Bis es dunkel wird, kann man die Zeit mit der Suche nach Feuerholz verbringen. Man kann aber auch einen Steineflitsch-Wettbewerb veranstalten. Der Rekord im Steineflitschen liegt übrigens bei 51 Mal. Wenn man den Stein möglichst oft über das Wasser springen lassen will, muss man einen möglichst flachen Stein finden und diesen aus dem Handgelenk mit Kraft über die Wasseroberfläche werfen. Wichtig dabei ist der Winkel. Wissenschaftler haben herausgefunden, dass der beste Winkel zum Steineflitschen 20° beträgt.

Marshmallows grillen

Marshmallows werden auch Mäusespeck oder Schaumzucker genannt. Sie werden aus Eischnee, Geliermittel und Zucker hergestellt. Als Kind kannte ich Marshmallows lediglich durch die Zeichentrickserie »Die Peanuts«, denn da wurden sie immer auf einen Stock gespießt und über ein Lagerfeuer gehalten. Erst als ich groß war, versuchten wir es selbst einmal. Nun ja, an Süße sind sie kaum zu übertreffen, aber sicher nicht jedermanns Sache. Aber das Ge-

fühl, am Feuer zu sitzen, mit einem aufgespießten Marshmallow vor sich, das immer weicher und weicher wird, ist wunderbar.

Stockbrot

Sind euch Marshmallows zu süß, könnt ihr auch Stockbrot ins Feuer halten.

Zutaten:
- 400 G MEHL
- 1/2 TL SALZ
- 2 TL BACKPULVER
- 50 G BUTTER
- 125 ML MILCH
- STÖCKE

Alles miteinander zu einem geschmeidigen Teig verkneten. Von den Stöcken wird an einem Ende die Rinde entfernt. Den Teig wickelt man nun um dieses Ende der Stöcke. Jetzt wird das Brot ins Feuer gehalten und immer wieder gedreht. Hin und wieder kontrollieren, ob es schon durch ist. Je nach Dicke der Teiglage dauert es etwa 5 bis 10 Minuten.

Tipp: Dies ist ein Grundteig für das Stockbrot. Es lässt sich jedoch mit Kräutern, Schinkenwürfeln oder Zwiebeln wunderbar variieren.

Endlich Ferien!

Endlich ist er da, der große Sommerurlaub, auf den ihr euch schon so viele Monate gefreut habt! Richtig lange nicht zur Arbeit und nicht zur Schule – toll! Ob ihr nun ins Ausland reist, an den Strand, in die Berge, in eine Stadt oder zu Hause Urlaub macht – völlig egal, denn was zählt ist: ausschlafen, Zeit füreinander haben, Zeit miteinander verbringen!
Die Ferien zu planen, macht schon fast genauso viel Spaß wie der Urlaub selbst und dann erst die Vorfreude: Juhu, Urlaub! Wohin soll die Reise denn gehen?

FAMILIENSTAMMTISCH
Wohin wollen wir dieses Jahr fahren? Was würde jeden Einzelnen der Familie interessieren? Urlaub wie jedes Jahr nach dem Motto: Da weiß man, was man hat? Oder einmal ein richtiges Abenteuer, etwa mit einem Wohnmobil durch Frankreich? Oder möchten Eltern oder Großeltern der Familie schon lange das Urlaubsland ihrer Kindheit zeigen?

Vorfreude ist die schönste Freude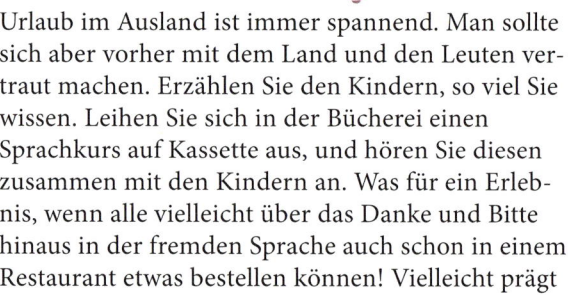

Wälzen Sie Reiseprospekte, und binden Sie die Kinder gleich mit ein. Zeigen Sie ihnen, wie viel die Hotels kosten und wie viel die Familie höchstens ausgeben kann und möchte. Haben Sie sich entschieden und den Traumurlaub gebucht, hängen Sie an eine Wand in der Wohnung eine Landkarte. Auf dieser können Sie mit Stecknadeln Ihr Urlaubsziel kennzeichnen. Vielleicht zeichnen Sie gemeinsam die Fahrtroute dorthin ein und kreisen Orte ein, die Sie auf der Fahrt sehen wollen. Jedes Kind darf auf die Karte im Laufe der Zeit schreiben, was es unbedingt in diesem Urlaub machen möchte.

Wann ist es so weit?

Wenn die Kleinen es gar nicht mehr abwarten können und vielleicht noch keinen Zeitbegriff haben,

zeichnen Sie einen Urlaubskalender. Kästchen für jeden Tag mit den Symbolen des Tages. Zum Beispiel ein Fußball für den Dienstag, an dem das Kind immer zum Fußballtraining geht. Eine Sonne für jeden Sonntag und andere Dinge, mit denen Ihr Kind einen bestimmten Wochentag verbindet. Jeden Tag kann jetzt ein Kästchen abgestrichen werden.

Ein fremdes Land

Urlaub im Ausland ist immer spannend. Man sollte sich aber vorher mit dem Land und den Leuten vertraut machen. Erzählen Sie den Kindern, so viel Sie wissen. Leihen Sie sich in der Bücherei einen Sprachkurs auf Kassette aus, und hören Sie diesen zusammen mit den Kindern an. Was für ein Erlebnis, wenn alle vielleicht über das Danke und Bitte hinaus in der fremden Sprache auch schon in einem Restaurant etwas bestellen können! Vielleicht prägt sich jeder einige nützliche Worte ein.
All diese Informationen – Nationalgericht, Flagge, Sprache, Tiere, Kleidung – können Sie ebenfalls auf die große Karte schreiben, malen und kleben.

Kinderpass

Basteln Sie ihrem Kind einen kleinen eigenen Pass mit Passbild. In jeder Stadt und in jedem Land, das Sie gemeinsam besuchen, kann es nun einen kleinen Aufkleber oder sogar einen Stempel hineinbekommen. So hat es im Lauf der Jahre eine richtig schöne Sammlung und kann sich erinnern, wann es wo war auf der großen weiten Welt.

Reisetagebuch

Jedes Familienmitglied bekommt entweder ein eigenes kleines Logbuch, oder es gibt ein gemeinsames Familientagebuch, in das jeder hineinmalen, schreiben und kleben kann. Wenn ihr ein Federmäppchen mitnehmt, vergesst auch Schere und Kleber nicht, so könnt ihr auch Eintrittskarten, Tickets und andere Erinnerungsstücke gleich hineinkleben. Und vielleicht malt ihr jeden Tag etwas ab. Einen schönen Kirchturm, eine Wolke oder einen Menschen, den ihr getroffen habt.

Zugbild

Klebe viele DIN A4 Blätter zusammen und male einen sehr langen Zug. In einem Waggon sitzen viele Kinder, vielleicht eine ganze Schulklasse. Im nächsten ein Zirkuslöwe, dann folgt vielleicht ein Waggon mit Koffern oder vielleicht hat ein Waggon auch Autos geladen. Vorne sieht man natürlich den Zugführer und auf dem Dach fährt vielleicht ein blinder Passagier mit.

Am Strand

Sonne, Strand, Meer und Sand – für viele der Inbegriff von Urlaub! So ein Urlaub am Meer hat schon was, und Sandburgen gehören unbedingt dazu. Aber das ist längst nicht alles, was ihr mit Sand machen könnt. Selbst wenn ihr eure eigene Strandolympiade ausrichtet, kann er eine wichtige Rolle spielen.

Sand ist zum Bauen da

Klar, eine Sandburg – die kennt jeder. Aber warum nicht einmal etwas anderes, etwas Neues bauen? Möglichkeiten gibt es reichlich:

● **Gestrandete Tiere:** Eine liegende Schildkröte, ein Krokodil, eine Krake, eine Seerobbe oder gar eine Meerjungfrau? All das könnt ihr wunderbar mit Sand modellieren, wenn er nicht zu trocken ist. Zunächst beginnen all diese Sandskulpturen mit der anstrengendsten Arbeit: Sandberge aufschütten. Haben sie die Größe, die euch für eure Skulptur vorschwebt, kann das Modellieren beginnen.

● **Sandkuchen:** Oder wie wäre es mit einer Konditorei mit den köstlichsten Sandkuchen, verziert mit Blüten, Treibgut und Steinchen?

● **Sandmenschen:** Vielleicht wird auch Papa bis zum Hals im Liegen eingebuddelt. Er soll dabei unbedingt die Augen schließen, damit ihm kein Sand hineingerät. Wenn er sie allerdings wieder öffnet, hat er plötzlich einen dicken Sandbauch, vielleicht zwei große Sandbrüste und ganz lange Füße oder einen Meerjungfrauen-Fischschwanz.

● **Eine Murmelbahn:** Je höher der Berg, desto lustiger. Dann werden rundherum in einer Spirale Rollbahnen für die Murmeln gebaut. Hier und da könnt ihr auch eine Unterführung oder eine Abzweigung bauen. Der Sand muss auf der Bahn so glatt wie möglich sein, damit die Murmel gut rollen kann.

● **Landschaften und Häuser:** Im Gepäck für den Strand sollten immer ein paar Gummitiere oder Figuren oder kleine Autos dabei sein. Jetzt könnt ihr Wüstenlandschaften, kleine Wohnungen oder Autostraßen im Sand bauen und mit den mitgebrachten Figuren spielen.

● **Käferlabyrinth:** Man baut ein verwirrendes Labyrinth aus Sand, mit Sperren und Unterführungen. Dann sucht man sich eine Ameise oder ein paar Käfer und sieht zu, welches Tier es schafft, aus diesem Labyrinth herauszufinden.

● **Sandauto oder -raumschiff:** Man findet genug Dinge, die herumliegen und als Bedienungsknöpfe dienen: Stöcke, Blätter, aber auch Flaschendeckel oder andere Abfälle, die weggeworfen wurden.

Tipp für Eltern: Werden Sie mit Ihren Kindern zur Umweltpolizei und treffen Sie eine Abmachung: Müll, der herumliegt, darf zum Bauen benutzt werden, wird aber in den nächsten Mülleimer geworfen, wenn man nach Hause geht.

WANN SIND WIR ENDLICH DA?

Oft dauert eine Reise – nicht nur für Kinder – ganz schön lang. Wartezeiten an Bahnhöfen, Flughäfen oder stundenlanges Sitzen im Auto sind sooo langweilig. Doch ihr könnt nicht auch noch einen ganzen Koffer voller Spiele einpacken. Es gibt jedoch genug Spiele, zu denen ihr gar nichts braucht. Nur eure Stimme und euren Kopf. Und beides hat man meistens dabei.

Autofarben

Jeder bekommt eine Autofarbe zugeteilt. Nun zählt jeder, wie oft er Autos mit dieser Farbe sieht. Wer zuerst fünfzig zusammen hat, hat gewonnen. Natürlich ist das Ganze noch spannender, wenn man Farben nimmt, die etwas seltener sind als Silber, Schwarz und Weiß!

Autonummern

Hier geht es darum, aus den Buchstaben der Nummernschilder Sätze zu bilden. Zum Beispiel: M-WK – »Mama will küssen«, oder A-IB –»Alles in Butter«. Die Zahlen der Autonummern kann man zusammenrechnen, abziehen, teilen oder malnehmen.

Tic Tac Toe hauchen

Wenn ihr an eine Scheibe haucht, könnt ihr auf die angelaufene Fläche wunderbar ein Tic-Tac-Toe-Spiel malen: zwei senkrechte und zwei waagerechte Linien überkreuzen sich. Dann muss es schnell gehen, bevor sich das Spiel in Luft auflöst. Einer schreibt seine Kringel, der andere seine Kreuze hinein. Wer zuerst drei in einer Reihe geschafft hat, hat gewonnen. Ihr könnt natürlich auch Montagsmaler spielen und auf die Scheibe Begriffe malen, die der andere erraten soll.

Koffer packen – anders als sonst

»Ich packe meinen Koffer und nehme mit ...«, dieses Spiel kennt jeder, es ist bei Klein und Groß beliebt. Aber spielt es für Größere doch einmal anders. Da können zum Beispiel die Dinge, die man einpackt, von A bis Z sortiert werden. Oder es dürfen nur blaue Sachen eingepackt werden oder nur runde. Dieses Spiel kann man auch mit Geräuschen oder Gesten durchführen.

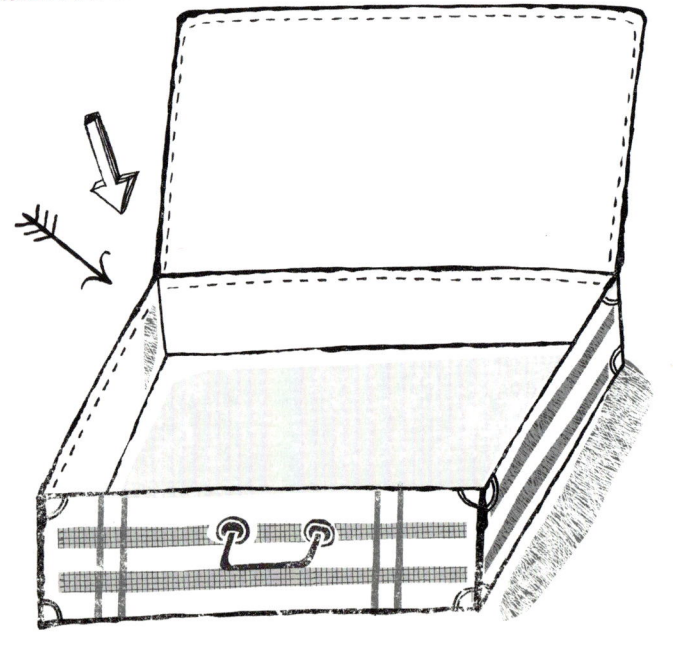

Packe diesen Koffer. Was nimmst du alles mit? Du kannst es hineinmalen oder aus Zeitschriften ausschneiden und kleben!

Winkspiel

Jeder winkt, so viel er kann, anderen Leuten zu. Wer zuerst zwanzig Zurückwinker hat, hat gewonnen.

Gehirnjoggingspiel

Ihr versucht, euch zehn Begriffe zu merken, die ein anderer sich aufgeschrieben hat. Zum Beispiel: Schere, Stein, Gummibärchen, Lampe, Buch, Hund, Bürste, Seil, Trommel und Hut. Wie kann man sich die vielen verschiedenen Worte merken? Versucht es erst ohne Tricks und Eselsbrücken: Wie viele hat jeder von euch behalten?

Nun versucht es noch einmal – diesmal mit Trick 17: Stellt euch einen Weg in eurer Wohnung vor. Vom Bett im Schlafzimmer durch den Flur, an den Zimmern vorbei bis zur Wohnungstür. Während die Begriffe aufgezählt werden, geht ihr im Geiste diesen Weg in der Wohnung ab und legt im Kopf die Dinge in den Zimmern ab. Die Schere liegt zum Beispiel auf dem Boden vor dem Bett, der Stein mitten in der Tür, das Gummibärchen neben der Zahnbürste im Bad und so weiter. Und jetzt versucht ihr es noch einmal. Geht das Erinnern nicht schon viel leichter? Sogar in der richtigen Reihenfolge.

Auf dem Flughafen oder am Bahnhof

Suchliste

Jeder muss eine Liste abarbeiten mit Dingen oder Menschen, die er sieht. Zum Beispiel:
- einen roten Koffer
- eine Frau mit Hut
- einen Mann, der etwas isst
- jemanden, der rennt
- jemanden, der lacht
- zwei, die sich umarmen
- ein Stofftier
- eine Uhr
- eine Zeitung
- einen Rucksack

Geschichten erfinden

Erst seht ihr euch die wartenden Menschen an, dann erzählt ihr über sie Geschichten. Wo will derjenige hin, was erwartet ihn dort? Wo kommt er her? Was hat er vor? Hat er Kinder, die auf ihn warten? Welchen Beruf übt dieser Mensch aus? Macht er eine Urlaubsreise oder eine Geschäftsreise? Und wie könnte derjenige heißen?

Ich sehe jemanden, den du nicht siehst

Hier braucht ihr eine gute Beobachtungsgabe. Denn beschrieben wird nicht, wie ein bestimmter Mensch aussieht, sondern wie er sich verhält. Er lässt die Schultern hängen, sieht müde aus, hat Schnupfen, wartet auf jemanden, ist spät dran und so weiter. Oder ihr nehmt einfach die Haltung des Gesuchten an und die anderen versuchen, ihn dadurch zu finden.

Wie geht die Geschichte weiter?

Einer beginnt, eine Geschichte zu erzählen, oder liest den Anfang eines Zeitungsartikels vor. Die anderen überlegen, wie die Geschichte ausgehen könnte. Wer die beste Idee hat oder am nächsten an der Wahrheit dran war, hat gewonnen.

Sandeierlauf

Aus Sand wird eine Kugel geformt. Diese muss nun auf einer Schaufel im Slalom durch und über Hindernisse getragen werden, bis sie unversehrt im Ziel ankommt. Das ist umso schwieriger, je trockener der Sand ist. Hindernisse können sein: Sprung über ein Handtuch, balancieren auf einem Stock, um den Sonnenschirm herum, in eine am Boden aus Steinen gelegte Spirale hinein- und wieder hinauslaufen.

SONNENSCHUTZ NICHT VERGESSEN

Oft merkt man gar nicht, wie sehr die Sonne am Strand brennt. Denn meist geht ein angenehmer Wind, und schwupps – schon ist es zu spät, und man hat sich einen Sonnenbrand eingefangen.
Eincremen: Cremen Sie sich und Ihre Kinder am besten schon vor dem Strand noch im Ferienhaus oder Hotel ein, dann klebt der Sand nicht an der frisch eingecremten Haut. Vergessen Sie schützende T-Shirts nicht, die auch nass werden dürfen, denn beim Bauen von Burgen kann man nicht immer unter einem Sonnenschirm sitzen. Und vielleicht haben Sie ein paar große Tücher dabei, die Sie als Sonnenschutz wie ein kleines Beduinenzelt an Hölzer binden können.
Kopfschutz: Kappen oder neudeutsch Caps haben sich bewährt und sind allseits beliebt. Falls Sie etwas anderes möchten, wickeln Sie sich doch Tücher wie Turbane um den Kopf wie die Beduinen. Und das geht so: Ein längliches Tuch ist für einen Turban bestens geeignet. Man hängt sich diesen Schal erst einmal so über den Kopf, dass die beiden Enden rechts und links über die Ohren hängen. Das eine Ende ist allerdings kürzer als das andere. Greifen Sie nun den Stoff über dem rechten Ohr und knüllen Sie ihn etwas zusammen. »Knicken« Sie dann den hängenden Schal um, und wickeln Sie dieses Ende um Ihren Kopf herum. Klemmen Sie es fest. Das Gleiche geschieht nun mit dem anderen Ende. Wickeln, wickeln, wickeln und das Ende einfach in die anderen Bahnen stecken.

Burgenzerstörer und Burgenbauer

Überall gibt es sie: Die Kinder, die nur darauf warten, dass man den Strand verlässt und mit ihm die wunderschön gebaute Burg. Dreht man sich dann noch einmal um, sieht man bereits, wie sich die Kinder auf das Sandkunstwerk stürzen und alles dem Erdboden gleichmachen. Es gibt immer Bauer und Zerstörer, aber versuchen Sie, Ihren Kindern beizubringen, dass man vor anderer Arbeit eine gewisse Achtung haben sollte. Animieren Sie die Kinder lieber, etwas dazuzubauen. »Schau mal, wie viel Mühe sich die gemacht haben!« Gehören ihre Kinder zu den Bauern, fragen Sie sie, ob sie beim Verlassen des Strandes nicht selbst in ihre Burg springen wollen. Wenn sie schon jemand zerstört, dann sollte man doch lieber selbst das Vergnügen haben.

Strand-Olympiade

Im Sand kann man auch wunderbar eine Sand-Olympiade starten. Weitsprung, Weitwurf oder Wettlauf sind die Disziplinen. Jeder Teilnehmer bekommt einen bestimmten Stein oder einen Stock, mit dem die Wurf- oder Sprunglänge markiert werden kann. Tipp für Eltern: In einer Familie sind durch die Altersunterschiede die Sprünge, Läufe und Würfe natürlich sehr unterschiedlich. Schenken Sie also den Kleinsten den meisten Applaus, und bewundern Sie die individuellen Fortschritte. »Guck mal, jetzt hast du viel weiter geworfen als eben!« Oder vergeben Sie auch Punkte für den schönsten, elegantesten oder lustigsten Sprung.

Urlaub in Balkonien

Balkonien ist ein wundervolles Land, wenn das Wetter mitspielt. Immer ein Zimmer frei, kostengünstig mit Vollpension. Wie viele Tage wollt ihr bleiben? Voll- oder Halbpension?

Richtet euren Balkon oder eure Terrasse doch besonders schön für die Ferien her: ein Tisch unter einem schönen Sonnenschirm, eine Babybadewanne gefüllt mit Sand, ein kleines Planschbecken, eine Palme aus Pappe oder zum Aufblasen vielleicht? Gönnt euch jeden Tag ein Highlight. So könnt ihr an einem Tag einen Malkurs auswählen, am nächsten einen Museumsbesuch oder einen Spaziergang im Tierpark. Jedes Familienmitglied darf aufschreiben, was es sich für Aktivitäten wünscht. Auch die »Aktivität« Faulenzen sollte berücksichtigt werden.

Sonnenschirm gestalten ✄

Kaufen Sie einen einfachen, billigen Sonnenschirm, und gestalten Sie diesen mit den Kindern selbst. Dabei sind der Fantasie kaum Grenzen gesetzt:

• Mit Stofffarbe kann man kleine Marienkäfer, Bienen oder bunte Schmetterlinge daraufmalen.
• Nähen Sie Spitzenborten oder bunte Flicken darauf.
• Auch mit vielen aufgenähten roten Herzen oder Blumen sieht er sicher schön aus.
• Schreiben Sie in einer Spirale von innen nach außen ein schönes Gedicht darauf.
• Mit vielen aufgenähten grünen Blättern aus Stoff sieht er wie ein Baum aus, der Schatten gibt.
• Kleine Kinder haben sicher auch viel Spaß, wenn sie ihre Handabdrücke mit Stofffarben darauf verewigen können.

All diese Ideen kann man natürlich auch auf ein Sonnensegel übertragen.

Reiseprospekt für Balkonien

Gestaltet gemeinsam einen Reiseprospekt für das Land Balkonien, in dem auf die Vorzüge hingewiesen wird. Denkt an die Lage, den Ausblick und die kurze Anfahrtszeit. Wie beschreibt ihr das Urlaubsziel? Balkonien ist berühmt für seine ..., ideal für ... Macht Fotos dazu und klebt sie mit dem Text in ein Heft – bald habt ihr einen richtigen Urlaubsprospekt von eurem Balkonien.

Balkonisch

Wie hört sich die Sprache an, die in Balkonien gesprochen wird? Erfindet mit der ganzen Familie eine lustige einfache Sprache.

Oder tauscht für einen Tag Worte. Dann heißt vielleicht Löffel plötzlich Schuh, und Schuh heißt vielleicht Wasser. Verwirrung bleibt da sicher nicht aus, aber gerade das macht ja Spaß und ist kein Grund zum Ärgern. Dabei merkt ihr auch, dass man mit Sprache allerlei anrichten kann.

König von Balkonien

Hat Balkonien vielleicht auch einen König? Dann wird jeden Tag einem anderen Familienmitglied die Krone von Balkonien verliehen. Und der König darf natürlich Bestimmer sein.

Die Fahne von Balkonien ✄

Jedes Land auf der Welt hat eine eigene Flagge und eine Hymne. Wie sieht es mit eurem Urlaubsland Balkonien aus? Malt und gestaltet doch eine eigene Flagge und hisst sie.

Man braucht:
· PAPIER
· BUNTE STIFTE
· SCHERE
· WEISSEN STOFF ODER SEIDE ZUM BEMALEN
· STOFF- ODER SEIDEN/MALFARBEN
· EVTL. STOFFSTIFTE
· 1 HOLZSTANGE

Der Entwurf

Auf Papier malt ihr viele verschiedene Entwürfe. Gemeinsam entscheidet ihr, welcher genommen wird. Klappt das gar nicht, malt jeder eine eigene Fahne – dann haben Kleinbalkonien und Mittelbalkonien und auch Ober- und Unterbalkonien eine andere Flagge. Nun schneidet ihr ein Tuch zurecht. (Probiert vorher aus, ob das Tuch leicht im Wind weht. Je seidiger es ist, umso besser.)

Die Flagge

Mit Seidenmal- oder Stofffarbe wird nun das Motiv auf den Stoff übertragen. Es gibt auch Stoffstifte, mit denen ihr Grundformen aufmalen könnt, bevor ihr sie farbig füllt.

Oder alle Formen (vielleicht sind Streifen dabei, vielleicht Sterne oder ein Wappentier) werden aus anderen Stoffen ausgeschnitten und ganz einfach mit Zickzackstich und der Nähmaschine darauf genäht. An eine Seite der Fahne einen Umbruch nähen, mit dem die Fahne über den Fahnenstab gezogen werden kann – oder einfach am Stab festbinden.

Tipp: Eine Holzstange für den Fahnenstab gibt es im Baumarkt in jeder gewünschten Größe. Ihr könnt aber auch einen Besenstiel nehmen.

Die Zeremonie

Wenn die Fahne nun feierlich gehisst – also hoch gezogen – wird, stehen alle Balkonianer dabei und vielleicht gibt es sogar eine gesungene Hymne. Der Text könnte so lauten:

Balkonien, Balkonien,
du wunderbares Land,
du bist für alle Menschen hier
berühmt und auch bekannt.
Mal Regenguss, mal Sonnenschein,
kein Heimweh kennen Groß und Klein.
Hier fühlt man sich tagein, tagaus
immer wie zu Haus!

Postkarte aus Balkonien

Es muss nicht unbedingt eine Postkarte aus Mallorca oder von ganz weit weg sein. Über Post freut man sich immer. Malt gemeinsam lustige Postkarten, auf denen euer Balkon zu sehen ist oder der Blick, den ihr vom Balkon aus habt. Verschickt sie – wie sonst auch aus dem Urlaub – an Verwandte und Freunde.

Motto des Tages

Macht euch in Balkonien einen ganz besonderen Tag und gebt diesem Tag ein Motto, zum Beispiel:

Afrika

An einem Afrikatag kann man:
- Trommeln bauen und trommeln,
- kleine Zöpfchen flechten,
- Masken basteln aus Pappe,
- afrikanische Musik einlegen und tanzen,
- Elefanten und Kamele aus Ton kneten,
- eine Kokosnuss öffnen und Kokosmilch trinken,
- Couscous und Kochbananen kochen,
- ein afrikanisches Märchen vorlesen,
- eine Afrikalandkarte malen, Tiere, die in Afrika leben, darauf kleben,
- im Kinderzimmer eine kleine Strohhütte bauen. Das geht am besten mit mehreren Strohmatten.
- Ketten basteln aus Tonperlen, Holzperlen oder Federn,
- auf dem Balkon mit dem Schlafsack unter freiem Himmel übernachten.

Eine Trommel bauen

Man braucht:
- 1 GROSSEN TONTOPF
- BUTTERBROTPAPIER
- KLEISTER

Den Kleister wie auf der Packung beschrieben anrühren, das Butterbrotpapier in acht Schichten mit dem Kleister über die offene Seite des Tontopfs kleben. Trocknen lassen und dann: Trommeln!

Couscous und Kochbananen

Couscous sind winzige Getreidekügelchen, die aus Grießweizen hergestellt werden und in manchen

Ländern Afrikas so oft gegessen werden wie bei uns Kartoffeln oder Nudeln.

Zutaten:
- GEKÖRNTE BRÜHE
- 250 G COUSCOUS
- 1 TL BUTTER
- 4 KOCHBANANEN
- ETWAS ÖL
- HONIG ZUM BESTREICHEN

300 ml Wasser zum Kochen bringen. Brühe hinzufügen. Wenn das Wasser kocht, den Topf vom Herd nehmen und das Couscous hineinrühren. Etwa 3 Minuten quellen lassen. Zum Schluss einen Teelöffel Butter dazugeben und untermischen.
Zu Couscous schmeckt gekochtes Gemüse oder Fleisch sehr gut.
Als Nachtisch gibt es dann die Kochbananen. Sie müssen nur in Scheiben geschnitten und in der Pfanne angebraten werden. Auf dem Teller gibt jeder nach Geschmack Honig dazu.

Auf nach Gartanien

Vielleicht habt ihr aber auch Gartanien gebucht. Dort soll es ebenfalls sehr schön sein.
Stellt doch einfach ein Zelt in den Garten, richtet es gemütlich ein und schlaft alle zusammen dort, also die ganze Familie. Oder ihr stellt einen Sonnenschirm auf, hängt Tücher mit Wäscheklammern an die Seiten – dann sieht es schon fast aus wie ein Wüstenzelt. Matratzen, Kissen und Decken hinein und eine Vorlesenacht kann beginnen oder eine Sagen- und Märchennacht!

Falls es mal regnen sollte

Wenn es regnet, dann malt doch eine große Sonne auf ein größeres Blatt Papier und hängt dieses an das Fenster. Warum nicht gleich eine ganze Urlaubslandschaft? Eine Wand mit Papierrollen verkleiden. Und nun könnt ihr ein ganzes Meer mit Palmen, Strand und Sonnenuntergang malen. Schon fühlt man sich wie auf Hawaii. Legt sommerliche Urlaubsmusik auf, eröffnet eine Cocktailbar, und der Urlaubseindruck ist perfekt!

Sommerbowle

Zutaten:
- 2 KIWIS
- 150 G KIRSCHEN
- 250 G WASSERMELONE
- 750 ML WEISSER TRAUBENSAFT
- 250 ML MINERALWASSER
- 2 GESTRICHENE EL INGWER GEMAHLEN

Kiwis schälen und in Scheiben schneiden. Kirschen waschen und entkernen, Melone entkernen und mit dem Kugelausstecher oder einem Teelöffel kleine Kugeln herausstechen.
Traubensaft und Mineralwasser vermischen, Früchte und Ingwer dazugeben.
Bowle in Gläser füllen, kleine Fruchtspieße über die Gläser legen, servieren.

Die eigene Stadt erkunden

Man muss nicht immer weit reisen, um neue Dinge zu entdecken. Habt ihr schon einmal eine Stadtrundfahrt in der eigenen Stadt gemacht? Oder in der Nachbarstadt? Oder wie wäre es, eine Stadtrallye zu veranstalten? Nur für die eigene Familie oder auch mit

STÄDTEREISEN MIT KINDERN
Erkundigen Sie sich vor der Reise nach Dingen, die für Ihre Kinder interessant sein könnten. In München wäre das zum Beispiel in der Frauenkirche ein Löwe, der schon eine goldene Nase hat, weil es Glück bringt, wenn man sie streichelt. Im Laufe der Zeit haben so viele Menschen über diese alte Bronzefigur gestreichelt und gerieben, dass die Nase blank poliert wurde. Mit solchen Geschichten wird selbst eine Kirchenbesichtigung für Kinder spannend.

befreundeten Familien oder den Nachbarn. Ob mit dem Fahrrad oder zu Fuß könnt ihr euch aussuchen. Bei dieser Gelegenheit können sich nicht nur die Kinder im Kartenlesen und im Orientieren im fremden Gebiet üben – auch viele Erwachsene haben damit ja Schwierigkeiten.

Fahrradrallye

Eine Fahrradrallye durch die Stadt macht der ganzen Familie Spaß. Sie suchen sich dafür aus dem Internet oder einem Stadtführer Fotos von Plätzen, Skulpturen oder Brunnen, die gefunden werden müssen. Schöner ist es natürlich, wenn ein Familienmitglied vielleicht sogar die Zeit findet, die Fotos selbst zu schießen.

Dann fotokopiert man einen Stadtplan und malt eine Route hinein, die gut mit dem Fahrrad zu befahren ist. Wird es eine längere Fahrt, kann man auch schon ein kleines Kreuzchen an der Stelle machen, an der ein Mittagessen oder ein Kaffeestopp geplant sind. Zu den Bildern und der Route gibt es noch Fragen, die beantwortet werden müssen. Am besten sind Schätz- oder Multiple-Choice-Fragen. Denn dann ist es unter den Kindern gerechter, wenn die Altersunterschiede groß sind. Raten kann schließlich jeder. Zum Beispiel:

Wie hoch ist der Kirchturm dieser berühmten Kirche? Wie alt ist das Rathaus? Wie alt der Bürgermeister? Wie heißt der Bürgermeister? Wie viele Einwohner hat diese Stadt? Gibt es noch eine Stadtmauer? Male diese Statue/diesen Brunnen ab. Dazu kann jeder ein hübsches kleines Heftchen mit auf den Weg bekommen, in das er seine Antworten schreibt und malt.

Wer am Ende der Rallye die meisten Punkte hat, bekommt einen Preis oder eine Urkunde – und auch alle übrigen erhalten zumindest eine Teilnehmerurkunde und vielleicht eine kleine Tüte Gummibärchen oder einen Müsliriegel.

Ein Familien-Stadtfilm

Oder nehmen Sie eine Kamera mit, und drehen Sie eine Dokumentation über Ihre Stadt. Jeder darf einmal der Moderator sein. Er erfährt zum Beispiel erst – durch einen Stadtführer – einige Einzelheiten über eine Kirche. Dann dreht er sich zur Kamera und erklärt: »Diese Kirche heißt – soundso – und wurde im Jahr – soundso – erbaut. Es sind soundsoviele Stufen bis in den Turm, und die wollen wir jetzt mal hinaufklettern! ...« Auch beim Mittagessen kann man dann eine für diese Stadt typische Speise bestellen und darüber einen Bericht machen. Es können außerdem Passanten interviewt und zur Stadt befragt werden.

Das Schöne an so einem Filmchen ist: Es fördert die Familiengemeinschaft, man lernt etwas über die eigene Stadt dazu, man hat später eine tolle Erinnerung – und es macht riesigen Spaß.

Alte Landkarten – vielseitig verwendbar

Und was kann man alles mit Landkarten und Stadtplänen machen? Ein eigenes Weltreise-Spiel. Auf die Landkarte werden Punkte gemalt oder geklebt, auf denen die Spielfiguren von Land zu Land ziehen können. Andersfarbige Punkte zeigen, wo ein Flughafen ist, den man benutzen kann. Man schreibt auf Karteikärtchen verschiedene Städte der Karte auf. Jeder zieht einige der Städte und muss sie nun erreichen. Hat er eine erreicht, darf er sein Kärtchen weglegen. Wer als Erster alle Städte erreicht hat, hat gewonnen. Will man mit dem Flugzeug seinen Weg abkürzen, muss man eine 6 würfeln. Dieses Spiel macht Spaß und nebenbei lernt man auch gleich ein bisschen Erdkunde.

Mit Landkarten lassen sich auch wunderschön Geschenke einpacken. Oder Ordner und Aufbewahrungskistchen beziehen. Oder hängen Sie eine Weltkarte an die Wand, auf der Sie alle Orte einzeichnen, die Sie und ihre Familie schon besucht haben – das spornt an, noch mehr gemeinsam zu unternehmen.

IN DER FANTASIE UNTERWEGS – TRAUMREISEN

In der Fantasie und in seinen Träumen kann man weit und kostenlos reisen, wohin man möchte – sogar bis zum Mond. Unternehmen Sie mit den Kindern doch täglich eine Traumreise in den Ferien. Traumreisen laufen immer ähnlich ab, wobei die Geschichte nach Belieben variieren kann. Lesen Sie langsam, lassen Sie den Kindern viel Zeit, ihre Bilder im Kopf zu finden. Wenn Sie merken, dass die Kinder unruhig werden und nicht mehr ruhig liegen können, kürzen Sie die Reise ab. Sprechen Sie mit ruhiger, sanfter Stimme:

Lege dich bequem auf den Rücken und, wenn nichts mehr zwickt und zwackt, schließe die Augen. Und jetzt atme tief ein und aus.
Und nun gehen wir auf die Reise. Deine Augen bleiben geschlossen. Versuche, dir alle Bilder ganz genau vorzustellen.
Vor dir siehst du einen bunten Teppich. Welche Farben hat er? Ist er gestreift, kariert oder hat er Punkte? Er liegt da auf dem Boden, als wolle er sagen: »Na, los, stell dich drauf, worauf wartest du noch?«
Du ziehst deine Schuhe aus und betrittst den Teppich barfuß. Nimm Platz, und setz dich ruhig hin, denn jetzt geht es los! Der Teppich hebt ab. Immer höher und höher fliegt er mit dir in die Wolken hinein. Du siehst, wie die Landschaft unter dir kleiner und kleiner wird. Alles sieht aus wie eine einzige Ameisenstadt.
Und du fliegst in die Wolken hin-

ein. Kannst du eine Wolke berühren? Wie fühlt sie sich an?
(An dieser Stelle könnte man nun für kleine Kinder auch schon wieder landen, für größere oder traumreiseerprobte Kinder kann man weiterfliegen).
Doch kaum hast du dich an das Schaukeln des Teppichs gewöhnt, setzt dieser auch schon wieder zur Landung an. Und er landet ... mitten im tiefsten Dschungel. Alles um dich herum ist grün. Pflanzen wachsen in den Himmel, die du bisher noch nie gesehen hast. Du hörst Geräusche und Laute von Tieren, die du bisher noch nie gehört hast. Und du riechst diese feuchte Hitze, die du bisher noch nie gerochen hast. Vorsichtig setzt du einen Fuß vor den anderen.
Du hörst Wasser plätschern und bekommst plötzlich großen Durst. Du folgst dem Geräusch und findest eine wunderbare Quelle. Sie fließt in einen kleinen Teich und plätschert lustig vor sich hin. Jetzt formst du die Hände zu einer kleinen Schale und trinkst.
Das kühle Wasser läuft angenehm deine Kehle hinunter. So gutes frisches Wasser hast du noch nie

getrunken, stimmts?
Und jetzt merkst du, dass du beobachtet wirst. Im Gebüsch siehst du zwei große, leuchtende Augen, die dich anstarren. Aber du hast keine Angst. Langsam gehst du auf das Gebüsch zu. Da steht ein ... Na? Was steht da? Und was machst du? Ich lasse dir ein bisschen Zeit, damit du es herausfinden kannst. (Machen Sie eine längere Pause beim Lesen.)
Nun wird es Zeit, die Heimreise anzutreten. Du läufst zurück zu deinem Teppich, steigst auf und fliegst durch die Wolken nach Hause. Noch einmal blickst du zurück zu deinem Dschungel. (Machen Sie hier eine Pause beim Vorlesen.)
Dann landet der Teppich schließlich wieder in deinem Zimmer. (Wenn die Kinder nach der Fantasiereise einschlafen sollen, lassen Sie den folgenden Rest weg:)
Ganz langsam und behutsam bewegst du nun deine Hände, dann die Füße, dann den ganzen Körper. Dehn und streck dich und öffne langsam die Augen.
Na, angekommen? Was hast du auf der Reise erlebt?

Alles grünt und blüht

Was im Frühling noch klein und zart war, ist jetzt meist schon groß und stark. Es duftet nach Heu und nach Rosen, und überall blüht es bunt. Zu keiner anderen Jahreszeit präsentiert sich die Natur so üppig wie im Sommer, nirgendwann sonst gibt es so viel frisches Obst und Gemüse.

Süße Sommerfrüchte: bunt und gesund

Sommerzeit ist Früchtchenzeit. Ob Himbeeren, Brombeeren, Heidelbeeren, Johannisbeeren, Aprikosen, Pfirsiche, Nektarinen, Äpfel, Birnen oder Kirschen, wenn etwas so lecker schmeckt und auch noch gesund ist, was gibt es besseres? Obst schmeckt mit flüssiger oder geschlagener Sahne, mit Zucker, als Marmelade, als Grütze, im Müsli, auf dem Kuchen, als Shake, in Quark oder Joghurt oder einfach so – direkt von der Hand in den Mund. Früchte sind reine Vitaminbomben, und weil die meisten nicht lange halten, sollte man sie möglichst gleich aufessen. Zum Waschen Beeren und Kirschen nur ganz kurz mit Wasser abbrausen, Äpfel und Birnen dagegen gründlich abreiben. Eine köstliche Erfrischung bei Hitze sind Melonen, die vorher im Kühlschrank aufbewahrt wurden.

Ein Sommer ohne Obst, das wäre wie Strand ohne Sand oder wie eine Wiese ohne Blumen oder wie Winter ohne Weihnachten. Eines ist für mich ganz klar: Frische Früchte – so schmeckt der Sommer!

Der Obststand

Vielleicht habt ihr nach einem Besuch auf dem Markt Lust, im Kinderzimmer einen eigenen Obststand zu eröffnen. Ihr könnt das Obst in kleine Körbchen legen, die ihr auf eine große Kiste stellt. Oder ihr fragt beim Gemüsehändler, ob ihr einige von den leeren kleinen Steigen haben dürft, in die Obst gelegt werden kann. Nun braucht ihr noch etwas zum Verkaufen. Aus Salzteig lässt sich wunderbares Obst und Gemüse herstellen. Schön angemalt sieht es fast aus wie echt, und ihr könnt es als Mitbringsel auch an eure Großeltern verschenken.

Obst aus Salzteig ✂

Man braucht:
- 2 TASSEN MEHL
- 1 TASSE SALZ
- 1 EL PFLANZENÖL
- 1 TASSE WASSER
- ACRYLFARBEN

Alle Zutaten miteinander vermischen, gut durchkneten, bis ein elastischer Teig entsteht. Jetzt kann man Obst und Gemüse formen. Trocknen lassen oder im vorgeheizten Backofen bei 150 °C etwa 30 bis 40 Minuten backen. Ob die Salzteigfrüchte fertig sind, hängt auch von der Dicke der Teile ab. Zum Schluss die abgekühlten Früchte nur noch mit Acrylfarbe naturgetreu anmalen.

Fimofrüchtchen als Schmuck

Aus Fimo könnt ihr klitzekleine Früchte wie Ananas, Erdbeeren oder Äpfel formen und als Anhänger an einer Kette um den Hals, als Ohrringe an die Ohren oder als Schlüsselanhänger selbst benutzen oder auch verschenken. Auch Eis in der Waffel hängt sich manche Freundin sicher gern um den Hals.
Tipp: Nach dem Modellieren und vor dem Trocknen nicht vergessen, ein Loch zum Aufhängen durchzustechen.

Rote Grütze

Zutaten:
- 750 G BEEREN
- 2 PÄCKCHEN VANILLEZUCKER
- 4 GEHÄUFTE EL ZUCKER
- 4 EL ZITRONENSAFT
- 1 PÄCKCHEN ROTE-GRÜTZE-PULVER HIMBEER-GESCHMACK (FÜR 500 ML WASSER)
- 300 G SAHNEJOGHURT

Die Beeren waschen. Die Hälfte der Beeren mit einem Päckchen Vanillezucker, Zucker, 3 EL Zitronensaft und 450 ml Wasser aufkochen. 5 Minuten köcheln lassen.
Das Rote-Grütze-Pulver und 5 EL kaltes Wasser verrühren. In die kochende Beerenflüssigkeit rühren und erneut aufkochen lassen. Den Topf vom Herd ziehen und die restlichen Beeren unterheben. Die Grütze etwas abkühlen lassen und in eine Schüssel füllen. Auskühlen lassen.
Den Joghurt, 1 TL Zitronensaft und 1 Päckchen Vanillezucker verrühren und auf der Grütze verteilen.

Selbst pflücken statt kaufen – Holunder

Zwischen Mai und Juli blüht der Schwarze Holunder, meist nur Holunder oder auch Holler genannt. Die Hollerblüten sind sehr klein, wachsen aber als Dolde ganz eng beieinander, sodass sie wie eine große Blüte wirken. Sie sind vielseitig verwendbar. Besonders lecker ist die Hollerlimonade. Sie wird aus den Blüten der Holunderpflanze gemacht.
Aus den Blüten entwickeln sich in ungefähr zwei Monaten die kleinen Beeren. Wenn sie ganz schwarz sind, sind sie reif und können gepflückt werden. Sie enthalten viel Vitamin C und schmecken gut als Saft, als Gelee, als Schnaps und Sekt oder als Pfannkuchen.
Das Besondere an Holunderblüten und -beeren ist, dass man sie normalerweise nicht kaufen kann: Man pflückt sie selbst, denn Holundersträucher wachsen fast überall üppig am Wegesrand. Die Beeren sind sehr gesund, aber roh ungenießbar, sie schmecken erst nach dem Kochen.

EMMA IM KIRSCHBAUM

Eine kleine Geschichte zum Vorlesen oder Selberlesen

Emma war 5 Jahre alt. Was sie ganz besonders gut konnte, war klettern. Und besonders gern kletterte sie auf den Kirschbaum in ihrem Garten. Ihr Papa hatte ein Brett in den oberen Ästen befestigt. Da saß sie immer. Und eine Hängematte war ebenfalls in den Wipfel des Baumes gebunden. Sie konnte bis zur Vogelscheuche gucken. Und sie konnte natürlich Kirschen essen. Emma saß wie jeden Tag nach dem Kindergarten in ihrem Kirschbaum, aß Kirschen und dachte nach. Über Mami, die immer dicker wurde, und über Papi, der Mamis Bauch streichelte und dabei immer so komisch lächelte. Emma wusste, dass in Mamis Bauch ein Brüderchen oder Schwesterchen heranwuchs.

Als sie diese Neuigkeit im Kindergarten erzählte, sagte Hannah, die eigentlich ihre Freundin war: »Na, da wirst du aber keine Nacht mehr schlafen können, das ist so ein Gebrüll, da machst du kein Auge zu!« – »Mama hat gesagt, dann hab ich jemanden zum Spielen!«, sagte Emma kleinlaut. »Von wegen!«, antwortete Hannah, »wie willst du mit jemandem spielen, der noch nicht reden, nicht laufen und auch sonst nichts kann, als nur in der Gegend herumzuliegen und zu schreien?« »Und der Gestank!«, begann Fritz, »und dann sehen sie dich lächelnd an und fragen: Willst du auch mal wickeln? Du bist doch jetzt eine

große Schwester?« Und Josephine fügte noch hinzu: »Und dann verlangen sie auch noch, dass du dieses schreiende Ding liebst. Sonst sehen sich alle an und sagen: ›Emma ist eifersüchtig!‹« »Genau«, pflichtete Fritz Josephine bei, »weil dich das Baby vom Thron stößt!« »Von welchem Thron?«, fragte Emma entsetzt. Doch darauf wusste niemand eine Antwort. Alle waren sich jedenfalls einig, Emmas lustige Tage waren bald ein für alle Mal vorbei.

Drei Wochen später wachte Emma mitten in der Nacht auf. Mama und Papa rannten im Haus hin und her, dann klingelte es an der Wohnungstür. Gleichzeitig hörte Emma nun die Stimmen von Tante Lisbeth und einem Mann, der fragte, ob Papa ein Taxi bestellt hatte. Emma rannte zum Fenster. Papa stützte Mama und trug einen Koffer, dann stiegen sie ins Auto ein und fuhren los. Niemand hatte sich von ihr verabschiedet. Da öffnete sich vorsichtig die Tür, und Tante Lisbeth sah zu Emma ins Zimmer. »Du schläfst ja gar nicht, Emma!«, sagte sie. Emma schüttelte den Kopf und legte sich wieder ins Bett. Tante Lisbeth setzte sich zu ihr. »Es geht los. Das Baby möchte auf die Welt. Wenn du morgen aufwachst, bist du schon eine große Schwester.« Emma sagte gar nichts mehr. Aber in dieser Nacht beschloss sie, auszuziehen. Kaum war Tante Lisbeth aus dem Raum, packte

Emma ihren Rucksack mit all den wichtigen Dingen, die man so brauchen würde, wenn man allein lebte. Ihre Getränkeflasche voll gefüllt mit Apfelsaft, ein Stück Brot, ihren Teddy Fips, Malsachen, ein Kartenspiel, eine frische Unterhose. In einer Hand ihr Bettzeug, auf dem Rücken den Rucksack, schlich sie sich hinaus. Vorher hatte sie noch eine Nachricht auf den Küchentisch gelegt, damit Tante Lisbeth Bescheid wusste. Darauf waren der Kirschbaum gemalt und ihr Name geschrieben. EMMA stand da mit großen Buchstaben, und ein Pfeil zeigte die Stelle, die ihr neues Zuhause sein sollte: der Kirschbaum. Gemütlich richtete Emma ihr neues Heim ein und schlief kurz darauf in der Hängematte ein. »Emma, Emma!« Tante Lisbeth klang aufgeregt. »Was machst du denn da oben?« Emma streckte sich, gähnte und blinzelte in die Sonne. Dann rief sie zu ihrer Tante hinunter: »Ich wohne jetzt hier!« Tante Lisbeth schmunzelte ein wenig, dann sagte sie: »Deine Eltern haben gerade aus der Klinik angerufen. Du hast ein Brüderchen bekommen, und morgen darf deine Mama wieder nach Hause!« »Hm«, sagte Emma, aber sie empfand ein kleines lustiges Gefühl in der Magengegend. »Ein Brüderchen«, wie komisch sich das anhörte. Aber ausgezogen war eben ausgezogen. Es gab kein Zurück. Mittags ließ Emma ihren

Rucksack an einer Schnur hinunter, und Tante Lisbeth füllte ihn mit dem Mittagessen: Zwiebelkuchen und Aprikosenjoghurt als Nachtisch. Emma ließ es sich schmecken. Dann malte sie ein Bild von den Feldern und der Vogelscheuche, spielte Maumau gegen sich selbst und versuchte, die Vogelsprache zu lernen.

Abends schlief Emma wieder im Kirschbaum, und das war herrlich. Am nächsten Morgen wurde Emma von einem Auto geweckt, das am Tor vor ihrem Haus hielt. Es war ein Taxi. Papa stieg als Erster aus, dann öffnete er Mama vorsichtig die Tür.

Mama hielt ein Bündel im Arm, das aussah wie ein Kissen. Dann standen ihre Eltern plötzlich unter dem Kirschbaum und sahen hinauf. »Emma! Dein Brüderchen ist da!«, rief Papa, und Mama hielt das Kissen – also das Baby – zu Emma hinauf. Emma tat so, als wäre sie überhaupt kein bisschen interessiert an dem Baby, schielte aber trotzdem nach unten. Viel konnte man nicht sehen, nur ein klitzekleines verknautschtes Gesicht. Schön war dieses Baby wirklich nicht. »Wir haben schon von Tante Lisbeth gehört, dass du jetzt im Kirschbaum wohnst«, begann Mama. »Wir dachten eigentlich, du ziehst erst mit 18 aus! Jetzt sind wir ein bisschen traurig, denn du bist uns in den fünf Jahren, in denen wir dich kennen, schon sehr ans Herz gewachsen!« Emma sagte immer noch nichts. Papa und Mama sahen sich an. »Also jedenfalls, du bist immer bei uns willkommen, Emma, jederzeit. Und wenn es dir auf deinem Baum nicht mehr gefällt, wir lassen die

Tür einen Spalt offen, ok?« Dann gingen Emmas Eltern ins Haus. Emma schielte zur Tür. Sie war nur angelehnt. Aber ihre Eltern brauchten sie doch gar nicht mehr, sie hatten ja jetzt das kleine Babybrüderchen. Und wie hieß das überhaupt?

Plötzlich verdunkelte sich der Himmel. Der erste Tropfen fiel durch die Blätter des Kirschbaums auf Emmas Nase und viele weitere folgten. Schließlich saß Emma pitschnass auf dem Baum. Sie seufzte. Langsam stieg sie vom Baum und öffnete vorsichtig die Tür. Mama kam ihr gleich entgegengelaufen. Doch Emma hob die Hand und machte ein Stoppzeichen, wie sie es im Kindergarten gelernt hatte: »Ich bin nur zu Besuch hier!«, sagte sie, »kein Grund zur Freude, wenn es aufhört zu regnen, bin ich wieder auf dem Kirschbaum!« Mama nickte, ließ Emma ein wunderbares warmes Bad mit Kirschblütenduft ein, kämmte Emma die Haare, wickelte sie in ein Handtuch und trug sie wie ein kleines Baby ins Wohnzimmer. Es duftete gut nach Pfannkuchen, die Papa gerade gebacken hatte, und in der Wiege lag das Baby und schlief. »Willst du dein Brüderchen begrüßen?«, fragte Mama. »Ich verlange nicht von dir, dass du es sofort liebst, und spielen kannst du auch erst mit ihm, wenn es etwas größer ist. Aber auch wenn es noch nicht viel tun kann, deine Nähe wird es spüren, und es muss doch wissen, wer seine kleine große Schwester ist.« »Klein?«, fragte Emma und sah ihre Mutter an. »Du wirst immer mein kleines Mädchen bleiben, Emma, und Finn unser klei-

ner Junge.« »Finn?« Emma schluckte: Den Namen hatte sie sich ausgedacht, als sie erfahren hatte, dass Mama ein Baby bekommen würde. »Wenn dir der Name nicht gefällt, kannst du ihm einen anderen geben, Papa und ich wollten, dass du das entscheidest!«, sagte Mama, und Papa rief aus der Küche: »Vorausgesetzt, du nennst ihn nicht Bratwurst oder Speckknödel!« Emma musste kichern. Sie sah in das Bettchen. Da huschte ein Lächeln über das schlafende Gesicht des Babys. Emma streckte ihre Hand zu Finn, und sofort schloss dieser seine klitzekleine Babyhand um Emmas Finger. Emma wurde es ganz warm ums Herz. »Ich werde ihn Kirsche nennen, aber nur so zum Spaß, weil Kirschen das sind, was ich am meisten mag!« Und als der Regen aufhörte, zog Emma nicht mehr in den Kirschbaum, aber wenn sie in seinen Zweigen saß, konnte sie es kaum erwarten, ihrem kleinen Bruder Finn-Kirsche ihren Baum zu zeigen und ihm das Klettern beizubringen.

Holunderlimonade

Zutaten:

- 15 HOLUNDERBLÜTENDOLDEN
- 4 UNBEHANDELTE ZITRONEN
- 3 L MINERALWASSER
- 1 KG ZUCKER (ODER BRAUNEN ROHRZUCKER)
- 100 G ZITRONENSÄURE

Blüten vom Hollerbusch pflücken. Die Zitronen in Scheiben schneiden. Wasser erhitzen und Zucker darin auflösen. Hollerblüten, Zitronen und Zitronensäure im Zuckerwasser einen Tag ziehen lassen. Ab und zu umrühren. Das Holunderwasser durch ein Sieb abgießen. Nun die Flüssigkeit unter Rühren aufkochen lassen. Danach bei niedriger Stufe 10 Minuten köcheln lassen. Noch einmal alles durch ein feineres Sieb pressen. Dann den Sirup etwa in Flaschen abfüllen und in den Kühlschrank stellen.
Für ein Glas Holunderlimonade den Sirup etwa in einem Verhältnis von 1:5 mit Mineralwasser auffüllen. Mit einem Blatt Minze, Eiswürfeln oder einem Stück Zitrone wird die Limo noch erfrischender.
Tipp: Achten Sie darauf, dass der Busch nicht direkt an einem Straßenrand steht, sonst ist die Schadstoffbelastung zu hoch.

Hollerkücherl

Zutaten:

- 8 HOLUNDERBLÜTEN AM STIEL
- 2 EIER
- 200 G MEHL
- 1 PRISE SALZ
- 1/4 LITER MILCH
- SPEISEÖL ZUM FRITTIEREN
- PUDERZUCKER ZUM BESTREUEN

Eier trennen, Eiweiß zu festem Schnee schlagen. Mehl, Salz und Milch zu einem dickflüssigen Teig rühren. Eigelb und 2 TL Speiseöl unterrühren, dann den Eischnee darunterheben.
Speiseöl in einem Topf heiß werden lassen, die Blüten in den Teig tunken und frittieren. Abtropfen lassen und mit Puderzucker bestreut servieren.

Achtung: Heißes Öl ist immer eine gefährliche Angelegenheit. Das Ausbacken übernehmen bitte die Eltern. Das Öl spritzt, wenn die Blüten hineingehalten werden; Kinder: Abstand halten!

Kirschen – ein kerniger Spaß

Kirschen kann man nicht nur essen, man kann auch mit den Kernen schöne Kirschkernkissen nähen (siehe Seite 150) oder ein Kirschkernweitspucken oder -zielspucken veranstalten. Man kann auch einen Kirschbaum pflanzen, der braucht allerdings, um Früchte zu tragen, einen Partnerkirschbaum. Oder man kann einen Kirschkuchen backen.

Kirschkuchen

Zutaten:

- 200 G BUTTER
- 175 G ZUCKER
- 1 PÄCKCHEN VANILLEZUCKER
- 1 PRISE SALZ
- 3 EIER
- 200 G MEHL
- 2 TL BACKPULVER
- MARGARINE ZUM EINFETTEN DER FORM
- SEMMELBRÖSEL ZUM AUSSTREUEN DER FORM
- 900 G ENTSTEINTE SCHATTEN/MORELLEN
- 2 EL ZUCKER
- 2 EL FEIN GEHACKTE MANDELN

Butter in einer Schüssel schaumig rühren. Zucker, Vanillezucker und Salz einrühren. Eier unterrühren. Mehl und Backpulver unterrühren.
Den Backofen auf 180 °C vorheizen. Die Form einfetten und mit Semmelbrösel ausstreuen. Den Teig hineinfüllen und verteilen.

Schattenmorellen gut abtropfen lassen, auf den Teig geben. Im Ofen etwa 40 Minuten backen, dann die Mischung aus Zucker und Nüssen darüberstreuen und noch einmal 10 Minuten backen. Mit einem Holzstäbchen testen, ob der Teig durch ist, andernfalls noch ein paar Minuten im Ofen lassen.

In den Wiesen, wo es fliegt und kriecht

Eine Decke, ein Korb mit leckerem Essen und Trinken – los gehts auf die Wiese zum Picknick. Spielt Fangen oder Ball, pflückt Blumen oder sammelt Kräuter, ruht euch aus und esst und trinkt. Schließt auch einmal die Augen, wenn ihr auf eurer Decke liegt. Ihr hört nicht nur das Gezwitscher der Vögel, sondern auch ein Summen und Brummen um euch herum: Hummeln, Wespen, Bienen, Fliegen und was sonst noch so in der Luft an Insekten unterwegs auf der Suche nach Nahrung ist. Wenn ihr die Augen öffnet, könnt ihr nicht nur sie sehen, sondern auch noch ganz andere Tiere: Ein paar Ameisen und eventuell auch kleine Spinnen, die über eure Decke krabbeln, und vielleicht flattert auch ein Schmetterling direkt über euren Kopf hinweg. Ihr seid mittendrin in der Natur, die ganz schön spannend ist.

Male leckere Speisen auf die Picknickdecke:

Wie man auf Gras pfeift

Alles was man braucht, ist ein breiter Grashalm. Man spannt diesen zwischen die beiden Daumen, formt die Hände zu einem Hohlraum und versucht nun, durch Blasen Töne zu erzeugen. Wichtig ist, dass der Grashalm straff gespannt ist. Man bläst durch die Öffnung, die zwischen den aneinander gelegten Daumen entstanden ist, hindurch.

Hahn oder Henne?

Zu diesem Spiel braucht ihr Gräser mit Ähren. Einer pflückt so eine Ähre und fragt: »Hahn oder Henne?« Der andere muss sich für eines entscheiden. Jetzt zieht das Kind die Ähre von unten nach oben durch Daumen und Zeigefinger. Dabei werden die Samen der Ähre vom Grashalm abgezogen und knubbeln sich zwischen den Fingern. Jetzt kommt es auf die Form an, die diese abgezogene Ähre hat: Ist sie spitz, ist die Antwort »Hahn«, ist sie rund, ist die Antwort »Henne«. Hat der andere richtig geraten, zieht er die nächste Ähre ab. Wenn nicht, rät er weiter, bis er richtig getippt hat. Ein nettes, unnützes Spiel für Spaziergänge. Ich liebe unnütze Spiele!

Brennnesseln können auch guttun

Zeigen Sie Ihren Kindern, dass man auch aus Dingen, die einem manchmal wehtun, wunderbare Sachen machen kann. Die Brennnessel ist sehr gesund und hilft zum Beispiel bei Frühjahrsmüdigkeit, bei der Entgiftung, bei Haar- und Hautproblemen sowie Rheuma. Man kann Tee, Suppe oder Salbe daraus machen. Um diese Pflanze zu pflücken, tragen Sie unbedingt Handschuhe.

Lassen Sie die Brennnesseln im Schatten trocknen. Im trockenen Zustand brennen sie nicht mehr. Die trockenen Brennnesselblätter in einer Dose aufbewahren und bei Bedarf mit heißem Wasser in einem Sieb überbrühen. Ziehen lassen. Fertig.

Tipp: Man kann auch getrocknete Salbei-, Thymian-, Lavendel-, Kamilleblüten oder Pfefferminzblätter in verschiedenen Dosen aufbewahren. Der Geschmack solcher Tees aus selbst getrockneten Pflanzenteilen ist viel intensiver als der gekaufte Tee. Die Kräuter sollten allerdings richtig trocken sein, bevor sie in den Dosen aufbewahrt werden, sonst schimmeln sie.

WARUM DIE BRENNNESSEL BRENNT

Wenn man mit kurzen Hosen durch den Sommer streift, passiert es jedem irgendwann: Man berührt eine Brennnessel. Wie kann aber so eine kleine Pflanze solch einen Schmerz auslösen? Schuld am Brennen ist ein Gift, die sogenannte Ameisensäure. Beim Berühren der Brennnessel brechen die Brennhaare der Pflanze ab. Hierbei handelt es sich um klitzekleine Stacheln, deren Spitzen winzige Wunden in die Haut bohren, in die dann das Gift fließt. Damit wir das Brennen spüren, reicht schon ein Zehnmillionstel Gramm Ameisensäure aus!

Das passiert allerdings nur bei der Berührung gegen den Strich. Streicht man von unten nach oben die Blätter entlang, passiert nichts.

Keine Angst vor Insekten

Bei vielen Menschen lösen Insekten Angst und Unbehagen aus. Betrachtet ihr die Tierchen allerdings näher, werdet ihr feststellen, wie faszinierend sie sind. Zum Beispiel die Spinnen. Sie spinnen ganz wundervolle Netze, in denen sich morgens der Tau fängt und am Tag die Fliegen. Versucht doch auch einmal, ein Netz aus Fäden zu knüpfen. Könnt ihr es auch so gut wie die klitzekleinen Spinnen?

Und habt ihr schon einmal eine Ameisenstraße beobachtet? Ameisen zu beobachten, ist spannend. Denn Ameisen sind so stark. Legt den kleinen Tier-chen Brotkrumen in verschiedenen Größen in den Weg. Wie viele Ameisen helfen zusammen, und wie lange dauert es, bis die Krümel weggeschafft sind? Außerdem üben sie verschiedene Berufe aus: Es gibt Sammler und Jäger und Züchter. Und so bildet die Königin ihren ganzen Hofstaat um sich, und jeder weiß genau, was er zu tun hat.

Einmal im Jahr bekommen einige Ameisen sogar Flügel und können fliegen. Dies wird Hochzeitsflug genannt. Bei uns im Garten ist das der Tag, an dem man sich nicht draußen aufhalten kann, weil es von fliegenden Ameisen nur so wimmelt. Sie sind überall. Wir haben diesen Tag den »Tag der fliegenden Ameisen« genannt. Es heißt, die Biomasse aller Ameisen auf Erden übersteigt die der Menschen bei Weitem. Das muss man sich mal vorstellen!

Filigrane Flattertiere – Schmetterlinge

Das Jahreszeitentier des Sommers ist für mich der Schmetterling. Wenn ich so einem Schmetterling beim Fliegen zusehe, wird mir ganz warm ums Herz, und ich muss einfach lächeln. Wusstet ihr, dass es mehr als 180 000 Arten gibt und jährlich etwa 600 Arten neu entdeckt werden? Allein in Deutschland gibt es über 3500 Schmetterlingsarten. Der Name Schmetterling kommt vom Wort »Schmetten«, was »Sahne« bedeutet. Nach einem Aberglauben war der Schmetterling eine verwandelte Hexe, die es auf die Sahne abgesehen hatte. Deshalb hieß der Schmetterling früher auch Molkenstehler. Im Englischen »Butterfly« kann man ebenso erkennen, dass sich der Schmetterling als »Butterfliege« gern an Butter und Rahm bediente. Bis ins 18. Jahrhundert hieß der Schmetterling noch Tagvogel oder Tagfalter im Gegensatz zum Nachtvogel – Nachtfalter.

Ganz schön kompliziert – die Metamorphose

Verglichen mit den meisten anderen Insektenarten sind Schmetterlinge vor allem durch ihre Fortpflanzung spannend. Sie kommen nämlich keinesfalls mit ihren bunten Flügeln auf die Welt, sondern müssen mehrere Stadien durchlaufen, bis sie so aussehen. Diesen Vorgang nennen die Biologen Metamorphose – Umwandlung. Denn aus den Eiern, die das Schmetterlingsweibchen legt, schlüpfen Raupen. Haben die sich dick und groß gefressen, verwandeln sie sich in eine Puppe, ein unförmiges Gebilde, das an einem Ast hängt. In dieser Hülle bilden sich die Raupen zu Faltern um. Erst danach schlüpft der fertige Schmetterling. Er ist anfangs noch ganz zerknittert und seine Flügel müssen trocknen. Doch dann kann er zu seinem ersten Flug starten.

Tipp: Vielleicht habt ihr die Möglichkeit, ein kleines Terrarium für Raupen einzurichten und die Verpuppung sowie das Schlüpfen eines Schmetterlings zu erleben. Dazu braucht ihr nicht viel: Ein größeres Glasgefäß, Grasboden mit einer Schaufel ausheben und damit das Terrarium auslegen, verschiedene Blätter, Äste, ein Schälchen Wasser. Und nicht vergessen einen Deckel für das Terrarium mit Löchern drin, damit die Raupe auch Luft bekommt.

Schmetterlinge mit Klatschtechnik

Man braucht:

· 1 BLATT PAPIER DIN A4
· FARBE
· PINSEL
· WASSER

Faltet das Blatt in der Mitte, und klappt es dann wieder auseinander. Jetzt tupft ihr sehr flüssige und sehr bunte Farbtupfer auf eine Hälfte des Papiers. Wollt ihr einen Schmetterling erzielen, malt noch einen schwarzen Strich mit einem Fühler auf die gefaltete Linie. Nun klappt ihr es erneut zusammen, streicht mit der Handfläche von außen kräftig darüber. Wenn ihr es jetzt wieder ausklappt, habt ihr einen wunderschönen Klatschtechnikschmetterling.

Sei ein Schmetterling

Manchmal macht es Spaß, sich in ein Tier hineinzuversetzen. Wie mag es sich anfühlen, ein Schmetterling zu sein? Wie fühlt sich denn ein Schmetterling an, wenn ihr ihn auf der Hand habt? So leicht, dass ihr ihn fast nicht spürt?

Wenn ihr zwei Tücher an Schultern und Handgelenken befestigt, könnt ihr euch bereits wie ein kleiner Schmetterling fühlen und hin und her fliegen. Nun noch zwei Pfeifenputzer an einem Haarreif befesti-

gen und die Spitzen zur Spirale umbiegen, damit sich niemand am Draht verletzt. Schließt nun die Augen. Stellt euch jetzt ganz genau einen Schmetterling vor. Wie sieht er aus? Wie bewegt er sich?

Schmetterling im Yoga

Auf den Boden setzen, die Beine anziehen, und die Knie nach außen fallen lassen. Nun nimmt man die Füße in beide Hände und bewegt die Knie nach oben und nach unten. Eine schöne Dehnübung, die im Yoga Schmetterling genannt wird.

Schmetterlingsbild mit Farfalle

Im Italienischen heißt der Schmetterling Farfalle – so heißt auch eine Nudelsorte.

Malt doch ein Schmetterlingsnudelbild. Dafür klebt ihr die ungekochten Nudeln auf ein Blatt Papier und malt drumherum Wiese und Himmel. Die Nudeln könnt ihr mit Acrylfarbe bunt anmalen. Vielleicht wird eure Wiese auch keine gewöhnliche Wiese und bekommt Spaghettigras und Nudelkäfer.

Schmetterlingskissen

Nähen Sie ein Schmetterlingskissen. Einfach aus Zeitung eine Schmetterlingsform als Muster ausschneiden und auf einen schönen bunten Stoff legen. Die Form zweimal ausschneiden, links auf links zusammennähen und dabei ein Loch offen lassen, um den Schmetterling wieder auf die rechte Seite zu stülpen und ihn mit Füllwatte auszustopfen. Loch zunähen. Fertig ist das Schmetterlingskissen.

Schmetterlingsdrachen

Vielleicht bastelt ihr euch auch für den Strand einen Drachen, der aussieht wie ein Schmetterling, und lasst ihn am Himmel steigen. Eine Anleitung zum Drachenbau findet ihr auf Seite 112.

Schmetterlingssammlung ✂ mal anders

Es gibt viele Menschen, die sammeln Schmetterlinge und andere Insekten und stecken sie mit Stecknadeln in einen Bilderrahmen. Wie wäre es, wenn Sie mit den Kindern Schmetterlinge basteln und diese Schmetterlingssammlung nachmachen? Schmetterlinge können aus bunten Papieren gebastelt werden. Entweder malt man Schmetterlinge in den buntesten Farben auf Papier, schneidet sie aus und spickt sie in den Rahmen. Oder man schneidet aus Zeitungen oder Zeitschriften bunte Ausschnitte und faltet sie wie eine Ziehharmonika in viele kleine Falten. Wenn man sie jetzt in der Mitte zusammenhält und an den Enden vorsichtig wieder auseinanderzieht, sehen sie wie schöne Falter aus. Mit einer Nadel und einem Faden nun durch die Mitte hindurchstechen und festknoten.

Wer möchte, kann Schwanz und Kopf mit kleinen Miniperlchen auf den Faden auffädeln. Diese Schmetterlinge sehen auch hübsch aus am Jahreszeitenast. Suchen Sie sich aus einem Insektenbestimmungsbuch lateinische Namen oder erfinden Sie eigene für ihre Schmetterlinge.

Andere Insekten im Sommer

Insekten gehören einfach dazu. Ein Sommer ohne das Summen der Bienen und Wespen, die im Garten von Blume zu Blume fliegen! Da würde doch etwas fehlen. Und selbst die Mücke, die nachts immer und immer wieder an unserem Ohr vorbeifliegt mit diesem uns allen bekannten hohen Sssssssss, lässt uns ganz sicher sein, der Sommer ist da!

Ich glaube ja fest daran, dass sich die Mücken über uns kaputtlachen und sich ihren Spaß daraus machen, immer genau an unseren Ohren vorbeizusssssssumsen, um sich dann, wenn wir das Licht anmachen, ganz schnell zu verstecken. Und knipsen wir das Licht wieder aus, geht es wieder von Neuem los. Sssssssss! Und am nächsten Morgen können wir

unsere Gliedmaßen bewundern, die wie Streuselkuchen aussehen.

Mücke sticht – ein Fingerspiel für die Kleinen

Das Kind berührt mit der rechten Zeigefingerspitze die linke Zeigefingerspitze, sodass eine Brücke entsteht. Jetzt fahren Sie mit Ihrem Finger wie ein Auto über diese Brücke und sagen dazu:

Auto fährt,
Brücke bricht, (trennen Sie sacht die beiden Zeigefinger voneinander)
Mücke sticht, (die Mücke, also Ihr Finger, kitzelt nun das Kind am Bauch)

Bienenstich – so oder so

Der eine schmeckt, der andere tut ziemlich weh. Auf jeden Fall ist wichtig: Machen Sie Ihren Kindern klar, sich ruhig zu verhalten, wenn eine Biene oder eine Wespe um sie herumfliegt. Bienen und Wespen stechen nur, wenn sie sich bedroht fühlen oder sie eingeklemmt werden. Beim Barfußlaufen durch eine

> **WAS GEGEN MÜCKEN UND MÜCKENSTICHE HILFT**
>
> Nicht jeder ist gleich lecker für eine Mücke. So sagt mein Mann immer: Wenn er mich dabei hat, braucht er kein Mückenspray! Dies liegt an den anziehenden und abstoßenden Stoffen, die wir ausschwitzen.
>
> Juckreiz kann mit Spucke, Essig (keine Essigessenz!), Zitronensaft, Quarkwickeln, kalten Waschlappen oder Eisstücken gemildert werden. Teebaumöl hilft sowohl gegen den Juckreiz als auch gegen Mücken. Wenn der Stich stark anschwillt, kann man auch Franzbranntwein daraufstreichen. Wenn Sie im Sommer bei geöffnetem Fenster schlafen, besorgen Sie sich doch ein Moskitonetz und hängen dieses über das Bett. Das sieht schön aus und schützt vor Stechmücken. Bevor Sie das Fenster öffnen, unbedingt das Licht ausschalten, das lockt sonst die Mücken an. Haben Sie Fliegengitter an den offenen Fenstern, brauchen Sie sich keine Gedanken zu machen.

Wiese gilt: Augen offen halten. Und noch offener sollte man die Augen im Sommer halten, wenn man Früchte isst oder süße Säfte trinkt. Denn die locken Wespen und Bienen natürlich an. Offene Getränke unbedingt verschließen, damit die Insekten nicht hineinkriechen können. Bei einem Bienenstich entfernen Sie vorsichtig den Stachel.

Am besten haben Sie im Sommer immer eine kleine Erste-Hilfe-Tasche dabei. In der befinden sich außer Pflaster für aufgeschlagene Knie auch ein Taschenmesser und eine kleine Zwiebel (die hilft sehr gut bei Bienen- und Wespenstichen, einfach aufschneiden und eine Zwiebelscheibe mit einem Pflaster auf die betreffende Stelle kleben) und vielleicht noch Bach-Blüten-Rescuetropfen. Die helfen beim ersten Bienenstichschock und auch bei anderen Schocks unterwegs. Und dann hilft natürlich auch ein Stück Bienenstich.

Bienenstich von Oma und Tante Gertie

Zutaten • Für den Teig:
- 200 G BUTTER ODER MARGARINE
- 200 G ZUCKER
- 2 EIER
- 1 PRISE SALZ
- 500 G MEHL
- 1 PÄCKCHEN BACKPULVER
- 250 ML MILCH

Für den Belag:
- 100 G BUTTER
- 200 G ZUCKER
- 1 PÄCKCHEN VANILLEZUCKER
- 2 EL MILCH
- 200 G MANDELPLÄTTCHEN

Für die Füllung
- 1 VANILLEPUDDING
- 200 G BUTTER

Fett und Zucker schaumig rühren, nach und nach Eier zugeben, eine Prise Salz, abwechselnd Mehl, Backpulver und Milch darunter rühren. Der Teig soll reißend sein. Dann den Teig auf ein gefettetes Blech streichen.

Für den Belag die Butter zerlassen und Zutaten unterrühren. Abkühlen lassen und auf den Teig verteilen. 25 Minuten bei 190–200 °C backen.

Für die Füllung den Vanillepudding nach Anweisung auf dem Päckchen kochen und erkalten lassen. Die Butter schaumig rühren, esslöffelweise unter den Pudding rühren. Butter und Pudding sollten die gleiche Temperatur haben. Den erkalteten Kuchen in Stücke schneiden, einzeln aufschneiden und mit der Creme füllen.

Nichts in der Natur ist überflüssig

Bienen sind wichtig. Erklären Sie Ihren Kindern, warum jedes Tier auf Erden eine Berechtigung und einen Sinn hat. Wir alle hängen irgendwie miteinander zusammen. Gibt es keine Bienen, gibt es keine Früchte tragenden Bäume mehr, weil die Bienen die Blüten nicht bestäuben. Gibt es keine Früchte mehr, haben wir weniger zu essen.

Nun wird sich wohl niemand einen Bienenstock im eigenen Garten anlegen, in dem man mit Kindern sitzt und gern auch grillt oder Kuchen isst. Aber ein Bienenstock an einem einsamen Ort ist eine tolle Erfahrung für die Kinder: Sie können ihn gemeinsam ab und zu besuchen und daraus ein regelmäßiges Familienritual machen.

Bienen basteln ✂

Bienen sind wunderschöne Tiere, wie sie da so braun-schwarz geringelt von Blume zu Blume fliegen – nein, sie sind nicht gelb wie die Biene Maja, sondern braun: Schaut genau hin! Für den Jahreszeitenast oder auch den Setzkasten könnt ihr Bienen zum Beispiel aus Wäscheklammern basteln.

Man braucht:

- AUSEINANDERGENOMMENE HOLZWÄSCHE- KLAMMERN
- DUNKELGELBE ACRYLFARBE
- SCHWARZER STIFT
- PINSEL
- 1 DÜNNER NAGEL
- HAMMER
- FARBIGE STECKNADELN
- DRAHT

Zwei Hälften der Wäscheklammern mit der glatten Seite zusammenkleben. Zwei weitere Wäscheklammerteile werden nun auf den Rücken als Flügel geklebt. Jetzt malt man die Biene erst einmal gelb an. Dann mit dem schwarzen Stift die Streifen drübermalen. Das runde Ende ist der Kopf, der wird ebenfalls braun. An diesem Kopfende mit einem dünnen Nagel, der vorsichtig ins Holz gehämmert wird, zwei Löcher für die Augen vorbohren, und die Stecknadeln als Augen hineinpieken. Auch für den Draht,

der die Fühler darstellen soll, bohrt man kleine Löcher und klebt den Draht mit Klebstoff hinein. Ebenso macht man es mit den Drahtbeinen, sechs Stück an der Zahl. Fertig ist die Summsebiene und kann mit einem zarten Band an einen Sommerast gehängt werden.

Tipp: Am besten die Stecknadeln kürzen, sonst schafft man es kaum, sie ganz in das Holz zu stecken, selbst wenn man ein Loch vorbohrt.

So lassen sich auch viele andere Insekten basteln wie Fliegen, Grashüpfer oder Libellen.

Der Unterschied zwischen einer Biene und einer Wespe

Oft weiß man gar nicht, was da um einen herumfliegt. Biene oder Wespe? Hier die wesentlichen Unterschiede:

Wespen sind schwarz-gelb, Bienen schwarz-braun. Bienen sterben nach dem Stechen, denn der Stachel bleibt im menschlichen Körper, Wespen überleben den Stich.

Bienen legen neben der Bestäubung von Pflanzen auch einen Wintervorrat an, von dem wir in Form von Honig und Bienenwachs profitieren. Wespen dagegen sterben zum Winter hin, und nur die befruchtete Königin überlebt. Sie sucht sich einen Unterschlupf, und im Frühjahr gründet sie einen neuen Staat.

An Esstischen findet man fast immer Wespen, die sich nicht nur über die süßen Dinge hermachen, sondern auch gern ein Stück vom Schinken abknabbern und damit davonfliegen.

Beim Imker Honig naschen

Es gibt viele verschiedene Arten von Honig. Denn es kommt ganz darauf an, aus welchen Blüten die Bienen den Nektar holen. Und das wiederum kann der Imker beeinflussen, wenn er die Bienenstöcke gezielt bei bestimmten Blüten aufstellt. Für Rapsblütenhonig stellt er sie also nah an das gelb blühende Rapsfeld.

Vielleicht habt ihr Lust und besucht als ganze Familie einmal einen richtigen Imker. Der kann viel über Bienen, deren Fluggewohnheiten und den Honig erzählen. Erkundigt euch, wo es in der Nähe den nächsten Imker gibt, der bereit ist, euch unter seinen schützenden Hut zu nehmen.

sehen Sie sie genau an, und kontrollieren Sie, ob auch der Kopf mit herausgezogen wurde. Kreisen Sie mit einem wasserfesten Stift die Stelle ein, dann können Sie einige Tage danach beobachten, ob sich die Hautstelle im Kreis verändert. Allerdings kann eine Rötung auch noch 15 Wochen nach dem Biss auftreten. In einigen Fällen kann eine Borrelioseerkrankung auch ohne erste Anzeichen auftreten. Sogar noch nach Jahren. Tragen Sie den Zeckenbiss in Ihren Terminkalender ein. Sollten Symptome wie Kopfschmerzen oder Gelenkschmerzen, Fieber auftreten, können Sie dem Arzt genau den Termin des Bisses mitteilen. Vermuten Sie eine dieser beiden Krankheiten, suchen Sie sofort einen Arzt auf.

Vorsicht Blutsauger – Zecken

Fast traut man sich nicht mehr unbeschwert durch Wiesen und Wälder zu laufen. Denn schließlich könnte sie überall lauern: die Zecke! Beachtet man allerdings ein paar Grundregeln und eignet sich ein Grundwissen über Zecken an, kann man sich Wiesen und Wälder ohne Angst auch weiterhin zum Ziel machen. In Ihrem Erste-Hilfe-Set für unterwegs sollte auch eine Zeckenzange nicht fehlen. Kleidung ist der beste Schutz gegen Zecken. Also vermeiden Sie kurze Hosen, wenn Sie vorhaben, durchs Unterholz zu kriechen. Auch das Einsprühen mit Mücken- und Zeckenschutz ist empfehlenswert. Zecken lassen sich nicht, wie lange vermutet, von Bäumen fallen, sondern sitzen auf Gräsern oder im Unterholz und lassen sich einfach abstreifen.

Möglichst schnell entfernen

Je früher Sie die Zecke entdecken und entfernen können, umso ungefährlicher der Zeckenbiss. Untersuchen Sie also die ganze Familie auf Zecken, wenn Sie von einem Spaziergang im Wald zurückkommen. Zwei der Krankheiten, die Zecken übertragen können, sind Borreliose und eine spezielle Form der Hirnhautentzündung, die FSME (Frühsommer-Meningoenzephalitis). Die FSME übertragende Zecke kommt nicht in allen Regionen Deutschlands vor. Hierzu erkundigen Sie sich bei Ihrem Arzt. Halten Sie sich bei der Entfernung der Zecke genau an die Anweisung auf der Zeckenzangenverpackung. Je weniger Stress die Zecke beim Herausziehen hat, desto weniger infektiöse Gifte gelangen in die Bisswunde. Wenn Sie die Zecke entfernt haben,

EIN KÄFERSPIEL FÜR DIE KLEINEN

Die Käfer werden mit den Händen dargestellt, der Käfermann mit der rechten und die Käferfrau mit der linken. Am Ende krabbeln sie wild auf dem Kleinkind herum und kitzeln es dabei.

Es krabbelt ein kleiner Käfer auf deinem Arm herum,
Er sucht seine Käferfrau – schau!
Er sucht beim Hals und bei den Ohren,
doch da hat er nichts verloren.
Er sucht am Kopf und auf dem Bauch
Da sucht er auch.
Es krabbelt eine kleine Käferfrau auf deinem Arm herum.
Sie sucht nach ihrem Käfermann – schau an!
Sie sucht beim Hals und bei den Ohren,
doch da hat sie nichts verloren.
Sie sucht am Kopf und auf dem Bauch
Da sucht sie auch.
Es krabbeln zwei Käfer auf dir hin und her:
Sich zu finden, ist für die beiden ganz schön schwer!
Doch plötzlich ruft der Käfermann so laut er kann: Hurra!
Meine Käferfrau ist wieder da!
Sie krabbeln aufeinander zu –
und endlich hast du wieder Ruh!

Mit Haus unterwegs – Schnecken

Im Garten sind Schnecken nicht sehr beliebt, weil sie sich gern über Blumen und Gemüse hermachen. Dafür sind Schnecken die einzigen Lebewesen, die ihr eigenes Haus tragen können und immer dabeihaben. Abgesehen vom Einsiedlerkrebs. Aber der zieht um, wenn ihm das Haus zu klein wird. Und die Schnecke? Die Schnecke kommt bereits mit dem Schneckenhaus auf die Welt, beziehungsweise schlüpft mit ihm auf dem Rücken aus dem Ei. Stellt euch nur einmal vor, ihr wärt gleich mit eurem Kinderzimmer zur Welt gekommen – lustig, oder? Das Schneckenhaus ist eine kalkige Schale und durch zwei Muskeln mit dem Körper der Schnecke verbunden. Es schützt die Schnecke vorm Austrocknen und bei Gefahr: Sie zieht einfach Kopf und Schwanz ein und verschwindet in ihrem Haus. Schnecken ziehen nicht aus ihrem Haus aus, wenn es ihnen zu eng wird: Das Haus wächst mit – wie praktisch.

Gemeinsam im Schneckenlabyrinth

Versuche, mit verbundenen Augen und einem Stift in der Hand den Weg durch das Labyrinth zu finden. Das geht nur, wenn jemand dir hilft und dir sagt, ob du mit dem Stift nach rechts, links oben oder unten musst. Hör also genau zu, wie er dich leitet. Schaffst du es?

Schneckenhäuser neu besetzen

Sammelt verlassene Schneckenhäuser – wer findet in einer Stunde die meisten? – und untersucht sie ganz genau. Jedes sieht anders aus, jedes hat eine andere Größe und Farbe. Sind es vielleicht unterschiedliche Arten? Versucht das herauszufinden mithilfe von Tierlexika oder im Internet.
Knetet mit Fimo oder Ton die passende Schnecke dazu. Befestigt das Haus auf der Schneckenskulptur, und schon könnt ihr eure eigene Schneckenzucht aufmachen. Oder diese Schnecken durch euren Garten laufen lassen – natürlich im Schneckentempo!

Schneckenrennen

Man braucht:
· KREIDE
· EINIGE ECHTE SCHNECKEN MIT HAUS
· SALATBLÄTTER

Ihr malt mit Kreide einen kleinen Kreis auf den Boden und noch einen großen Kreis außen herum. Die Schnecken setzt ihr nun in den inneren Kreis, und die Salatblätter verteilt ihr außerhalb des großen Kreises. Nun muss jeder erst mal seine Wetten abgeben. Am besten bekommt jede Schnecke einen Namen, damit man auf sie setzen kann. Eine Schnecke mit weißem Haus könnte zum Beispiel nach einem amerikanischen Präsidenten heißen, denn der wohnt ja auch in einem weißen Haus. Hat jeder seinen Tipp abgegeben, geht es los.
Alle schreien: Auf die Plätze, Schnecken, los! Welche Schnecke erreicht als Erste das Ziel – das Salatblatt außerhalb des großen Kreises? Als Gewinn könnte es vielleicht leckere süße Gummischnecken oder selbst gebackene Nussschnecken geben.
Danach werden die Rennschnecken wieder in die Freiheit entlassen. Schließlich hatten sie einen wirklich anstrengenden Tag!

Schneckenhüpfen

Es gibt auch ein Hüpfkästchenspiel mit einem Schneckenhaus. Dazu malt ihr mit Kreide ein großes Schneckenhaus auf den Boden und teilt dies in viele kleine Kästchen ein. Jedes dritte Kästchen wird mit roter Kreide ausgemalt. Dort kann man sich ausruhen. In der Mitte der Schnecke steht ein Teller mit Gummischnecken oder eine andere Belohnung. Nun hüpft man die einzelnen Kästchen auf einem Bein ab. Wer einen Fehler macht, also auf eine Linie springt oder sich nicht auf einem Bein halten kann, muss an der Fehlerstelle einen Stein ablegen. Dort geht es wieder los, wenn man erneut an der Reihe ist. Zurück springt man das Schneckenhaus mit dem anderen Bein.

Beim Hüpfen kann man folgenden Spruch aufsagen:
Eine kecke Schnecke
sitzt unter der Hecke
auf der geschecketen Decke
und rührt sich nicht vom Flecke.

Nussschnecken

Zutaten • Für den Teig:
- 500 G MEHL
- 1/2 WÜRFEL HEFE (CA. 20 G)
- 80 G ZUCKER
- 250 ML MILCH
- 80 G BUTTER
- 1 PRISE SALZ
- ZITRONENSAFT

Für die Füllung:
- 300 G GEMAHLENE HASELNÜSSE ODER MANDELN
- 150 G ZUCKER
- 1 PÄCKCHEN VANILLINZUCKER
- 50 G ZERLASSENE BUTTER
- 1 BECHER SÜSSE SAHNE (200 G)

Für den Teig in das Mehl eine Mulde machen, und die Hefe hineinbröckeln. Mit ein wenig Zucker und ein bisschen Milch die Hefe zu einem Brei verrühren. Mehl auf die Oberfläche streuen und das Ganze etwa 15 Minuten gehen lassen. Dann alle anderen Zutaten dazugeben und gut verkneten. Den Teig gehen lassen, bis sich das Volumen verdoppelt hat. Für die Füllung die Nüsse, den Zucker, Vanillinzucker, Butter und die Hälfte der Sahne verrühren. Den Teig zu einer rechteckigen Platte etwa 1 cm dick ausrollen. Mit der Füllung bestreichen und zu einer Rolle aufrollen. Die Rolle in 2 cm dicke Schnecken schneiden und diese auf ein mit Backpapier ausgelegtes Blech legen. Mit Sahne bestreichen. Im Backofen bei 200 °C etwa 20 Minuten backen.
Tipp: Für einen süßen Guss kann man nun noch etwas Wasser und Aprikosenmarmelade aufkochen und die noch warmen Schnecken damit bestreichen.

Landschaftskunst

Kennt ihr Landschaftskunst? Kennt ihr Andrew Goldsworthy? Dieser aus England stammende Künstler schafft vergängliche Kunstwerke in der Natur. Seht euch gemeinsam im Internet die Fotos dieser wunderschönen Werke an. Vielleicht bekommt ihr Lust, ähnliche Dinge an Flüssen und in Wäldern oder auf Wiesen zu gestalten.

Zum Einstieg sucht ihr zusammen verschiedenfarbige Blüten oder Blätter oder Steine. Damit könnt ihr Muster, Schlangen, Wege, Figuren legen oder hängt sie in Ketten an einen Ast. So hinterlasst ihr Spuren. Stellt euch gemeinsam vor, was passiert, wenn ihr so ein wunderschönes Landschaftsbild – ein Zeichen – hinterlasst: Wir waren hier! Wer es wohl findet? Baut derjenige weiter? Wundert er sich? Vielleicht steht er staunend davor!

Tipp: Wenn euch das Spaß gemacht hat, nehmt euch doch vor, jedes Jahr zu Beginn des Sommers

oder der Sommerferien so ein Landschaftskunstwerk zu gestalten – als Begrüßungsritual für die warme Jahreszeit oder die Ferienzeit.

Die allerbeste Zeit zum Feiern

Warme Nachmittage, lange helle Abende und laue Nächte – könnte es bessere Voraussetzungen für eine ausgelassene Feier geben? Zwar hat der Sommer kaum offizielle Feiertage, dafür liefert er die idealen Bedingungen, um draußen unbeschwerte Feste für die ganze Familie und ihre Freunde zu veranstalten.

Die Sonnwendfeier

Das Sonnwendfest am 21. Juni gehört als Naturfest zu den ältesten Festen der Völker. Es ist eines von vier Sonnenfesten neben der Wintersonnenwende, der Frühjahrs- und der Herbst-Tagundnachtgleiche. Jetzt hat die Sonne die meiste Kraft des Jahres. Es ist die Zeit der Fülle. Alles gedeiht. Bäume tragen Früchte, das Saatgut wächst, und die Ernte ist nicht mehr weit. Die Menschen genossen schon früher diese Zeit in vollen Zügen. Sonnwendfeuer wurden angezündet und Feste gefeiert. Man huldigte dem Sonnengott. Vielerorts haben diese Traditionen bis heute Bestand: Es wird noch immer im Uhrzeigersinn um das Feuer getanzt. Manch einer ist so mutig und springt in einem riesigen Satz über das Feuer.

Im Norden Europas werden große Scheiterhaufen auf Flößen errichtet. So spiegeln sich die Flammen im Wasser.

In Schweden nennen die Menschen das Fest Mittsommer und feiern es am Samstag zwischen dem 20. und 26. Juni.

Es ranken sich auch allerlei Legenden um diese ganz besondere Zeit des Jahres: Nach einer germanischen Sage wurde Siegfried am Tag der Sommersonnenwende von Hagen getötet. Siegfried galt als unbesiegbar, nur zur Zeit der Sonnenwende verlor er seine Kraft und dadurch auch sein Leben.

Die Brüder Grimm schrieben in der deutschen Mythologie: »Wer eines montags drei Stunden nach Sonnenaufgang zur Zeit der Sommernachtsgleiche geboren ist, kann mit Geistern umgehen.«

Unter anderem Namen – Johannisfest

Heute heißt das Sonnenwendfest auch Johannisfest, und es werden nicht Sonnwend-, sondern Johannisfeuer angezündet. Nach »Johannes dem Täufer«: Ihm zu Ehren und weil die Sonne und das Feuer auch für das Licht stehen, das Gott über uns leuchten lässt. Der 24. Juni ist der Geburtstag von Johannes. Dies ist auch der Grund, warum vielerorts dieses Fest am 24. und nicht am wirklich längsten Tag, dem 21. Juni gefeiert wird.

Sonnwendblumen – ungeahnte Kräfte

Wenn ein Mädchen am Johannistag neun verschiedene Blumen oder Kräuter pflückt und sie unter ihr Kissen legt, träumt sie in dieser Nacht von ihrem zukünftigen Ehemann.

Aber auch wer bereits glücklich verheiratet ist, kann aus Johanniskraut, Klee und anderen Kräutern ein Sonnwendkränzchen binden und es sich an die Tür hängen – es soll vor Krankheiten schützen.

BAUERNREGEL
Wenn die Johanniswürmchen schön leuchten und glänzen, kommts Wetter zu Lust und im Freien zu Tänzen, verbirgt sich das Tierchen bis Johanni und weiter, wirds Wetter einstweilen nicht warm und nicht heiter.

VOM HÖCHSTEN STAND DER SONNE
Am 21. Juni erreicht die Sonne ihren höchsten Stand am Mittag. Wenn die Sonne ihre größte Höhe von 23,4° erreicht hat, steht sie auf der nördlichen Erdhalbkugel senkrecht über dem nördlichen Wendekreis der Erde. Dieser Tag ist der längste Tag im Jahr. Gleichzeitig ist diese Nacht die kürzeste im Jahr. Danach werden die Nächte wieder länger – bis zur Wintersonnenwende. Die Sommersonnenwende markiert den Beginn des astronomischen Sommers.
Genau umgekehrt ist dies allerdings auf der südlichen Erdhalbkugel. Wenn bei uns Sommer ist, ist auf der Nordhalbkugel Winter. Auf der Südhalbkugel ist die Sommersonnenwende also am 21. oder 22. Dezember. Dann ist bei uns Wintersonnenwende.

In der Sommernacht

Die Johanniswürmchen sind natürlich die Glühwürmchen. Obwohl sie so heißen, sind es gar keine richtigen Würmer: Es sind Käfer, auch Leuchtkäfer genannt. Es gibt viele verschiedene Arten: Auf der ganzen Welt um die 2000, die vor allem in den wärmeren Regionen vorkommen.

Je nachdem zu welcher Art die Leuchtkäfer gehören, haben nur die Weibchen, nur die Männchen oder auch beide Leuchtorgane. Sie locken mit einem Blinken oder einem Dauerleuchten ihren Partner an. Das Tragische: Gleich nach der Paarung stirbt das Männchen, das Weibchen knipst sein Licht aus und legt seine Eier.

Man glaubt es oder nicht, bereits in den Eiern können die kleinen Babyglüher leuchten. Im August schlüpfen die Larven aus den Eiern, und bis so ein Leuchtzwerg ein erwachsener Glühwurm geworden ist, häutet er sich je nach Art bis zu sechsmal. Erst im vierten Jahr ist das Glühwürmchen komplett ausgewachsen.

Auf Glühwürmchensuche

Zwischen Juni und August könnt ihr auf Glühwürmchen-Beobachtungstour gehen. Der Leuchtkäferflug beginnt mit Einbruch der Dunkelheit und dauert etwa ein bis drei Stunden. Sie halten sich bevorzugt in feuchten, mit Bäumen beschatteten Gegenden auf. Also auf feuchten Wiesen, an Flussufern, an Waldrändern oder auch in Parkanlagen. Wollt ihr auf Glühwürmchensuche gehen, eignet sich eine laue Sommernacht besonders gut. Am besten kann man die kleinen leuchtenden Käfer sehen, wenn es ganz dunkel ist. Also weit weg von den Lichtern einer Großstadt. Vielleicht verbindet ihr die Glühwürmchensuche mit einer spannenden Nachtwanderung durch den Wald? Taschenlampen und Mitternachtsbrotzeit ins Gepäck und los geht es. Wenn ihr Glühwürmchen findet, schaltet ihr eure Taschenlampen aber besser aus: Die kleinen Käfer hören sonst auf zu leuchten.

Glühwürmchen fangen – ein Nachtspiel

Alle Kinder sind Glühwürmchen und laufen mit Taschenlampen herum. Einer ist der Glühwürmchenfänger. Hat er ein Glühwürmchen gefangen, knipst er dessen Taschenlampe aus. Hat er alle Glühwürmchen ausgeknipst, geht eine neue Runde los.

Sternbilder erkennen

Wenn wir schon in der Nacht unterwegs sind, weit weg von den Lichtern der nächsten Stadt, dann legt euch doch auf einer Wiese mit der ganzen Familie auf den Rücken und seht in die Sterne.
Kennt ihr die Sternbilder? Nehmt doch im Gepäck auch einen Sternenführer mit. Oder druckt eine Sternenkarte aus dem Internet aus.
Neben den bekanntesten Sternenbildern wie dem großen Wagen, der ein Teil vom großen Bären ist, und dem kleinen Wagen, gibt es noch viele Bilder, die weniger bekannt sind, aber umso spannender für Kinder. Der Fuchs, der Pfeil, der Schwan, der Adler, der Delphin, der Drache oder auch das Sternbild Kassiopeia.
Wenn man sich die Formen des großen Bären so ansieht, ähnelt er meiner Meinung nach mehr einem galoppierenden Pferd. Aber ich werde mich hüten, Einspruch zu erheben, da so viele Menschen in hunderten von Jahren steif und fest behauptet haben, es wäre ein großer Bär.

Und welche Sterne bilden nun den großen Bären? Der große Wagen, auch Himmelswagen genannt, wird aus den sieben hellsten Sternen gebildet. Der Wagen hat eine Trapezform mit einer Deichsel daran. Gleichzeitig ist diese Deichsel auch der Hals und der Kopf des großen Bären. In den USA nennt man dieses Sternbild Schöpflöffel oder Teekanne. Dieses Sternbild sieht man in Europa das ganze Jahr über am Himmel. Es ändert lediglich seine Lage. Die Sterne, aus denen der große Wagen gebildet wird, heißen Dubhe, Merak, Alioth, Mizar, Benetnasch, Megrez und Phekda.

Und was sagt die Sage?

Zeus hatte eine Geliebte namens Kallisto. Sie war wunderschön. Doch als diese einen Sohn gebar, den sie Arkas nannte, verwandelte Hera, die Ehefrau von Zeus, Kallisto aus Zorn in einen Bären. Arkas wurde Jäger und begegnete eines Tages seiner Mutter in Bärengestalt im Wald. Diese wollte ihren Sohn umarmen, was Arkas nicht verstand. Um ein Unglück zu vermeiden, griff der Göttervater Zeus ein und versetzte Mutter und Sohn als großer und kleiner Bär an den Himmel! Damit keine Missverständnisse aufkommen: Der kleine Bär wird wegen seiner Form auch oft als kleiner Wagen bezeichnet.

Ein Stern als Geschenk

Schenkt euch gegenseitig einen Stern und gebt ihm einen Namen. Versucht, ihn immer wieder zu finden. Das klappt besser, wenn ihr einen Stern in der Nähe eines bekannten und leicht zu entdeckenden Sternbildes auswählt.

Sternschnuppen und Wünsche

Und wenn ihr nun schon da liegt und in den Sternenhimmel guckt, dann haltet auch unbedingt nach Sternschnuppen Ausschau. Sternschnuppen sind kleine Meteore, die verglühen. Das Wort Sternschnuppe kommt aus dem Niederdeutschen von Schnupfen. Früher stellte man sich wohl vor, die Sterne hätten heftigen Schnupfen würden ziemlich feucht niesen.

Wer eine Sternschnuppe sieht, hat einen Wunsch frei. Damit er in Erfüllung geht, darf er aber nicht weitererzählt werden. Die meisten Sternschnuppen kann man Mitte August sehen. Da können bis zu 70 Meteore pro Stunde vom Himmel fallen. Übrigens auch tagsüber – aber weil es hell ist, sehen wir sie nicht.

Siebenschläfer – der Wettertag

Siebenschläfer ist am 27. Juni. Es ist ein Gedenktag für die sieben Schläfer von Ephesus. Der Legende nach versteckten sich sieben junge Christen in der Zeit der Christenverfolgung vor Kaiser Decius (249–251) in einer Berghöhle in der Nähe von Ephesus. Doch das Versteck wurde entdeckt, und die jungen Männer wurden lebendig eingemauert. Aber sie starben nicht, sondern schliefen 195 Jahre lang. Am 27. Juni 446 wurden sie entdeckt, wachten auf und starben kurz darauf.

Bekannter ist Siebenschläfer aber für die Bauernregeln. Denn es heißt:

• Wie das Wetter am Siebenschläfer sich verhält, ist es sieben Wochen lang bestellt.
• Wenns am Siebenschläfer regnet, sind wir sieben Wochen mit Regen gesegnet.
• Das Wetter am Siebenschläfertag sieben Wochen bleiben mag.
• Ist der Siebenschläfer nass, regnets ohne Unterlass.
• Scheint am Siebenschläfer Sonne, gibt es sieben Wochen Wonne.

Die Botschaft ist klar: So wie das Wetter am Siebenschläfertag ist, wird es in den nächsten sieben Wochen. Ihr könnt das ja überprüfen und euch ein Wetterbuch anlegen und jeden Tag hineinschreiben, wie das Wetter ist.

Außerdem ist ein Siebenschläfer aber auch ein niedliches Tier. Darf ich euch den lateinischen Namen nicht vorenthalten: Glis glis. Klingt das nicht süß? Das Glis glis ähnelt einer Maus oder einem Eichhörnchen und ist ein nachtaktives Nagetier. Da seine Fußballen immer leicht feucht sind, kann es ohne Probleme an Wänden und Bäumen hinaufkrabbeln.

Es heißt wohl auf Deutsch Siebenschläfer, weil es wirklich ungefähr sieben Monate Winterschlaf hält.

Ein Plüsch-Siebenschläfer ✂

Wer wäre ein besserer Begleiter für den guten Schlaf in der Nacht als ein kleiner süßer Siebenschläfer?

Man braucht:
• NÄHZEUG ODER NÄHMASCHINE
• PLÜSCHSTOFF (AM BESTEN IN BRAUN)
• KNÖPFE FÜR AUGEN UND NASE
• FILZ FÜR DIE OHREN
• FÜLLWATTE, REIS ODER KLEINE KUNSTSTOFF-KÜGELCHEN AUS DEM BASTELLADEN

Schneidet aus dem Plüschstoff ein Dreieck, näht dieses an der Längskante zusammen. So entsteht bereits die Mäuseform. An die Spitze einen Knopf als Nase und seitlich die Augen sowie die Ohren (aus Filz oder ebenfalls runden Fellstückchen) nähen. Den Körper füllen. Mit einem Plüschkreis den Körper zunähen. Aus Fell einen puscheligen Schwanz nähen und diesen an den Siebenschläferpo nähen. Schon ist Glis glis, der kleine Siebenschläfer, fertig.

Die Woche des Lächelns

In der zweiten Augustwoche wird in Amerika die Woche des Lächelns gefeiert. Kinder malen kleine Smileys überallhin, Kekse in Smileyform werden gebacken, und die Zahnärzte werben für ein strahlend schönes Lächeln. Ich möchte auch so eine Woche des Lächelns haben. Denn Lächeln macht glücklich, und wir Deutschen lächeln viel zu wenig. Vielleicht könnten wir uns in dieser Augustwoche eine Scheibe von den Amerikanern abschneiden und versuchen, das Lächeln in die Welt hinauszutragen. Wie das gehen soll? Einer gibt ein Lächeln an einen anderen weiter. Lächeln kann sehr ansteckend sein. Was für eine schöne Vorstellung, wenn ihr an einem Tag durch die Stadt ginget, und alle Menschen lächelten! Lachen ist nicht nur schön, es ist auch gesund. Wer so richtig lacht, fühlt sich hinterher so locker, als hätte er gerade ein Entspannungstraining hinter sich. Denn beim Lachen bewegen wir etwa 80 Muskeln, und der Lunge wird mehr Sauerstoff zugeführt. Und wenn wir so viel lachen, dass wir fast nicht mehr können, spüren wir sogar unsere Bauchmuskeln. Stresshormone werden abgebaut. Das Immunsystem wird gestärkt, Schmerzen werden leichter ertragen, Spannungen lösen sich. Nicht umsonst werden in Kinderkliniken Clowns eingesetzt. Denn Lachen ist wirklich gesund und macht gesund. Eines steht fest: Mit Humor geht alles leichter. Ich glaube, wir sollten uns alle darin üben. Lachen, lachen und nochmals lachen. Wenn ihr morgens aus dem Bett steigt und den ersten Spiegel seht, lacht euch freundlich entgegen. Dann fängt der Tag gleich besser an.

Und während ihr das jetzt lest, zieht doch einfach die Mundwinkel nach oben und lächelt. Und lacht über euch selbst. Wir Deutschen sind oft so verbissen. Wenn euch ein Missgeschick passiert, ärgert euch nicht. Lacht einfach darüber.
Aufgabe: Bringt in der Woche des Lächelns jeden Tag drei fremde Menschen zum Lächeln!

Smileykissen ✂

Aus einem gelben Stoff könnt ihr ein grinsendes Smileykissen nähen. Dazu braucht man zwei runde Stoffkreise der gleichen Größe. Auf den einen näht ihr zwei Augen und einen Grinsemund. Dann näht ihr beide Stoffe links auf links zusammen und lasst dabei ein Loch zum Umstülpen. Dreht das Kissen auf rechts, und füllt es mit Füllwatte.

Mariä Himmelfahrt

Die Aufnahme Marias in den Himmel, das ist ein Hochfest der katholischen Kirche und findet am 15. August statt. Gesetzlicher Feiertag ist dieser Tag allerdings in Deutschland nur im Saarland und in bayerischen Gemeinden mit überwiegend katholischer Bevölkerung, auch in der Schweiz nur in katholischen Kantonen, in Österreich aber bundesweit.
Das Fest geht auf ein Marienfest zurück, das bereits im 6. Jahrhundert eingeführt wurde. In der Bibel wird nicht direkt über die Himmelfahrt Mariens berichtet, es gibt aber einige Stellen in der Heiligen Schrift, die Hinweise darauf geben.
Der Überlieferung nach wurde Marias Leichnam in strahlender Lichtaura und von Engeln unterstützt in den Himmel emporgehoben. Andere Legenden erzählen, dass die Jünger Marias Grab öffneten und dort statt Marias Leichnam nur noch Blüten und duftende Kräuter fanden.

Ein katholisches Ritual – die Kräuterweihe

Deshalb werden an diesem Tag in der katholischen Kirche Kräuter geweiht. Die Kräuter sind Zeichen für Schönheit und Reichtum der Gottesschöpfung. Auf Urkunden des 14. Jahrhunderts war zu lesen: »Unser Lieben Frauen Wurzelweihe«. Aus sieben verschiedenen Kräutern werden Sträuße gebunden und zur feierlichen Kräuterweihe in die Kirche gebracht. Die Zahl Sieben symbolisiert die sieben Sakramente – Taufe, Firmung, Eucharistie, Beichte, Krankensalbung, Sakrament der Weihe, Ehe – oder die sieben Schmerzen Mariens. Die Sträuße werden dann zu Hause aufgehängt und sollen gegen Krankheiten, Unheil, Gewitter und Blitzschlag helfen. Manche Menschen zerkleinern die Blätter und mischen sie kranken Tieren ins Futter.

In der Zeit der »Frauendreißiger« – also 30 Tage von Mariä Himmelfahrt über Mariä Geburt am 8. September bis zu Mariäs Namenstag am 12. September – wird den Pflanzen, die in dieser Zeit blühen, große Heilkraft zugeschrieben.

In der Ostkirche wird das Fest als »Tag der Entschlafung« bezeichnet, und Maria ist die »Panagia«, die Allerheiligste. Denn sie hat als erster Mensch auf Erden die Vergöttlichung erfahren, weil Christus ihre Seele sofort ins Paradies holte.

Im süddeutschen Raum finden abends feierliche Lichterprozessionen statt. Eine der berühmtesten ist die Fatima-Schiffsprozession am Bodensee in Lindau mit sieben leuchtenden Schiffen und etwa 4000 Besuchern.

Ein eigener Kräuterstrauß

Pflückt doch einen Kräuterstrauß mit sieben Kräutern. Lasst ihn in der Kirche an diesem Tag weihen und hängt ihn zu Hause auf zum Trocknen. Überlegt einmal gemeinsam: Welche Kräuter kennt ihr? Welches Kraut ist wofür gewachsen?

Auch Kräuter könnt ihr in einer Blumenpresse pressen (siehe Seite 33) und daraus ein Kräuterbestimmungsbuch basteln. Oder die Kräuter aus Büchern abmalen und Wissenswertes danebenschreiben.

BAUERNREGELN ZU MARIÄ HIMMELFAHRT

Zu Mariä Himmelfahrt, das wisse – gibts die ersten guten Nüsse.

Mariä Himmelfahrt Sonnenschein, bringt meistens uns viel guten Wein.

Wer Rüben will recht gut und zart, sä' sie an Mariä Himmelfahrt.

Leuchten vor Maria Himmelfahrt die Sterne, dann hält sich das Wetter gerne.

Wie das Wetter am Himmelfahrtstag, so der ganze Herbst sein mag.

Kein Sommer ohne Sommerfest!

Kein Sommer ohne Sommerfest! Das müsste unser aller Motto sein, und ein Sommerfest zu feiern, sollte zu unseren jährlich wiederkehrenden Ritualen gehören – ob bei euch im Garten, auf einer schönen Wiese, im Park oder sogar für alle Nachbarn auf der Straße. Es gibt fast unendlich viele Möglichkeiten, so ein Fest zu gestalten. Hier möchte ich einige Anregungen geben. Arbeiten Sie zusammen, und fordern Sie Nachbarn oder Freunde auf, gemeinsame Sache zu machen. Dann machen schon die Vorbereitungen Spaß. Geben Sie gezielte Anweisungen, wer für was zuständig ist. Teilt man die Arbeit, ist es für niemanden zu viel. –Na ja, einer muss organisieren und koordinieren, sonst läuft es nicht, und der hat schon immer ein bisschen mehr Arbeit. Aber glauben Sie mir, es lohnt sich in jedem Fall!

Ein Sommerstraßenfest

Für ein Straßenfest braucht man alle Nachbarn und manchmal auch eine Genehmigung – je nachdem wie groß das Fest wird. Jeder, der einen Tisch übrig hat, soll ihn am Festtag einfach auf die Straße stellen, einen neben den anderen. So entsteht eine lange Tafel. Jeder bringt eigene Stühle mit und Salate. Vielleicht findet sich jemand, der Würstchen und Fleisch grillt.

Auf einem Buffet werden selbst gebackene Kuchen angeboten. Vielleicht gibt es sogar eine kleine Jury, die – wie in den amerikanischen Filmen – den besten Kuchen prämiert. Vielleicht gibt es eine Tombola, vielleicht einen Kinderflohmarkt. Man kann alte Spiele zum Leben erwecken wie Sackhüpfen, Eierlauf, Tauziehen, Hufeisenwerfen oder Schubkarrenwettrennen. Am Abend gibt es Musik mit Tanz und über der Straße sorgen Lampions für die richtige Stimmung.

Girlande aus Tüten ✂

Sammeln Sie schöne bunte Tüten, denn daraus lässt sich eine lustige Dekoration für ein Sommerfest basteln. Eine Tütenwimpelgirlande. Dazu werden die Tüten in gleichgroße Dreiecke geschnitten und in etwa 20 cm Abstand auf ein Band getackert. Diese Girlanden sehen schön aus, wenn sie im Wind wehen und man sie über die Straße oder von Baum zu Baum im Garten spannt.

Ein Mottofest 💡

Vielleicht wird Ihr Sommerfest auch jedes Jahr ein Motto bekommen? Wie man das organisiert wurde bereits auf Seite 43 beschrieben. Manches muss nur ein wenig für draußen abgewandelt werden.

Eine Poolparty 💡

Wenn es sehr heiß ist, kann man auch zu einer Poolparty einladen. Wie, Sie haben keinen Swimmingpool? Dann stellen Sie doch überall Planschbecken auf. In einigen könnten Schwimmkerzen schwimmen, in einigen könnte geplanscht werden, oder kleine Schiffchen könnten mit Wasserpistolen ins Ziel gelenkt werden. Und aus einem Planschbecken könnten die Kinder Fische angeln, die mit verschiedenen Nummern ausgezeichnet sind. Dafür können sich die Kinder Preise abholen.
Wie wäre es mit Limbodance? Wer schafft es, am tiefsten Punkt noch unter dem Stab durchzutanzen? Und wer ist der Hula-Hoop-Meister?
Wer kann mit den meisten Bällen jonglieren?
Und am Ende dürfen alle eine Wasserschlacht machen. Mit Spritzpistolen und Wasserbomben. Was für ein Spaß!
Als Dekoration könnten Fische aus Papier geschnitten von den Bäumen hängen oder Quallen aus Plas-

tikflaschen. Schneiden Sie dafür von einer Plastikflasche den Boden ab und von unten aus die Wand in Streifen nach oben zu. So bekommt die Qualle Tentakel. Diese Quallen wirken am besten, wenn sie zu vielen in einen Baum gehängt werden.
Oder basteln Sie Laternen. Die Anleitung dazu finden Sie auf Seite 141 und 142.

Eine Olympiade 💡

Alle vier Jahre steht im Sommer die Weltelite der Sportler bei der Olympiade im Mittelpunkt des allgemeinen Interesses. Wie wäre es, wenn Sie Ihre eigene Olympiade veranstalten? Dabei geht es jedoch nicht um eine gewöhnliche Olympiade, sondern um eine Spaßsportolympiade! Jeder Teilnehmer, ob Groß, ob Klein, bekommt einen Teilnahmepass, und nach jedem Spiel werden der Platz oder die Punkte, die er erreicht hat, dort eingetragen. Am Ende gewinnt der Spieler, der die meisten Siege hat.

Medaillen ✂

Kneten Sie vor dem Fest Medaillen aus goldenem Fimo. Vergessen Sie nicht, vor dem Brennen ein Loch für das Band hineinzustechen. Ein Siegertreppchen aus zwei Hockern und einem Stuhl kann mit Pappe und den Nummern 1, 2, 3 ummantelt werden. Jeder Teilnehmer kann für ein Land stehen. Die Kinder können Stoffe und alte weiße T-Shirts mit der Landesfahne bemalen.

Teppichwettflug

Zwei Decken werden als fliegende Teppiche auf den Boden gelegt. Jeweils ein Kind nimmt darauf Platz und zwei andere Kinder ziehen den Teppich. Wer zuerst im Ziel ankommt, hat gewonnen.

Fahrradzeitlupenrennen

Eine Strecke wird abgesteckt. Auf Kommando beginnt das Rennen, allerdings ist hier derjenige Sieger, der es schafft, als Letzter ins Ziel zu gelangen, was gar nicht so einfach ist, denn in Zeitlupe fahren, ist eine echte Kunst.

30 Sekunden rennen

Es gibt eine Start- und eine Ziellinie sowie einen Zeitstopper. Alle starten bei »los« und müssen in 30 Sekunden die Ziellinie erreichen. Doch es hat niemand eine Uhr um, die eigene Einschätzung ist das Maß. Der Zeitnehmer ruft nach 30 Sekunden »Stopp«. Wer der Ziellinie am nächsten ist, hat gewonnen.

Tischtennisballpusten

Eine Reihe mit kleinen Gläsern. Sie sollten die richtige Größe für einen Tischtennisball haben, der oben auf dem Gläserrand liegen kann. Hierfür eignen sich vielleicht am besten Schnapsgläser. Nun muss der Ball von einem Glas zum anderen gepustet werden, ohne die Hände zu benutzen. Die Zeit wird gestoppt, und wer es am schnellsten geschafft hat, ist der Sieger.

Topfball

Ein Teilnehmer steht mit dem Rücken zu einem anderen, der den Topf hält. Nun wirft der erste einen Tennisball über seine Schulter ungefähr in Richtung des Topfhalters. Dieser versucht, den Ball mit dem Topf aufzufangen und mit dem Deckel den Topf so schnell zu verschließen, dass der Ball nicht mehr heraushüpfen kann. Es wird in Zweierteams gespielt, das Team, das nach einer bestimmten Zeit die meisten Treffer erzielt hat, hat gewonnen.

Raupenwettlauf

Die Teilnehmer stecken bis zur Nase in Schlafsäcken. Beim Startschuss müssen sie ins Ziel hoppeln oder kriechen. Wer zuerst im Ziel ist, hat gewonnen.

Kekswettlauf

Zwei Spieler beugen sich zurück und bekommen einen Keks auf die Stirn gelegt. Sie müssen auf »Los!« versuchen, nur mit ihren Gesichtsmuskeln den Keks von der Stirn bis in den Mund zu transportieren. Wer es als Erster geschafft hat, darf nicht nur den Keks essen, er hat auch gewonnen.

Pyramiden und lange Strohhalme

Wer schafft es in einer bestimmten Zeit, die höchste Pyramide aus Pappbechern zu bauen? Oder aus Bierdeckeln das höchste Kartenhaus? Oder die längste Schlange aus zusammengesteckten Strohhalmen. Dafür muss man allerdings in das eine Ende des Halmes zwei Ritze mit einer Schere schneiden. Und kann man dann vielleicht sogar aus dem längsten aller Strohhalme trinken? Kann man vielleicht sogar aus der ersten Etage aus einem Glas trinken, das am Boden steht? Einen Versuch wäre es auf jeden Fall wert!

Schleuderball

Ein Tennisball wird in einen Strumpf gesteckt. Der Strumpf wird verknotet. Jetzt kann man den Ball mit dem Strumpf schleudern. Wer es am weitesten schafft, hat gewonnen.

Luftballons jonglieren

Wer schafft es am längsten, drei Luftballons gleichzeitig in der Luft zu halten?
Oder kann jemand einen Luftballon mit Hilfe einer Wassersprühflasche von der Startlinie in einen Korb spritzen, ohne dass der Ballon die Erde berührt?

Wasser weiterreichen

Zwei Mannschaften, jeder Teilnehmer hat einen Eimer oder einen Becher in der Hand. Am Ende jeder Mannschaft steht ein Eimer mit Markierung. Nun wird aus einer Wasserstelle geschöpft und das Wasser von einem Mitspieler zum nächsten weitergeschüttet. Die Mannschaft, die als Erstes die Zielmarke des Eimers erreicht hat, hat gewonnen.

Herbst

Langsam werden die Tage kürzer.

Immer früher müssen wir abends das Licht anknipsen.

Manchmal wachen wir morgens auf, und der Nebel hat die Welt verschluckt.

Oder Wind pfeift um die Häuser und lässt uns seine Kraft spüren.

Die Blätter erglühen in einem letzten Farbrausch.

Es ist Zeit für tolle Ausflüge in die Natur, Zeit zum Blättersammeln und Kastanien-

männchen bauen, Zeit, endlich wieder Drachen steigen zu lassen.

Wenn die Tage kürzer werden

Der Herbst ist bunt und windig. Blätter fliegen durch die Luft, Drachen trudeln am Himmel. Wir fangen an, unser Heim gemütlich zu machen und uns einzuigeln. Juhu, der Herbst ist da. Ich liebe den Herbst!

Einstimmung auf die stillen Tage

Für viele Menschen ist der Herbst die schönste Jahreszeit, denn er hat besonders viel Abwechslung zu bieten: Den goldenen Oktober mit warmen, sonnigen Tagen, die Verwandlung der grünen Laubwälder in gelbrotgoldene Farblandschaften, Regentage, die sich hervorragend für einen Besuch im Museum eignen oder auch einfach zum gemütlich Rückzug aufs Sofa. Wenn es nicht mehr so richtig hell wird, zünden wir eine Kerze an und stellen sie ins Fenster.

Ursprünglich bedeutet Herbst »Zeit der Früchte«, Zeit des Pflückens – sehr passend, denn was nicht schon im Sommer geerntet wurde, wird jetzt eingebracht. Die reifen Schwarzen Holunderbeeren zeigen ebenso wie Birnen und Pflaumen an, dass der Frühherbst da ist. Erst im Vollherbst fallen die Kastanien hinunter, und die Laubbäume verfärben sich. Werfen sie ihr Laub schließlich ganz ab, spricht man vom Spätherbst.

Dem Herbst ordnet man phänologisch, also mit Blick auf die Entwicklung der Natur, und meteorologisch, also mit Blick auf das Wetter, den September, Oktober und November zu. Er beginnt astronomisch gesehen am 22. oder 23. September und endet mit der Wintersonnenwende am 21. oder 22. Dezember. Im Herbst werden auch die Uhren wieder umgestellt, und zwar am letzten Sonntag im Oktober. Dann befinden wir uns offiziell in der Winterzeit, dürfen also wieder länger schlafen – endlich!

FAMILIENSTAMMTISCH

Mit dem Herbstbeginn ist es wieder Zeit für den Familienstammtisch, dieses schöne Ritual, bei dem wir gemeinsam über die neue Jahreszeit nachdenken und über das, was jeder von uns damit verbindet. Lasst euch durch folgende Fragen anregen:

- Wie hört sich der Herbst an?
  Nach raschelnden Blätterhaufen, in die wir springen können!
- Wie riecht er?
  Nach Pilzen und Moos und Blättern.
- Welche Farbe hat der Herbst?
  Bunt – der Herbst ist eindeutig bunt.
- Wie fühlt sich der Herbst an?
  Manchmal fühlt er sich schon ganz schön kalt an. Und an den Abenden kann man nicht mehr lange draußen sitzen.

Der Jahreszeitenast im Herbst

Wieder ist es Zeit für ein gemeinsames kleines Ritual: Befreit den Jahreszeitenast zusammen vom Sommerschmuck, staubt ihn vorsichtig ab, und verstaut die Dekoration gut fürs nächste Jahr.

Nun überlegt euch, womit ihr den Ast herbstlich schmücken könnt. Es eignen sich beispielsweise besonders gut kleine gekaufte Hexen, kleine Geister (siehe Seite 136), selbst gesammelte, getrocknete Blätter oder Blätter aus Papier ausgeschnitten oder Kastanienketten. Aber sicher fällt euch noch ganz anderes ein, um den Ast zu schmücken.

Der Jahreszeitensetzkasten im Herbst

Habt ihr einen Jahreszeitensetzkasten, gilt es, auch ihn sorgsam auszuräumen, zu reinigen und neu zu dekorieren. Vielleicht mit Blättern, Pilzen aus Fimo geformt, verschiedenen Nüssen, Eicheln, Kastanien oder Zapfen aus dem Wald.

To-Do-Liste für den Herbst

Wie in jeder Jahreszeit gibt es auch für den Herbst ganz typische Dinge, die wir mit dem Herbst verbinden. Dinge, die diese typischen Herbstgefühle in einem wecken. Vielleicht habt ihr aber auch ganz eigene Ideen für den Herbst und schreibt eine ganz eigene Liste.

10 DINGE, DIE MAN TUN SOLLTE, WENN ES HERBST IST:

1. Eine Kastanie aufheben und in die Tasche stecken
2. Drachen steigen lassen
3. Den Wind in einer Tüte fangen
4. Mit dem Wind um die Wette laufen
5. In einen Blätterhaufen springen
6. Ein Gedicht auswendig lernen
7. Einen Baum umarmen
8. Ein Kastanienmännchen basteln
9. Über seinen Schatten springen
10. Im Wald Verstecken spielen

Von golden bis wild – das Herbstwetter

Im Herbst zeigt das Wetter noch einmal alles, was es so drauf hat. Aber auch, wenn der Herbst uns im goldenen Oktober oft noch viel Sonne schenkt, spüren wir, dass die Sonne sich anders anfühlt als im Sommer. Es ist eben eine Herbstsonne. Und wenn man morgens das Fenster öffnet, liegt der Herbst einfach in der Luft.

Wie wird das Wetter?

Seht euch einen Wetterbericht im Fernsehen an. Notiert in ein Notizbuch, wie das Wetter werden soll oder sammelt aus Zeitungen die Wettervorhersagen für die nächsten Tage. Jetzt kontrolliert jeden Tag, ob die Vorhersage zutrifft.

Was heißt es, wenn wir ein Hoch oder ein Tief bekommen? Warum haben sie Menschennamen? Wenn die Luft eines Gebiets einen höheren Druck hat als die der Umgebung, sprechen die Wettermenschen, die Meteorologen, vom Hoch. Beim Tief ist es umgekehrt. Ein Hochdruckgebiet bringt freundliches Wetter mit sich, ein Tiefdruckgebiet schlechtes Wetter. Die Namen der Hochs und Tiefs in Deutschland werden seit 1954 vom Meteorologischen Institut in Berlin vergeben. Zuerst wurden den jährlich etwa 50 bis 60 Hochdruckgebieten männliche Vornamen gegeben, den etwa 150 Tiefdruckgebieten weibliche, und zwar mit Anfangsbuchstaben in der Reihenfolge des Alphabets. Da ein Hoch meist gutes Wetter bringt und ein Tief schlechtes, gab es viele Frauen, die deshalb protestierten. Nun bekommen die Hochs ein Jahr lang Männernamen und die Tiefs Frauennamen. Dann wird – ganz gerecht – gewechselt, und im nächsten Jahr erhalten die Hochs Frauen- und die Tiefs Männernamen.

Eine eigene Wetterkarte

Es gibt viele Symbole auf einer Wetterkarte. Sonnen, Monde, Wolken mit ein, zwei oder drei Tropfen, eine Wolke, die die Sonne bedeckt, und so weiter. Malt eine eigene Wetterkarte für den heutigen Tag.

Malt eine Wetterkurve

Jeden Tag wird in die Tabelle eingetragen, wie das Wetter war: Wie warm, wie kalt war es, war es be-

wölkt oder hat es geregnet? Nach einer Woche könnt ihr alle Punkte, die ihr in die Tabelle eingetragen habt, miteinander verbinden und habt so einen schönen Überblick über die Entwicklung des Wetters.

Was es mit dem Wetterfrosch auf sich hat

Ein kleiner grüner Frosch sitzt mit einer Leiter im Einmachglas. Klettert er hoch, wird das Wetter gut, bleibt er unten, wird es schlecht. Das dachte man tatsächlich früher. Wie ist das aber wirklich mit dem Wetterfrosch? Kann er vorhersehen, ob das Wetter gut oder schlecht wird? Beim Wetterfrosch handelt es sich um einen Laubfrosch. Bei sonnigem Wetter klettert der Laubfrosch an Pflanzen hinauf. Er macht das nicht, um eine bessere Aussicht zu haben: Bei schönem Wetter fliegen in dieser Höhe mehr Insekten, die er fressen kann.

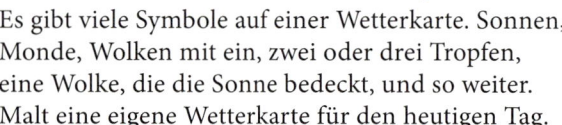

DIE WINDSTÄRKEN (IN BFT)

0 – windstill: Rauch steigt senkrecht zum Himmel.

1 – leiser Zug: Fahnen bewegen sich nicht, der Rauch zeigt leichten Wind an.

2 – schwacher Wind: Man hört die Blätter in den Bäumen rascheln.

3 – leichter Wind: Auch dünne Zweige bewegen sich. Kleine Fahnen stehen im Wind.

4 – mäßiger Wind: Staub, Blätter, Papier werden aufgewirbelt.

5 – frische Brise: Kleine Bäume bewegen sich.

6 – starke Brise: Es wird schwierig, einen Schirm zu öffnen. Auch größere Bäume bewegen sich.

7 – steife Brise: Starker und heulender Wind. Man kommt nur schwer gegen den Wind an.

8 – stürmischer Wind: Äste brechen ab.

9 – Sturm: Es können Häuser beschädigt werden, Dachziegel werden heruntergeweht.

10 – starker Wind: Bäume werden umgeworfen.

11 – orkanartiger Sturm: zerstörende Wirkung.

12 – Orkan: schwere Verwüstungen.

Wenn der Wind weht!

Wo fängt der Wind eigentlich an? Wo hört er auf? Oder hört er gar nicht auf und pustet über die ganze Erde weiter? Vielleicht legt sich der Wind auch einfach irgendwann, wenn er genug geblasen hat, auf ein Feld und da bleibt er dann liegen und ruht sich aus. Hauptursache für den Wind sind Unterschiede zwischen den Luftmassen. Als würde der Wind zwischen einem Hoch und einem Tief herausgequetscht. Je größer der Unterschied zwischen den Luftdrücken ist, umso heftiger strömen die Luftmassen in das Gebiet mit dem niedrigeren Luftdruck und umso stärker wird der Wind. Beeinflusst werden die Windrichtung und -stärke durch Berge, Täler, Schluchten. Die Windgeschwindigkeit wird in Meter pro Sekunde (m/s), in Kilometer pro Stunde (km/h) oder in der Seefahrt in Knoten (kn) gemessen. Wird keine Einheit angegeben – das ist meist der Fall, wenn es ums Wetter geht –, ist immer die Einheit Beaufort (bft) für die Windstärke gemeint. Der Wind kann beispielsweise als Brise, Bö, Durchzug, Sturm, Monsun oder Passat durch die Gegend wehen.

Wie schräg kann man sich gegen den Wind stellen, ohne umzufallen? Kann ich den Wind einfangen? Vielleicht mit einer Tüte?

Wetterhahn ✂

Ein Wetterhahn ist so konstruiert, dass er in die Richtung zeigt, aus der der Wind kommt. Meistens steht er dabei auf einem Kranz, der die Himmelsrichtungen anzeigt. Ich erkläre der Einfachheit halber den Bau eines Wetterhahns ohne dieses Extra.

Man braucht:

- 1 HOLZSTAB (CA. 20 MM DURCHMESSER)
- 1 NAGEL ODER 1 SCHRAUBE (8–10 CM LANG)
- 1 UNTERLEGSCHEIBE (DURCHMESSER 20 MM)
- 1 VIERKANTHOLZ (10 X 10 MM, CA. 30 CM LANG)
- 1 SPERRHOLZPLATTE (20 X 20 CM)
- 1 BOHRER (DURCHMESSER PASSEND ZUM NAGEL)
- 1 LAUBSÄGE
- HOLZLEIM

Zeichnen Sie die Umrisse des Hahns auf das Sperrholz, und sägen Sie ihn mit der Laubsäge aus. Damit Sie den Hahn möglichst fest auf das Vierkantholz kleben können, achten Sie bitte darauf, dass an seinen Füßen eine gerade Kante bleibt. Aus den Resten schneiden Sie noch eine Spitze aus, die zeigt später an, aus welcher Richtung der Wind weht.

Nehmen Sie nun das Vierkantholz, und bohren Sie ein Loch in die Mitte. Kleben Sie den Hahn so auf die eine Seite, dass Sie das Vierkantholz noch auf den Holzstab nageln oder schrauben können. Aus Gleichgewichtsgründen sollte er aber nicht zu weit ans Ende des Stabs geklebt werden. Ans andere Ende kleben Sie die Pfeilspitze.

Wenn der Holzleim getrocknet ist, können Sie den Hahn auf das eine Ende des Holzstabs nageln oder schrauben, sodass der Hahn sich noch frei um den Nagel drehen kann. Legen Sie bitte vorher die Unterlegscheibe dazwischen, dann dreht sich der Hahn besser im Wind. Stellen Sie den Wetterhahn an einem Ort auf, an dem der Wind ungehindert aus allen Richtungen blasen kann.

Tipps: Die Länge des Holzstabs für den Wetterhahn hängt davon ab, wo man den Hahn aufstellen will: im Gemüsebeet oder auf dem Dach.

Damit der Hahn auch wetterfest wird, sollte man ihn mit Klarlack lackieren.

Sie können auch statt des Hahns eine andere Figur oder Form aussägen – ganz nach Geschmack.

Ein Windspiel ✂

Windspiele sind alle Dinge, mit denen der Wind spielen kann. Meistens handelt es sich um Dinge, die an einem waagerecht aufgehängten Holz- oder Metallring oder -stab in mehreren Strängen befestigt sind. Man kann ein Windspiel aus alten CDs bauen, aus bunten Kaffeekapseln, Joghurtbechern, Bambusrohren, Muscheln, Plastikflaschen, bunten Stoffen, Metallgegenständen, Perlen oder Knöpfen. Vielleicht baut ihr auch gemeinsam ein riesengroßes Windspiel aus allen Schätzen, die der Müll so hergibt: ein Kunstwerk für den Garten.

Windfahne ✂

Man braucht roten und weißen luftigleichten Stoff, der gut im Wind wehen kann. Dann näht man davon etwa 15 cm breite Stoffbahnen im Wechsel Rot und Weiß zusammen und näht diese dann zu einem Schlauch. Dieser Schlauch sollte zu einem Ende hin schmaler werden. An der breiteren Seite bringt man nun Schnüre an, mit denen man die Wetterfahne an einem Stab im Garten oder auf dem Balkon befestigen kann. Fertig ist die Wetterfahne, die euch immer zeigt, wo der Wind weht!

Fingertest

Wenn ihr ohne Wetterhahn und Fahne wissen wollt, woher der Wind kommt, befeuchtet den Zeigefinger mit Spucke und streckt diesen in die Luft. Du wirst schnell merken, woher der Wind kommt, denn an dieser Stelle wird es an deinem Finger kühler und auch trocken.
Und wenn du wissen willst, wie windig es ist, sieh dir die Wolken an. Ziehen sie schnell vorbei oder langsam?

Wolken beobachten

Legt euch ins Gras und beobachtet die Wolken genau. Wie schnell ziehen sie? Welche Farbe haben sie? Welche Formen? Spielt ein Wolkenspiel, in dem ihr versucht, in den Wolkenformen Figuren zu erkennen. Eine Micky Maus, einen Engel, ein Pferdchen, einen Fisch?
Übrigens: Auch wenn der ganze Himmel von Wolken bedeckt ist, scheint tagsüber trotzdem die Sonne. Immer. Das merkt man beim Fliegen: Wenn das Flugzeug durch die Wolken stößt, dann sieht man unter sich ein Wolkenmeer. Mit Wolkenschlössern und so prallen weißen Wolken, dass man fast meinen könnte, man könnte auf ihnen laufen. Wenn das Flugzeug zur Landung ansetzt und tiefer fliegt, verschwindet die Sonne wieder.

HABEN WOLKEN EIN GEWICHT?

Ja, haben sie: Es hängt von ihrer Größe und der Dichte ab. Denn Wolken bestehen aus schwebenden Partikeln. Sie sind ja nichts anderes als durch Hilfe der Sonne verdampftes Wasser. Wolken können aber auch aus Eis oder Schneekristallen bestehen. Eine wunderbare dicke Sommerwolke, Kumuluswolke genannt, kann zum Beispiel 5000 bis 10000 Kilogramm wiegen. Könnte man die Wolke auswringen wie ein nasses Handtuch, könnte man 5000 bis 10000 Liter Wasser in Eimern auffangen.

Drachen bauen ✂

Zum Herbst und zum Wind im Herbst gehören Drachen und der Spaß, sie steigen zu lassen und am Himmel als bunte Zauberwesen trudeln zu sehen. Und wie stolz sind wir, wenn wir dieses Wunderding auch noch selbst gebastelt haben! Es ist viel schöner, als einen fertigen Drachen zu kaufen. Eine der einfachsten Arten, einen Drachen selber zu bauen, ist ein sogenannter »Einleiner« in der klassischen Form. Wobei man bei der Form nicht festgelegt ist. Hier wird der Bau eines diamantförmigen Drachens beschrieben.

Man braucht:

- 2 RUNDHOLZSTÄBE ODER KUNSTSTOFFROHRE (CA. 6 MM DURCHMESSER, 70 UND 60 CM LANG)
- 100 CM STABILE, DÜNNE SCHNUR
- 70 X 60 CM BESPANNUNG
- EIN STÜCK LEICHTEN STOFF FÜR DEN SCHWANZ (CA. 300 X 4 CM).
- GEWEBEKLEBEBAND (CA. 2 CM BREIT)
- 1 SCHERE
- DRACHENSCHNUR

Zuerst bindet man die zwei Stäbe zu einem Kreuz zusammen. Der Kreuzungspunkt sollte in der Mitte des 60 cm langen Stabes und 20 cm vom einen Ende des 70 cm langen sein. Binden Sie die Stäbe mit einer Schnur fest zusammen. Die Schnur bitte nicht abschneiden, sondern etwa 40 Zentimeter übrig lassen. An diesem Ende wird zum Schluss die Drachenschnur angeknotet.

Nun legt man die Bespannung mit der Seite nach unten auf einen Tisch, die beim Steigenlassen zu sehen sein soll. Legen Sie darauf das Kreuz und zeichnen Sie die Endpunkte des Kreuzes an. Verbinden Sie die Eckpunkte mit einem möglichst geraden Strich und schneiden Sie die Form des Drachens aus. Legen Sie die Bespannung wieder auf den Tisch. Nehmen Sie nun das Klebeband und schneiden Sie vier ca. 10 cm lange Stücke ab. Kleben Sie die Klebebänder je an den Eckpunkten der Bespannung auf der Sichtseite so fest, dass die eine Hälfte an der Bespannung klebt und die andere in der gedachten Verlängerung des Kreuzes mit der klebrigen Seite nach oben vom Drachen weg zeigt. Legen Sie nun das Kreuz in Position, und befestigen Sie es an den Enden mit den offenen Klebebandhälften. Drücken Sie das Klebeband fest an. Jetzt sollte die Bespannung straff mit dem Kreuz verbunden sein.

Machen Sie ein kleines Loch beim Kreuzungspunkt in die Bespannung, und fädeln Sie die Schnur durch. Jetzt fehlt nur noch der Schwanz, damit der Drachen auch wirklich fliegt und sich nicht um die eigene Achse dreht. Kleben Sie den Schwanz am längeren Ende des 70 cm langen Stabes mit einem Klebebandstreifen an. Als Letztes knoten Sie die Drachenschnur gut fest.

Tipp: Als Bespannung eignen sich leichtes Segeltuch, dünnes, aber widerstandsfähiges Papier oder auch eine größere Plastiktüte.

Steigt der eigene Drachen?

Für den Jungfernflug ist eine große Wiese ohne Hochspannungsleitung ideal und ein Kopilot, der den Drachen zum Start hochhalten kann. Wenn der Wind konstant bläst, etwa zehn Meter Schnur geben und gegen den Wind laufen. Der Drachen sollte jetzt von selbst steigen. Wenn er höher fliegen soll, einfach etwas mehr Schnur geben. Fliegt der Drachen noch nicht richtig, kann man die Flugeigenschaften durch die Länge des Schwanzes verändern. Probieren Sie es aus.

Tipp: Wie stark der Wind blasen muss, hängt von der Größe und dem Gewicht des Drachens ab.

Zum Drachenexperten werden

Wer bald ein geübter Drachenbauer ist, kann sich an immer schwierigere Drachen und Formen herantrauen. Wie wäre es zum Beispiel mit einem Tetraeder-Drachen? Das ist ein Drachen aus mehreren Dreiecken. Oder mit einem Drachen, der einer Eule gleicht, oder einem Schmetterlingsdrachen, einer Raupe oder einer Drachenkette aus mehreren genau gleichen Drachen, die aneinander befestigt sind und sich auch gleichzeitig in den Himmel erheben.

Und dann kann man ein Drachenfest veranstalten – vielleicht als kleines Ritual alljährlich zu Beginn der Herbstferien. Alle treffen sich auf einem Hügel, wo der Wind richtig pfeifen kann und lassen ihre Drachen steigen. Zum Aufwärmen gibt es heißen Tee und zur Stärkung Kuchen – vielleicht Windbeutel? Auch organisierte Drachenfeste oder Drachenfestivals gibt es überall auf der Welt. Da könnt ihr die tollsten Kunstwerke am Himmel fliegen sehen. Vielleicht macht ihr mit der ganzen Familie einen Ausflug dorthin und nehmt eure Drachen mit.

Windbeutel 🥄

Wenn wir schon beim Wind sind, dürfen die Windbeutel natürlich nicht fehlen!

Zutaten:
- 150 ML WASSER
- 60 G BUTTER
- PRISE SALZ
- 90 G MEHL
- 2 EIER
- 100 G SAHNE
- 2 TL VANILLINZUCKER

Das Wasser in einem Topf zum Kochen bringen. Die Butter darin schmelzen. Prise Salz dazugeben. Topf vom Herd nehmen, das Mehl hinzufügen. Mit dem Kochlöffel verrühren, bis sich der Teig vom Rand löst und einen dicken Kloß bildet. Dann nacheinander die Eier unterheben, bis der Teig glänzt. Den Ofen auf 220 °C vorheizen. Den Teig in eine Spritztüte geben und kleine »Häufchen« auf das mit Backpapier ausgelegte Blech spritzen. Etwas Wasser auf das Backblech träufeln, damit der Kuchen nicht zu trocken wird, und die Windbeutel auf mittlerer Schiene 15 bis 20 Minuten backen. Während dieser Zeit die Backofentür nicht öffnen, sonst fallen die Windbeutel in sich zusammen.
Zum Abkühlen die Windbeutel auf einen Rost legen und mit einem spitzen Messer ein kleines Loch in die Seiten schneiden, damit die heiße Luft entweichen kann.
Sahne mit Vanillinzucker steifschlagen. Nach dem Abkühlen der Windbeutel die Sahne in eine Spritztüte füllen und in das kleine Loch hineinspritzen.
Tipp: Windbeutel eignen sich auch gut zum Einfrieren. Wenn man sie im Sommer halbgefroren auf den Tisch stellt, sind sie sehr erfrischend.

Windrad ✂

Wann haben Sie das letzte Mal ein Windrad gebastelt? Zeit wirds. Das ist gar nicht so schwer.

Man braucht:
- PAPIER, SCHERE
- DRAHT
- 3 PERLEN
- HOLZSTAB

Aus dem Papier ein Quadrat schneiden. Jede Ecke bis zur Hälfte einschneiden. Die Ecken zur Mitte hin falten und einen Draht hindurchstechen. Über den Draht vorne eine Perle fädeln und festknicken. Den Draht auf der Rückseite des Windrades mit zwei Perlen für den Abstand zwischen Rad und Holzstab am Stab befestigen. Pusten!

Papierflugzeuge ✂

Faltet aus Zeitungspapier viele verschiedene Flugzeuge und testet, welcher Typ am besten fliegt. Kann man die Flieger noch verbessern, indem man die »Nasen« spitzer faltet oder in die Flügel andere Knicke? Lasst die Papierflieger aus dem Fenster fliegen.

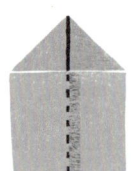

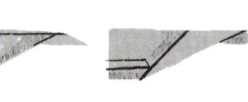
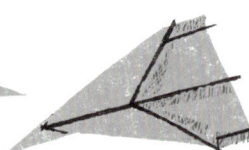

Zeit fürs Museum

Wenn das Wetter unbeständiger und ungemütlicher wird, ist so ein Museumsbesuch am Wochenende oder am Feiertag genau das Richtige. Denn manchmal brauchen wir einfach einen Tapetenwechsel, wenn das Wetter viele Tage hintereinander schlecht ist und uns zu Hause schon beinahe die Decke auf den Kopf fällt. Dabei muss es nicht immer ein Kindermuseum sein, mit kleinen Tricks kann man Kindern jeden Museumsbesuch schmackhaft machen.

Der spontane Museumsbesuch

Ein ganz spontaner Museumsbesuch ist spannend, weil keiner weiß, welche Bilder oder Dinge die Familie erwarten. Aber stellt euch einige Aufgaben:

• **Ein Raum für jeden:** In jedem Raum muss einer der Familie der Museumsführer sein und alle Dinge erklären, die in diesem Raum zu sehen sind. Beispielsweise: »Dies ist ein besonderer Stuhl, aus dem Jahr 2011. Man benutzt ihn, um darauf zu sitzen. Beachten Sie die geschwungene Lehne und das holzige Holz ...«

• **Eine Suchliste:** Jeder bekommt eine Liste und muss die Dinge, die daraufstehen, in den Bildern wiederfinden und nach und nach abhaken.

• **Abmalen und Suchen:** Einen Block und Stifte in den Rucksack und jeder malt ein Bild ab. Die anderen müssen dieses abgemalte Bild nun finden.

• **Bildbeschreibung und Suche:** Ein Bild kann man auch durch eine Beschreibung finden: »Ich habe ein Bild gesehen, darauf waren eine Sonne und 27 Menschen und ein Pferd zu sehen, wo ist es?«

Der geplante Museumsbesuch

Ganz anders ist ein Besuch einer Ausstellung, wenn man die Kinder auf den Künstler vorbereitet. Finden Sie alles Wissenswerte über den betreffenden Maler heraus. Lebt er noch? Wo hat er gelebt? Wie malt er und welches ist sein berühmtestes Bild? Zum Beispiel Picasso: Sehen Sie sich die Bilder und Skulpturen im Internet an, oder leihen Sie sich ein Buch über den Künstler aus. Versuchen Sie, mit den Kindern wie Pablo Picasso zu malen. Besonders gern hat Picasso seine Tiere gemalt – nur mit ein paar Bleistiftstrichen. Berühmt wurde die Friedenstaube. Auf seinem Hof lebten viele Tiere, die alle auch als Modelle für seine Bilder dienten: Hunde, Katzen, Kanarienvögel, Turteltauben, mehrere Esel. Die Ziege Esmeralda folgte Picasso durch alle Zimmer. Und eine ganz besondere Beziehung hatte Picasso zu seinem Dackel Lump. Gut nachzumalen sind auch die Bilder vom Stierkampf, die nur mit Schwarz auf weißem Papier dargestellt sind und somit wie Schattenzeichnungen wirken. Oder malen Sie doch mal gemeinsam ein Bild aus vielen Dreiecken oder anderen Formen.

Wenn man viel über einen Künstler weiß und über dessen Maltechnik, sieht man seine Bilder mit ganz anderen Augen. Man kann im Museum nach dem einen oder anderen Bild suchen und freut sich, wenn man schließlich fündig wird.

Das eigene Museum

Durch den Museumsbesuch angeregt, gestaltet ihr zu Hause vielleicht gerne ein eigenes Museum. Wie wäre ein Streichholzschachtelmuseum: In die Innenschachteln malt oder bastelt ihr Minibilder hinein. Dann werden sie wie ein kleiner Setzkasten zusammengeklebt.

Oder ihr eröffnet ein Kunstmuseum mit Bildern aus selbst gemachten Farben.

Farben selbst herstellen

Farben selbst zu produzieren, ist spannend. Einziger Nachteil: Die Farben können nicht über einen längeren Zeitraum aufgehoben werden und sollten sofort vermalt werden.

Man braucht:

· 1 STEIN
· VERSCHIEDENFARBIGE KREIDEN, ZIEGELSTEINSTÜCK-CHEN ODER LEHM
· ALTE ZEITUNGEN
· VERSCHIEDENE GEFÄSSE
· 2 EIDOTTER
· 1 SCHÜSSEL MIT WASSER
· PFLANZENÖL
· LÖFFEL

Mit einem Stein Kreiden, Ziegelsteinstückchen oder Lehm zu Pigmenten, also zu Farben in Pulverform, auf einer alten Zeitung zerkleinern und auf verschiedene Gefäße verteilen.

Eidotter mit etwas Wasser und etwas Öl so lange verrühren, bis die Masse cremig und dickflüssig ist. Nun das Eigelbwassergemisch auf die Pigmente verteilen. Je nach Menge der Pigmente wird die Farbe flüssiger oder zähfließender. Wird die Farbe zu fest, einfach etwas mehr Wasser dazugießen. Jetzt ist das »Ei-Tempera« fertig, und es kann mit dem Malen begonnen werden.

Tipp: Der Eidotter dient als Bindemittel. Auch Öl, Tapetenkleister, Gummiarabikum oder Caparol sind Bindemittel, die man statt Eidotter verwenden kann.

Farbexperimente

Probiert alle möglichen farbigen Flüssigkeiten aus – Ketchup vielleicht? – oder zerdrückt Beeren, Hagebutten, und gebt sie zum Eigelbwassergemisch der Pigmentfarben.

Auch aus Rhabarber, Löwenzahnblüten, Zwiebelschalen, Rote Bete, schwarzem Tee, Spinat, Curry, Karotten, Kirschen, Petersilie oder Birkenrinde können Farben selbst hergestellt werden. Alles getrennt voneinander zerkleinern oder auf einer Reibe reiben. Mit Wasser aufkochen, bis es eine dickflüssige Masse ergibt. Diesen Brei zehn Minuten köcheln lassen. Danach abkühlen. Den Sud durch ein Sieb gießen und schon kann es losgehen.

Übrigens kann man auch Sand in die selbst gemachten Farben geben, dann bekommt man eine körnige Wirkung auf dem Papier.

Ein selbst gemachter Kohlestift

Oder lassen Sie die Kinder mit selbst gemachter Kohle zeichnen. Dazu einen Korken ankokeln, bis er an einer Seite ganz schwarz wird. Und schon ist ein erster Kohlestift fertig. Spitzt man den Korken vorher an, kann man wie mit einem Bleistift malen. Ist die Kohle vermalt, erneut ankokeln – das überlasst ihr aber lieber den Eltern.

Wachsmalkratztechnik

Ein Papier wird mit bunten Wachsmalstiften komplett bemalt – je bunter, desto besser. Dann das gesamte Bild mit schwarzem Wachsmalstift oder Tusche übermalen. Nun mit einem spitzen Gegenstand wie Feder, Holzstab, Nagel oder Gabel das eigentliche Motiv hineinkratzen. Zum Vorschein kommen die bunten Farben.

Ein Herbstbild in Reißtechnik

Aus Zeitschriften werden kleine Schnipsel gerissen und mit diesen kann nun eine Herbstlandschaft geklebt werden. Mit Baum und Herbstblättern, die mit dem Wind in die ebenfalls geklebten Wolken fliegen. Vielleicht lässt ein Kind einen Drachen steigen, oder die Sonne lächelt hinter den Wolken hervor.

Stempelbilder

Oder stempeln Sie eine ganze Ausstellung. Im Grunde kann vieles, was sich im Haushalt befindet, auch als Stempel dienen: eine Schnur, ein Würfel, ein Dominostein, Tortenspitze, ein Schlüssel, oder eine Hand, ein Fuß. Oder ihr schnitzt Stempel aus Kartoffeln. Was immer es auch ist: Einfach Farbe draufgeben und auf ein Papier drücken. Beim Blumendrucken auf Seite 34 ist genau beschrieben, wie es im Detail geht.

Tipp: Stempeln macht Kindern in jedem Alter Spaß.

Sich einigeln

Wenn der Nebel in den Straßen und über den Feldern hängt und manchmal den ganzen Tag nicht verschwinden will, ist es auch uns Menschen – genau wie dem Tier der Jahreszeit, dem Igel (siehe Seite 126) – immer mehr nach einigeln. Dann machen wir es uns in der Wohnung richtig gemütlich mit dicken Socken, einer Kuscheljacke und einer bequemen Hose.

Zeit für einen Spielenachmittag

Herbst und Winter bieten reichlich Zeit, um im Kreis der Familie zu spielen.

• **Spielemarathon:** Alle Spiele werden auf einen Stapel gestellt und hintereinander gespielt. In eine Liste wird jeweils der Gewinner eingetragen, und am Ende des Tages zählt man zusammen, wer den Spielemarathon gewonnen hat.

• **Neue Spiele:** Vielleicht ist es auch eine gute Gelegenheit, neue Spiele zu erlernen. Sind Ihre Kinder vielleicht inzwischen so groß, dass sie die Regeln von Rommé verstehen könnten?

• **Babyspiele:** Gleichzeitig bekommt man vielleicht auch wieder große Lust, ganz alte »Babyspiele« zu spielen. Auch das hat seinen Reiz.

• **Geburtstagsspiele:** Oder spielen Sie doch alte Kindergeburtstagsspiele. Topfschlagen, Steck dem Esel den Schwanz an, Schokoladenessen, Reise nach Jerusalem, Stopptanz mit Pfandabgabe (was soll derjenige tun?), Flaschendrehen und so weiter. Das macht der ganzen Familie Spaß, und es ist lustig zu sehen, ob auch Mami mit verbundenen Augen den Topf findet, unter dem dann ein kleines Schokolädchen verborgen ist.

Zeit zum Lesen

Einigeln funktioniert auch super mit einem Buch. Ob sich jeder in einer Ecke des Sofas mit einem eigenen Buch zusammenrollt oder ob einer ein Familienbuch laut vorliest – lesen ist etwas Wunderbares! Es gibt die Leseratten, aber auch die Kinder, die nicht so viel lesen und sich lieber vorlesen lassen. Vorlesen bedeutet, ein gemeinsames Abenteuer zu erleben, in eine Geschichte hineinzuspringen. Später könnt ihr euch über die eine oder andere Begebenheit unterhalten. Was meint jeder Einzelne, wie die Geschichte weitergeht? Welche Figur ist wem sympathisch? Mit wem kann man sich am besten identifizieren?

Es gibt Kinder, die sind einfach keine Büchertypen, so wie es Kinder gibt, die nicht sportlich sind. Immer wieder treffe ich verzweifelte Mütter, die alles versuchen, ihr Kind zum Lesen zu bewegen. Solange Sie Ihr Kind mit Worten umgeben, mit ihm sprechen, ihm vorlesen, ist alles in Ordnung. Versuchen Sie jedoch immer wieder, ihm besonders schöne Bücher schmackhaft zu machen. Vielleicht hört Ihr Kind auch gern Hörbücher: Auch diese Art von Konzentration ist wichtig und sinnvoll. Oder liest Ihr Kind gern Comics oder kurze Berichte in Zeitungen?

Die Leseschlange

Wenn Ihre Kinder beginnen, selbst zu lesen, hängen Sie eine Leseschlange zur Motivation auf. Das geht so: Auf ein Papier wird eine lange Schlange gemalt. Ihr Körper ist geringelt. Jeder Ringel steht für zehn Minuten verbrachte Lesezeit. Und darf täglich ausgemalt werden. Am Ende ist die Schlange bunt geringelt, und das Kind hat eine ganze Menge Seiten gelesen.

Ein eigenes Bücherregal

Stellen Sie Ihren Kindern in ihrem Zimmer ein eigenes Bücherregal auf, oder befestigen Sie für jeden ein Regelbrett an der Wand. Sollte dafür nicht genug Platz sein, geben Sie jedem Kind ein eigenes Fach im großen Bücherregal für seine Lieblingsbücher. Richten Sie für kleinere Kinder eine kuschelige Leseecke ein: mit vielen Kissen und Kuscheltieren, einer besonders schönen Leselampe, und erklären Sie eine bestimmte Zeit des Tages zur Bücherzeit.

Ein Bücherclub

Oder gründen Sie einen Bücherclub. Jeden Dienstag um fünf kommen ein paar Kinder zu Ihnen. Gemeinsam liest man in einem Buch, redet darüber, was darin passiert ist und wie es wohl weitergeht. Die Kinder malen Bilder zur Geschichte, und jedes Mal darf ein Kind sein Lieblingsbuch den anderen vorstellen.

Im Überfluss der Farben und Früchte

Die Natur ruft! Lasst sie nicht länger warten – raus mit euch! Natur tut gut, Natur erdet. Und das spürt man auch gleich. Wir spüren den Wind, die Sonne und auch den Regen, wir riechen das Moos, die Pflanzen, wir hören die Stille der Natur, wir atmen tief ein und fühlen uns frei. Vogelfrei!

Im Blätterrausch

Beim Wort »Herbst« denkt fast jeder zuallererst an das bunte Laub der Bäume, an diesen einzigartigen Rausch der Farben, der sich jedes Jahr aufs Neue in unseren Wäldern entwickelt. Doch das farbenfrohe Laub erfreut nicht nur durch seinen Anblick, es betört auch unsere anderen Sinne: hört, riecht und fühlt einmal genau hin!

Das Schönste im Herbst ist für mich das Rascheln der Blätter unter unseren Füßen, dieses Knistern und Rauschen. Wenn ihr einen Garten habt, recht das Laub doch auf einen hohen Haufen zusammen. Ist der Blätterberg groß genug, kann die ganze Familie in den Laubhaufen springen und eine Blätterschlacht veranstalten. Legt euch mitten hinein. Riecht diesen einzigartigen Duft und fühlt das ledrige bis morsche Pflanzengewebe!

Jeder bekommt danach einen kleinen Block und einen Stift und darf ein Blättergedicht schreiben. Das ist gar nicht so schwierig! Mein Blättergedicht ist ein bisschen albern geworden, ich habe zuerst alle Worte aufgeschrieben, die sich auf »Blatte« reimen, und sie dann einfach zusammengesetzt wie ein Puzzle. Ich wünsche mir natürlich, dass eure Familiengedichte wesentlich poetischer werden. Aber vor allem kommt es darauf an, dass euch das Reimen und Dichten Spaß macht.

Ich blies einmal ein Blatte
das federleicht wie Watte,
auf die glatte Platte,
von Hermines Gatte,
der mit der Krawatte.
Da lachte selbst die Ratte
und kippte von der Matte.

Blätter sammeln

Bunte Blätter sammeln, bestimmen und pressen – das gehört natürlich zum Herbst unbedingt dazu. Unternehmt alle gemeinsam einen herbstlichen Waldspaziergang mit Sammeltasche. Die Aufgabe: Möglichst viele unterschiedliche Blätter finden, in möglichst vielen verschiedenen Farben.

Um später noch zu wissen, welches Blatt von welchem Baum kam, könnt ihr die Blätterumrisse und Struktur auf ein Papier zeichnen, die Rinde des Baumes mit einem Bleistift auf ein Papier durchschraffieren und besondere Merkmale des Baumes ebenfalls notieren. Zu Hause die Blätter in die Blumenpresse (siehe Seite 33) legen.

Und was kann man mit gepressten Herbstblättern anfangen?

• Ein Blätterbuch gestalten, mit Beschreibung der Bäume.

• Einen großen Baum auf ein riesiges Papier oder eine Leinwand malen und die echten Blätter daraufkleben.

• Blätterfiguren kleben – aus den unterschiedlichen Blätterformen kann man Elfen, Waldschrate, Tiere und lustige Männchen kleben. Auch gepresste Blütenblätter eignen sich hervorragend dazu.

• Platzkärtchen für den Esstisch daraus machen: Einfach mit goldenem, silbernem oder schwarzem Stift die Namen der Esser auf die Blätter schreiben.

• Eine Herbstgirlande basteln, die durch das ganze Zimmer oder um die Tür herum gehängt wird.

• Oder die Blätter einfach als Herbstdekoration auf den Tisch legen.

• Blätter drucken (siehe Blumendrucken – Seite 34).

• Eine Blätterkrone basteln und aufsetzten. Herbstkönig und Herbstkönigin geben sich die Ehre.

• Ein Bild, Karten oder Geschenkpapier mit Spritztechnik gestalten.

Tipp: Für den Fall, dass ihr nicht genug Blätter gesammelt habt, könnt ihr auch einfach welche aus gelbem, rotem, orangefarbigem oder braunem Tonpapier ausschneiden.

Spritztechnikbilder

Man braucht:

• BLÄTTER
• PAPIER
• SIEB (ZUM BEISPIEL ALTES TEESIEB)
• ALTE ZAHNBÜRSTE
• WASSERFARBE

Die Blätter auf ein Papier legen, ein Sieb in etwa 10 cm Entfernung über das Papier halten. Eine alte Zahnbürste in Wasser und Wasserfarbe tauchen und mit der Zahnbürste hin und her über das Sieb streichen. Nun kann man viele verschiedene Farben nehmen.

Achtung: Es spritzt stark, also vorher alles mit Zeitungspapier auslegen und Kittel anziehen. Wenn die Farbe trocken ist, die echten Blätter vom Papier nehmen. Mit diesen wunderschönen Blätterumrissen kann man Geschenkpapiere oder Glückwunschkarten gestalten.

Eine Krone aus Blättern ✂

Große Blätter – am besten Ahornblätter – sammeln, die Stiele entfernen und mit einer Schere die unteren Kanten gerade schneiden. Mit den Stielen kann man nun die Blätter aneinanderstecken, indem man sie durch die Blätter fädelt. Das letzte und das erste Blatt werden miteinander verbunden und schon ist die Blätterkrone fertig. Schön ist es, wenn der Herbstkönig und die Herbstkönigin Kronen aus unterschiedlichen Blättern haben.

Blätter für den eigenen Stammbaum

Eine wunderbare Beschäftigung für die länger werdenden Herbstabende oder verregnete Nachmittage: Betreibt gemeinsam Ahnenforschung. Das ist spannend und macht Spaß, und vielleicht stoßt ihr ja auf eine verschollene Tante in Amerika, die sich über einen Besuch in den nächsten Sommerferien freuen würde. Dazu wird auf ein großes Papier ein Baum gemalt. Aus Tonpapier schneidet man nun Blätter aus, die an den Baum geklebt werden. In diese Blätter schreiben wir die Namen aller Familienmitglieder. Jeder bekommt ein eigenes buntes Blatt an diesem Baum. Wie viele Generationen könnt ihr zurückverfolgen? Fragt auch Großeltern und Tanten, wer da noch war, von dem eure Familie vielleicht noch gar nicht wusste. Ihr könnt auf die Blätter natürlich auch Fotos kleben, soweit ihr von den vielen Verwandten welche besitzt.

Herbstwanderung

Raus bei Wind und Wetter. Macht alle gemeinsam eine schöne Bergtour oder, wenn es in eurer Gegend keine Berge gibt, wie wäre es mit einem herbstlichen Waldspaziergang?
Tipp: Ein Taschenmesser mit integrierter Schere ist immer gut, dann kann man auch unterwegs basteln.

Wann sind wir endlich daha?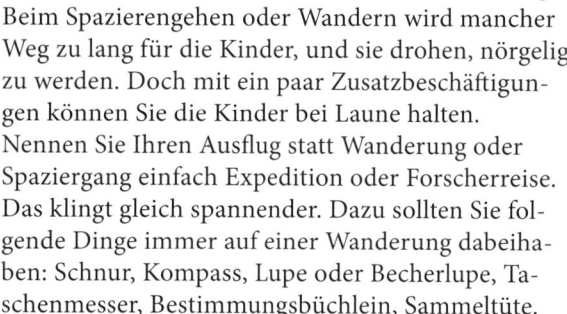

Beim Spazierengehen oder Wandern wird mancher Weg zu lang für die Kinder, und sie drohen, nörgelig zu werden. Doch mit ein paar Zusatzbeschäftigungen können Sie die Kinder bei Laune halten. Nennen Sie Ihren Ausflug statt Wanderung oder Spaziergang einfach Expedition oder Forscherreise. Das klingt gleich spannender. Dazu sollten Sie folgende Dinge immer auf einer Wanderung dabeihaben: Schnur, Kompass, Lupe oder Becherlupe, Taschenmesser, Bestimmungsbüchlein, Sammeltüte.

Rollen spielen

Schlüpfen Sie unterwegs alle gemeinsam in besondere Rollen oder Figuren und verhalten Sie sich so: Wie wäre es mit Waldhexen, Elfen, Jägern, Forschern oder fliehenden Räubern? Vielleicht sind Sie auch Pippi, Tommi und Annika und spielen Sachensucher.

Märchen erzählen

Der Erzähler setzt sich auf einen Baumstumpf und beginnt mit der Geschichte. An jedem Baumstumpf wird das Märchen ein wenig weitererzählt. Vielleicht sogar eines, das im Wald spielt wie »Hänsel und Gretel« oder »Brüderchen und Schwesterchen«, oder erfinden Sie selbst eines von einem Zauberbaum oder einem Pilzmännchen. Wenn die Kinder Lust dazu haben, können sie auch zwischendurch selbst ein wenig weitererzählen.

Verkleiden im Wald

Kann man sich mit Baumrinde eine gruselige Maske basteln? Mit Blättern einen Hut oder mit Erde und etwas Spucke eine Kriegsbemalung? Ja, man kann! Dazu in ein Stück Baumrinde, das groß genug ist, um das Gesicht zu bedecken, mit einem Taschenmesser Löcher für die Augen und vielleicht den

Mund schneiden. Oben in die Rinde, Gräser, Äste oder Farnblätter als Kopfschmuck oder Haare stecken. Jetzt kann man sich die Maske vor das Gesicht halten und ist ein richtiger Waldschrat.

Für einen Hut ein riesiges Blatt suchen, das man auf dem Kopf als Hut tragen kann, Wasser (oder Spucke) mit etwas Erde vermischen und sich Striche auf die Wangen malen – wie zur Tarnung.

Wie alt ist der Baum?

Wer weiß, wie man das Alter eines Baumes bestimmen kann? Gibt es einen Baumstumpf, an dem man die Jahresringe zählen kann?

Ein Jahr bei einem Baum ist übrigens ein heller und ein dunkler Ring.

Eine Wünschelrute ausprobieren

Die Wünschelrute hat eine Y-Form. Sie kann aus einem gebogenen Draht, aber auch aus einer Astgabel bestehen. Sucht während der Wanderung nach einer wohlgeformten Wünschelrute. Und wie geht das nun? Die beiden Enden der Wünschelrute in die Hände nehmen, das lange Ende in Richtung Boden. Schlägt eure Wünschelrute tatsächlich aus, wenn ihr auf Wasser trefft? Oder hilft sie einen versteckten Schatz zu finden? Hat eine Wünschelrute nicht etwas mit Wünschen zu tun?

Ein Tic-Tac-Toe-Spiel aus Ästen

Man sucht vier etwa gleich lange Äste und legt jeweils zwei senkrecht und waagerecht so übereinander, dass ein Tic-Tac-Toe-Kreuz entstehen kann. Ein Spieler spielt mit Kastanien, der andere mit Steinen, Eicheln oder Hölzern – je nachdem, was ihr gerade findet. Jeder legt abwechselnd seine Spielsteine. Wer als Erster eine Linie von drei gleichen Steinen gelegt hat, hat gewonnen.

Tipp: Dieses Spiel eignet sich auch gut für eine längere Pause, oder falls ihr einen Regenguss abwarten möchtet.

Eine Handvoll Erde

Wie viel Leben ist wohl in einer Handvoll Erde? Grabt ein bisschen feuchte Erde aus und nehmt sie in einer Tüte mit nach Hause. Dort wird sie untersucht. Schon mit bloßem Auge sind vielleicht Käfer oder Würmer zu sehen. Habt ihr vielleicht ein Mikroskop? Da kann man allerhand entdecken. Notiert gemeinsam, was ihr alles gefunden habt.

Auf zum Halali – Schnitzeljagd

Herbstzeit ist Jagdzeit. Also höchste Zeit für eine Schnitzeljagd im Wald – da wird der Spaziergang zum spannenden Erlebnis.

Holen Sie sich bei einem Schreiner einen Sack Holzspäne, denn die kann man guten Gewissens als Schnitzel verwenden und damit den Jägern den Weg zeigen. Auch Kaninchenstreu ist gut geeignet. Ebenso Pfeile gelegt aus Stöcken, Blättern, Blüten oder Steinen sind hervorragende Wegweiser. Oder reißen Sie lange Fetzen aus alten Stoffen, und hängen Sie diese an die Bäume. Die sollten aber vom letzten Schnitzeljäger unbedingt wieder eingesammelt werden!

Eine Schnitzeljagd durch den Wald macht noch mehr Spaß, wenn mehrere Familien teilnehmen. Mischen Sie die Familien in Gruppen bunt durcheinander. Das Los entscheidet, wer in welcher Gruppe ist. Die Schnitzeljagd wird vorher von einem aus der Familie so vorbereitet, dass die Fragen und Aufgaben auf jede Strecke passen. So muss niemand den Weg vorher schon einmal abgehen.

Der Fuchs (auch er kann zu zweit loslaufen, dann ist er nicht so allein und hat mehr Spaß) legt die Spur und bekommt mindestens 30 Minuten Vorsprung. Zeichen setzen kostet nämlich mehr Zeit als Zeichen finden.

Die Gruppen erhalten Tiernamen. So jagen den Fuchs die Eulen, die Bären und vielleicht die Wölfe. Die Gruppen gehen in einem Abstand von 15 Minuten los. Sie haben Sammelbeutel dabei, denn es gibt immer wieder Aufgaben, bei denen sie etwas suchen und aufsammeln müssen. Bei jeder Gruppe ist ein Erwachsener als neutraler Gruppenleiter dabei. Er kontrolliert die Aufgaben und kann auch zur Not kleine Hinweise geben, falls sich die Gruppe verlaufen würde.

Sammelliste

So gibt es zu Anfang eine Sammelliste, auf der stehen Dinge wie:
- etwas Weiches
- etwas Rundes
- etwas Rotes
- etwas Herzförmiges
- etwas Seltsames
- etwas Duftendes.

Vielleicht muss jede Gruppe auch einmal das ganze ABC finden und sammeln: A wie Astgabel, B wie

Brennnessel, C wie Centaurea (das ist eine Korn-
blume), Dorne, Egerling, Fichtennadel … Alle
Buchstaben, die nicht gefunden werden, geben
einen Punkt Abzug. Mal sehen, wer von A bis Z
alles findet!

Aufgaben und Rätsel

An einer Stelle muss man, um seine Aufgabe zu
lesen, einen Stein finden, auf den ein Gesicht aufgemalt ist. Er ist im Umkreis von fünf Metern versteckt. Unter diesem liegt der nächste Zettel. (Alles
muss von den Gruppen für die nächsten wieder an
seinen Platz gelegt werden.)
Auf dem Zettel steht ein Rätsel, zum Beispiel:

Wer bin ich?
Der Mensch vor mir Entsetzen zeigt,
jedoch ich gar nicht bös geneigt.
Verrückt nennt mich ein anderes Wort,
bei Regen bin ich meistens fort.
Bin Meisterin in Handarbeit,
steh wartend nebenan bereit.
Auf acht Beinen lauf ich dann
zu meinem Frühstück schnell heran.
Ein Kreuz auf meinem Rücken steht.
Weißt du jetzt, um wen es geht?

Lösung: Kreuzspinne

Wer bin ich?
Ich wachse wie ein Fischlein auf,
doch kurz darauf an Land ich lauf.
Im Kühlschrank liegt, was ich oft sag,
denn wenn ich hüpfe, sag ich: …

Lösung: Frosch

An einem Baum ist vielleicht ein Wollfaden befes-
tigt. Dieser führt die Gruppen weiter. Von Baum zu
Baum, bis er in einem Bächlein/Teich/Tümpel endet
und zu einer Flaschenpost führt. In der Flaschen-
post befindet sich wieder eine Aufgabe. Zum Bei-
spiel:
• Baue einen Turm aus möglichst vielen Ästen.
• Lege ein Bild aus Blättern, und umrahme es mit
Tannenzapfen.
• Bastle eine Blätterkrone.

Trimm-dich-Weg

Weiter geht es vielleicht mit einem Trimm-dich-Weg.
Hier muss jeder der Gruppe zehnmal über einen am
Boden liegenden Ast springen. Hin und her. Um die
nächsten Bäume wird Slalom gejoggt. Unter einem
Ast hindurch wird ein Limbodance versucht. Auf ei-
nem umgeschlagenen Baum wird balanciert.

Himmelsrichtungen

Vielleicht haben die Kinder einen Kompass dabei
und einige Wegbeschreibungen sind lediglich mit
einer bestimmten Anzahl von Schritten und der
Himmelsrichtung beschrieben. 100 Kinderschritte
Richtung Norden. Dann 30 Schritte Richtung Südosten.

WIE BESTIMMT MAN DIE HIMMELS-RICHTUNGEN?

Wenn man die Sonne sieht, kann man die Himmelsrichtung ganz schnell bestimmen. Im Osten
geht die Sonne auf, im Süden ist ihr Mittagslauf,
im Westen wird sie untergehen, im Norden ist
sie nie zu sehen.
Ist die Sonne nicht zu sehen, hilft ein Kompass.
Der Kompass funktioniert, weil die Erde ein Ma-
gnetfeld besitzt. Die Kompassnadel, die aus Metall ist, stellt sich immer auf das Erdmagnetfeld
ein. Sie zeigt immer nach Norden. Man muss
den Kompass waagerecht halten, dann kann
sich die Nadel frei ausrichten. Wenn sich die Nadel für eine Richtung entschieden hat, bewegt
man den Kompass so, dass die Spitze der Nadel
auf das N von Norden zeigt. Und schon weiß
man, wo die anderen Himmelsrichtungen sind.

Wollfäden finden

Der Fuchs kann auch 50 bunte Wollfäden in die
Bäume hängen, die die Kinder in einem bestimmten
Bereich und in einer bestimmten Zeit finden müssen.
Wer die meisten gefunden hat, bekommt einen
Extrapunkt. Ist das Spiel vorbei, bringt jeder seine
Fäden für die nächste Gruppe wieder an ihren Platz
zurück – dabei bitte nicht mogeln.

Kletten-Zielwerfen

Hängen Sie eine alte Wolldecke zwischen zwei
Bäume. Mit Klebeband einige Kreise als Zielschei-
be daraufkleben, und jedem Kreis unterschiedliche
Punktzahlen zuordnen. Nun können die Kinder
Kletten darauf werfen und versuchen, diese Kreise
zu treffen. Die Kletten haften an der wolligen
Oberfläche.

Fühl-Memory

Unter einem Tuch liegen zwei Steine, zwei Bucheckern, zwei Zapfen, zwei Kastanien, zwei Eicheln.
Die Kinder greifen darunter und müssen zwei gleiche Paare herausfinden. Wer die meisten Pärchen
gefunden hat, hat gewonnen.

Proviant erjagen

So eine Schnitzeljagd ist anstrengend, und da kann
eine kleine Stärkung für unterwegs nicht schaden:
An einem Ast hängen für die wilden Jäger kleine
Päckchen mit Gummibärchen oder Ähnlichem. Nur
wie kommt man dahin? Einer klettert hinauf, oder
man versucht, sie mit Stöcken zu angeln.
Auf einem anderen Baum stehen Tütensäfte, die
müssen mit Zapfen heruntergeschossen werden.
Beide Male gibt es nur so viele, wie Teilnehmer in
der Gruppe sind. Die anderen müssen für die nächsten stehen bleiben – das versteht sich doch hoffentlich von selbst!

Zum Schluss

Schade, irgendwann ist das Ende der Schnitzeljagd
erreicht, und alle Gruppen trudeln mit ihren Ergeb-
nissen ein. Während die Spielleiter die Ergebnisse
prüfen und Punkte zusammenzählen, können sich
die Teilnehmer ausruhen und – vielleicht beim
Picknick – von ihren Erlebnissen berichten. Dann
kann die Siegerehrung stattfinden. Ein vorher in

Gold, Silber und Bronze besprühter Zapfen wird an
einer Schnur zur Medaille. Vielleicht gibt es auch
Preise wie Becherlupen oder kleine Kompasse.

Für die Kleinen eine Märchenreise

Für kleinere Kinder kann man die Schnitzeljagd zu
einer Märchenreise durch den Wald umarbeiten.
Kinder lieben es, in Geschichten verwickelt zu werden. Geben Sie jedem Kind einen Tiernamen, und
erzählen Sie die Geschichte vom Waldschrat, der die
Herbstelfe Holunderblüte in einen Stein verwandelt
hat: Ein Stein mit einem kleinen süßen Gesicht darauf, den Sie auf Ihre Expedition mitnehmen. Die
Kinder müssen ihn abwechselnd tragen und gut auf
ihn aufpassen.
Nun müssen alle Dinge gesammelt werden, die die
gute Hexe Bitterklee (also Sie) aufgeschrieben hat.
Denn mischt man diese Dinge am Ende zusammen,
kann man die kleine Holunderblüte zurückverwan-
deln. Auf der Liste stehen verschiedene Dinge, die
man im Wald finden kann, darunter Wasser aus einer Quelle oder Pfütze oder Bach, oder eine Feder,
ein Stück Baumpilz, ein Samen, ein Dorn, ein Stück
Eierschale, ein Stück Müll, etwas Angeknabbertes.
Nun beginnt das große Suchen quer durch den
Wald. Haben die Kinder alles gefunden, bilden alle
einen Kreis, und Sie mischen diese Dinge, dann
träufelt die Hexe sieben Tropfen – alle zählen mit –
auf den Stein. Nun schließen alle die Augen, und Sie
sprechen den Zauberspruch:
Böser Waldschrat hör mir zu:
Ich bin ich, und du bist du.
Lass Elfen darum Elfen sein,
und sind sie auch so klitzeklein.
Gemeinsam haben wirs geschafft
und diesen Zaubertrank gemacht.
Drum zählen wir jetzt noch bis drei:
Holunderblüte, sei jetzt frei!
Eins – zwei – drei!
Natürlich haben Sie, als die Kinder die Augen geschlossen hatten, eine klitzekleine Elfe (vielleicht
aus einer Eichel und einem rosa Stoffgewand mit
Glitzerflügeln oder ein kleines Püppchen, als Elfe
verkleidet) herausgezogen und den Stein verschwin-
den lassen. Die sitzt jetzt in Ihrem Kreis. Die Elfe
freut sich und die Kinder auch!

Kastanien, Eicheln und Co.

Kastanien gehören zum Herbst wie die bunten Blätter. Auch als Erwachsene liebe ich ihre glatte Schale und stecke mir gerne eine Kastanie als Handschmeichler in die Jackentasche.

Als Kinder konnten wir es kaum erwarten, dass die Kastanien vom Baum fielen. Dann haben wir Kastanien gesammelt bis zum Abwinken. Und was taten wir dann mit so vielen Kastanien? Ein Teil davon wurde in einer schönen Schale als Herbstdekoration auf unseren Esstisch gestellt. Aus einem Teil bastelten wir Kastanienketten und – natürlich auch ein paar Kastanienmännchen. Kastanienmännchen gehören in jede Kindheit. Den ganzen Rest brachten wir in den Tierpark.

Kastanienmännchen ✂

Lasst eurer Fantasie freien Lauf und baut nach Herzenslust Kastanienmännchen. Wenn ihr es noch nie gemacht habt, übt an einer Kastanie zunächst vorsichtig das Bohren mit dem Bohrer. Gut zum Einstieg sind der Kastanienigel und die Schnecke mit ihren einfachen Formen. Doch wenn ihr eine ganze Igel- oder Schneckenparade über den Tisch kriechen lasst, sieht das sehr süß aus. Lustige Außerirdische lassen sich basteln, wenn ihr auch Eicheln und Zapfen zur Verfügung habt.

Man braucht:

- KASTANIEN
- STREICHHÖLZER
- ZAHNSTOCHER
- HANDBOHRER

Schnecke

Eine große und eine kleine Kastanie miteinander verbinden. Mit Hilfe des Handbohrers wird in jede Kastanie ein kleines Loch gebohrt. Nun werden sie mit einem Streichholz miteinander verbunden. Zwei kurze Streichhölzer werden zu zwei Fühlern.

Igel

In eine igelförmige Kastanie – unten möglichst flach – steckt man viele Zahnstocher als Stacheln hinein und fertig ist der Igel.

Kastanienmännchen-Memory 💡

Das Blöde an Kastanienmännchen ist, dass sie schon nach wenigen Tagen schrumpelig werden. Fotografieren Sie die verschiedenen Männchen und Tiere Ihrer Kinder, und drucken Sie diese je zweimal aus. Die Fotos auf gleichgroße Tonpapiere kleben, und fertig ist das Kastanienmännchen-Memory.

Mit Kastanien treffen

Dosen, Kunststoffflaschen, bunte Plastikbecher und leere Milchtüten auf eine Mauer oder einen Tisch stellen und mit Kastanien versuchen, die Ziele abzuschießen.

Wer Lust hat, baut sich aus einer Astgabel und einem dickeren Gummi eine Steinschleuder und funktioniert diese um zur Kastanienschleuder. Eine andere Art der Kastanienschleuder könnte eine Holzlatte sein, in der Mitte über einen dickeren Ast gelegt. Eine Kastanie auf die liegende Seite des Brettes, mit der Faust auf die andere Seite hauen. Jetzt fliegt die Kastanie in weitem Bogen und, wenn man Glück hat, auch noch ins Ziel, einen Korb oder eine große Metallschüssel. Auch ein am Boden mit Kreide oder Stöcken markierter Bereich ist ein perfektes Ziel. Wer kann die meisten Kastanien in eine am Boden liegende Mütze oder einen Hut werfen?

Esskastanien

Was wäre ein Herbst ohne Maroni! Die bekannteste Methode der Zubereitung ist das Rösten. Kastanien kreuzweise einschneiden, ein Backblech mit Wasser bespritzen und die Maroni bei 200 °C erhitzen, bis die Schale aufplatzt.

Die Maroni können auch in einer Pfanne geröstet werden. Doch Achtung: Sind die Maronischalen nicht eingeschnitten, dehnen sie sich aus, platzen und fliegen dem Maronikoch um die Ohren.

Kleines Eichelhütchen-Theater

Sehen die Eicheln nicht aus wie kleine Köpfe mit sehr schicken Hüten?

Die Eichelhüte passen übrigens auch wunderbar auf die Finger. Wenn ihr auf die Finger noch Gesichter malt, können die Eichelherren und Eicheldamen schon fast einen Kaffeeklatsch abhalten.

Heute mach ich Kaffeeklatsch (Zeigefinger)
mit dem Herrn von Plumperquatsch! (Mittelfinger)
Das ist ganz ein feiner.
Doch da kommt noch einer. (Daumen)
Ein ganz dicker kleiner!
Der isst so viel wie keiner.
Und die Frau von Zitzlewitz, (Ringfinger)
die den Kuchen gern stibitzt!
Mit ihrem Sohn, dem kleinen Hans, (kleiner Finger)
der isst die Torte, und zwar ganz!

Landschaft in der Schachtel ✂

Habt ihr schon einmal eine Landschaft oder Szene in einen Schuhkarton gebaut? Dazu könnt ihr alles nutzen, was ihr so findet: Korken, Äste, Blätter, Steine oder kleine leere Pappschachteln (zum Beispiel für Häuser und Autos) oder auch Bastelmaterial wie Buntpapier, Farben oder Knetmasse. Dann denkt ihr euch eine Szene oder eine Landschaft aus, die ihr in den Karton bauen möchtet. Wenn ihr zuerst eine Skizze malt, dann habt ihr einen besseren Überblick, was ihr so braucht. Und dann geht das Basteln los – ganz individuell! Jeder gestaltet seine Landschaft nach seinem Geschmack, seinen Ideen. Im Herbst könnte die Schachtellandschaft einen Wald darstellen mit bunten Bäumen, in denen einige Kastanienmännchen und Eicheltiere spazieren

gehen. Ob die Blätter auf dem Boden echte Blätter sind oder aus Tonpapier ausgeschnittene, das bleibt euch überlassen.

Tipp: Wenn euch das Gestalten der Schachtel-Landschaft Spaß gemacht hat, macht doch ein Ritual daraus und gestaltet zu Beginn jeder neuen Jahreszeit eine entsprechende Landschaft.

Herbstgirlande ✂

Wie wäre es mit einer Herbstgirlande?

Man braucht:
- ALLES, WAS DER HERBST HERGIBT: KASTANIEN, KASTANIENSCHALEN, BUCHECKERN, GETROCKNETE BLÄTTER, EICHELN ...
- HANDBOHRER
- SCHNUR

Mit dem Handbohrer bohrt ihr vorsichtig Löcher in euer Girlandenmaterial. Dann fädelt ihr alles auf die Schnur auf und verknotet es gut. Die Girlande kann entweder von oben nach unten hängen oder über den Tisch von rechts nach links baumeln.

Dein Baum im Herbst ✏

Wie sieht dein Baum im Herbst aus? Male ihn auf ein Papier oder fotografiere einen Baum und klebe auf. Häng ihn vielleicht zunächst an die Wand in deinem Zimmer und hefte ihn später zu deinen anderen Baumbildern.

Der Igel – das Tier der Jahreszeit

Eines Tages im Herbst stand ich im Garten, als ich plötzlich aus dem Gebüsch neben mir ein seltsames Geräusch vernahm. Es war wie ein Ächzen, mit einer seltsamen Stimme – wie aus einem Zeichentrickfilm. Als ich mich bückte und in das Gebüsch sah, erkannte ich einen kleinen Igel, der in einer Astgabel feststeckte und nicht mehr vor, noch zurückkam. Ich bog die Äste ein wenig auseinander, und der Igel rannte davon. Kurze Zeit später saß mitten auf der Wiese ein klitzekleiner Babyigel. Als er sich nach einigen Stunden immer noch am helllichten Tag auf unserer Wiese herumtrieb, zog ich Gartenhandschuhe an und nahm ihn vorsichtig hoch. Die Kinder bauten ihm gleich eine schöne Kiste mit Blättern, Moos und einem Unterschlupf und suchten alle Regenwürmer, die sie finden konnten. Doch er war wohl noch zu klein, um so große Mahlzeiten einzunehmen. Wir nahmen die Kiste mit dem Igel mit nach Hause und versuchten, über das Internet alles herauszufinden, was wir wissen mussten über die kleinen Igel.

Wir wogen ihn auf unserer Küchenwaage, wir brieten ihm ein Rührei und stellten einen kleinen Teller voll in seine Kiste. Bald darauf hörten wir sein Schmatzen. Doch da dieser Igel so winzig war, fuhren wir ihn noch am selben Abend zu einer Igelmutter – sie nannte sich so, weil sie in ihrem Keller einen Stall neben dem anderen stehen hatte und seit Jahren kleine Igel aufnahm und über den Winter brachte. Im Frühjahr wurden sie wieder in die freie Natur ausgesetzt. Auf der Fahrt im Auto schlief der Igel in den Händen meiner Tochter ein. Der Abschied fiel uns schwer, aber wir wollten einfach nichts falsch machen.

Wenn ihr einen Igel findet

Beobachtet den Igel erst eine Weile, vielleicht findet er von selbst zu seiner Mami zurück. Falls nicht:

WISSENSWERTES RUND UM DEN IGEL

Wusstet ihr, dass Igel schon vor 65 Millionen Jahren auf der Erde lebten? Bei Gefahr rollt ein Igel sich zu einer Kugel zusammen, und kaum ein Feind kann diesem Stachelschutzschild etwas anhaben. Uhus, Füchse, Wölfe und Hunde schaffen es allerdings, einen Igel zu überwältigen. Es sind übrigens 8000 bis 9000 Stacheln auf so einem Igelrücken. Der Igel frisst Schnecken, Regenwürmer, Tausendfüßler, Asseln, Ohrwürmer, Käfer, Frösche, Eier und Spinnen, aber auch kleine Mäuse und heruntergefallenes Obst.

Der Igel verfügt über einen sehr guten Geruchssinn und ein fantastisches Gehör. Man vermutet, dass er das Nagen einer Raupe an einem Blatt auf zwei Meter Entfernung hören kann. Igel sprechen, indem sie schnattern, gluckern, fiepen, keckern, schmatzen, schnüffeln und sogar schreien. Sie sind nachts aktiv und, wenn der Winter kommt und die Temperatur unter 15 °C fällt, werden sie müde. Sie fressen sich bereits in den Monaten davor Winterfett an und fallen dann in einen tiefen Winterschlaf. Dabei sinkt die Körpertemperatur von 36 °C auf 5 °C, der Herzschlag von 180 Schläge pro Minute auf 20. Alle 30 Tage wacht der Igel kurz auf. Bis zum Frühjahr hat er ein Fünftel seines Gewichts verloren.

Hebt ihn mit Handschuhen vorsichtig hoch, und wiegt ihn. Er sollte mindestens 500 g schwer sein, dann kann er im Freien überwintern. Wenn er deutlich leichter ist, braucht er eure Hilfe.

Igel tragen Zecken, Flöhe und Milben mit sich, die entfernt werden müssen. Am besten bei einem Tierarzt anrufen und geeignete Mittel holen. Der Tierarzt weiß auch, was dieser Igel für ein Futter braucht, denn wenn er noch sehr klein ist, braucht er eine besondere Milch. Gemischt mit ungesüßtem Fencheltee. Auf keinen Fall normale Kuhmilch! Nachdem er mit einer Pipette oder Milchflasche gefüttert wurde, muss sein Bäuchlein massiert werden. Größere Igel können auch zerdrückte Banane, Katzendosenfutter, gekochte Eier und Wasser bekommen. Nicht überfüttern, sonst wird euer Igel zu dick. Wenn der Igel bei euch überwintert, richtet ihm eine Kiste gemütlich auf dem Balkon oder der Terrasse ein. Mit Zeitungspapier auslegen. Solange der Igel wach ist, muss es täglich erneuert werden, sonst stinkt es. Auch Laub, Moos und geknülltes Zeitungspapier braucht der Kleine in seinem Winterquartier, damit er sich verstecken kann. Wenn er noch sehr klein ist, lege ihm eine Wärmflasche in seine Kiste.

Tipp: Einen Igel bei sich zu Hause überwintern zu lassen, bedeutet große Verantwortung. Man sollte sich schon ein wenig mit Igeln auskennen. Wer sich unsicher ist, bringt den Igel lieber zu einer Igelauffangstation in der Nähe.

Einen Igelunterschlupf bauen

Wenn es kälter wird, beginnen Igel – und manch andere Tiere –, sich auf den Winterschlaf vorzubereiten. Sie bauen warme Unterschlüpfe und fressen sich einen Winterspeck an, der sie warm hält und versorgt, während sie schlafen. Irgendwann ist es dann so kalt, dass sie sich in ihrem Winterquartier einrollen und bis zum Frühjahr schlafen: Sie haben sich eingeigelt.

Wenn der Herbst kommt, baut doch im Garten einen Igelunterschlupf. Stellt Äste in eine ruhige, geschützte Ecke wie ein Tipi zusammen. Dann bedeckt diese Äste mit Blättern und Moos. Lasst eine kleine Öffnung als Tür. Vielleicht habt ihr Glück, und ein Igel kommt vorbei und hat gerade mit seiner Wohnungssuche für seinen Winterschlaf begonnen. Begrüßt den neuen Mieter.

Stiftigel

Aus Ton wird ein Igelkörper geformt. Nun sticht man mit einem Stift viele Löcher hinein. Ton brennen, anmalen und glasieren lassen. Mit bunten Stiften füllen, schon hat man einen wunderschönen Stifthalter. Wenn man keinen Ton hat oder keine Möglichkeit, diesen zu brennen, kann man auch stattdessen auf eine andere selbsthärtende Knetmasse zurückgreifen!

WENN DIE VÖGEL VERREISEN – ZUGVÖGEL
Während sich die einen einigeln oder zum Winterschlaf hinlegen, ziehen die anderen in den Süden, weil es ihnen hier zu kalt wird. Jedes Jahr fliegen etwa 50 Milliarden Vögel zwischen Brutgebieten und Winterquartieren hin und her. Manche legen dabei Tausende Kilometer zurück. Sie finden ihren Weg, egal, bei welchem Wetter. Sie fliegen über Gebirge, Ozeane und Wüsten. Und sie kommen pünktlich, manchmal auf den Tag genau in ihren Brutgebieten an. Zugvögel wie Kranich, Singdrossel, Kiebitz, Bachstelze und Nachtigall verlassen Deutschland und fliegen in den Süden. Sie kehren zwischen Januar und Mai wieder zu uns zurück, um hier zu brüten.

THEATER SPIELEN: HASE UND IGEL

Ein kleines Theaterstück nach einem Märchen der Brüder Grimm und einer Nacherzählung von Ludwig Bechstein.

Man braucht:

- 4 MITSPIELER (ERZÄHLER, HASE, IGELMANN, –FRAU)
- 1 SONNE AUS GELBER PAPPE AN EINEM STAB
- 1 BRAUNE DECKE
- 2 BÜSCHE AUS PAPPE ODER ÄSTE
- 3 MÜTZEN
- 2 SOCKEN
- STOFFRESTE
- NÄHZEUG

Kostüme und Kulisse

Die Kostüme können mit einfachen Mützen hergestellt werden, an denen der Hase zwei lange Ohren aus zwei Socken annäht und die Igel viele braune »Stacheln« aus Stoffresten oder Lederresten. Eine braune Decke am Boden dient als Feld. Außerdem braucht man an jeder Seite einen Busch aus Pappe, hinter der sich die Igel verstecken können.

Das Stück

Erzähler: Es war einmal an einem wunderbaren Sonntagmorgen im Herbst. Die Sonne schien golden vom Himmel herab (er hält die Sonne hoch), die Bienen summten (die Igel und der Hase, die noch nicht zu sehen sind, summen wie Bienen). Da stand der Igel vor seinem Haus in der Sonne und trällerte ein Lied vor sich hin.

Igel: Heute bin ich sehr vergnügt, drum steh ich hier und sing ein Lied, wie bin ich froh, wie ist es fein, ein stachliger Igel zu sein. Die Frau wäscht ab, ich steh hier rum, ein kleiner Feldgang wär nicht dumm.
(Er ruft ins Haus zu seiner Frau) Ich bin dann mal we-eg!
(Er macht sich auf und spaziert zum Feld. Da kommt ihm der vornehme Hase entgegen.)

Igel: Einen wunderschönen guten Tag, Herr Hase!

Hase (sieht sich um): Wer spricht zu mir? (Jetzt sieht er nach unten.) Oh, der Herr Igel. Ich habe Sie gar nicht gesehen! Wie ist die Luft da unten?

Igel: Bestens, denn die schlechte Luft steigt nach oben.

Hase: Hab ich da eine Frechheit gehört?

Igel: Ich weiß nicht, was der Herr Hase alles hört, aber sicher eine ganze Menge, bei diesen wundervoll langen Ohren!

Hase: Lieber lange Ohren als kurze Beine!

Igel: Moment! War das eine Anspielung auf meine Beine?

Hase: Nun, weit kommen Sie damit jedenfalls nicht. Aber wer sich bei Gefahr zu einer albernen Kugel formt, muss vielleicht nicht schnell rennen können.

Igel: Ich kann sehr wohl schnell rennen, ich komme überall und auch so schnell hin, wie ich will.

Hase: Ha, ha, lange nicht mehr so gelacht!

Igel: Sie glauben mir nicht? Dann schlage ich Ihnen eine Wette vor: Ich wette, dass ich schneller laufen kann als Sie, mein Herr!

Hase: Das kann unmöglich Ihr Ernst sein! Das ist ja lachhaft!

Igel (streckt ihm die Hand hin): Um eine Flasche Möhrensaft und einen Taler!

Hase (schlägt ein): Also los, bringen wir es hinter uns.

Igel: Nein, nein, ich muss erst noch meine Aufwärmübungen machen, wir treffen uns zur Mittagssonne und laufen jeder in einer Furche.

Hase: Bis dahin also, wer nicht kommt, ist ein Angsthase! Haha, verstehen Sie? Angst-hase?

Igel: Ich muss doch sehr bitten! (Beide gehen in verschiedene Richtungen davon.)

Igel (grummelt vor sich hin): Was hab ich mir nur dabei gedacht? Niemals werde ich den Hasen im Wettlauf schlagen können. Ich muss nicht ganz bei Sinnen gewesen sein, welcher Stachel hat mich denn nur gepiekt?
(Die Igelfrau steht vor dem Haus)

Igelfrau: Was grummelst du denn da, Igelmann?

Igel: Ojeojeoje, ich habe eine Dummheit begangen, liebe Frau!

Igelfrau: Nun sag!

Igel: Es läuft eine Wette mit dem Herrn Hasen. Ich behauptete, ich könne schneller laufen als dieser!

Igelfrau: Hast du noch alle Stacheln auf dem Rücken? Wie konntest du so etwas nur behaupten?

Igel: Es ist einfach so über mich gekommen. Der Herr Hase hat auf mich herabgesehen, als wäre ich eine schleimende Schnecke.

Igelfrau: Ja, die Hasen tragen ihre Löffel hoch! Es wäre nicht schlecht, ihnen einmal zu zeigen, wie der Hase läuft!

Igel: Aber wie? Ein Hase und ein Igel sind so verschieden wie eine Biene und ein Elefant.

Igelfrau: Dann wären Hasen Igel. Moment, da kommt mir eine Idee. Dieser Hase verlässt sich nur auf seine Beine. Aber er rechnet nicht mit dem Verstand einer Igelfrau! Sieh uns an, wir sehen uns zum Verwechseln ähnlich. Ich werde mich an einem Ende der Laufstrecke verstecken und, wenn der Hase ankommt, werde ich rufen: Ich bin schon da!

Igel: Meine liebe Igelfrau, ich weiß schon, warum ich dich geheiratet habe!

Erzähler: Und so geschah es. Als die Sonne am höchsten stand, versteckte sich die Igelfrau in der Furche am Ziel, und der Igelmann traf den Hasen Furche an Furche am Start.

Hase: Und bereit?

Igel: Bereiter geht es gar nicht!

Hase: Eins, zwei, drei, los! (Der Hase rennt nun, der Igel läuft zwei Schritte und duckt sich in die Furche oder versteckt sich hinter einem Zweig.) (Der Hase kommt im Ziel an.)

Igelfrau: Bin schon da!

Hase: Was, wie ist das möglich? Mit diesen krummen Beinen? Noch ein Rennen!

Igelfrau: Wie Sie meinen, Herr Hase.

Hase: Eins, zwei, drei, los! (Der Hase rennt wieder zurück, wo ihn der Igelmann erwartet und aus seinem Versteck springt.)

Igel: Bin schon da!

Hase: Hä?

Erzähler: (Während er spricht, sieht man den Hasen hin und her laufen und stöhnen, immer schwächer werden und immer rufen der Igelmann oder die Igelfrau: Bin schon da!)

Und so rannte der Hase, der das alles nicht glauben konnte, hin und her und forderte den Igel immer wieder zum Wettlauf heraus. So lief der Hase 73-mal und beim 74. fiel er auf der Stelle um. (Der Hase fällt um.)

Igel: Nun, liebe Igelfrau, lass uns den Taler und den Möhrensaft nehmen, nach Hause gehen und es uns gemütlich machen.

Erzähler: Und die Moral von der Geschichte: Niemand, auch wenn er noch so vornehm, schön oder begabt ist, soll sich jemals über einen Kleineren oder Ärmeren lustig machen.

Hase und Igel als Puppentheater

Man braucht:

- 2 MIKROFASER-WISCHHAND-SCHUHE
- 2 BRAUNE SOCKEN
- 9 KNÖPFE FÜR AUGEN UND NASEN
- 1 KINDERSTRUMPFHOSE
- NÄHZEUG
- SOFA

Für die beiden Igel braucht man einen Mikrofaser-Wischhandschuh – der sieht schon wie ein Igel aus. Schneidet man vorne ein Loch hinein und steckt einen alten braunen Socken hindurch, bekommt der Igelhandschuh auch noch einen Kopf. Nun kann man diesen Igelkopf auch noch mit zwei Knopfaugen und einer Schnauze versehen und fertig ist eine süße Igel-Handpuppe.

Den Hasen kann man aus einer Kinderstrumpfhose basteln. Die beiden Beine zusammenknoten, so entstehen gleich die Ohren. Den Kopf mit einer Schnur leicht zusammenbinden, damit der Finger noch zum Spielen durchpasst. Nun kann der Hase zwei Augen und eine Nase aus Knöpfen bekommen.

Das Sofa wird zum Theater umgebaut. Die Kissen, vielleicht mit brauner Decke darüber, werden das Feld, auf dem der Wettlauf stattfindet.

Veränderungen feiern

Wenn die Ernte eingeholt ist und man ein großes Dankfest feiert, wenn Geister und Hexen an Türen klingeln, wenn die Kinder mit Laternen des Nachts durch die Straßen ziehen – dann ist der Herbst da! Der Übergang von der warmen zur kalten Jahreszeit beschert uns Feste und Bräuche mit einer ganz eigenen Atmosphäre. Feiern Sie den bunten farbenfrohen Herbst!

Ein Dank an die Natur – Erntedankfest

Das Erntedankfest gehört zu den ältesten Festen und wird in vielen Ländern gefeiert. Es findet in Deutschland am ersten Sonntag im Oktober statt. Früher wurde der erste volle Wagen mit der Ernte schweigend heimgefahren, so dankbar waren die Menschen dafür. Diese erste Ernte wurde an arme Menschen verschenkt. An Menschen, die keine eigenen Felder besaßen. Der letzte Wagen wurde dann laut und mit

Jubel nach Hause gefahren. Und nun wurde ein großes, fröhliches Fest gefeiert, denn die Ernte war eingebracht und die Feldarbeiten waren abgeschlossen. Die meisten Menschen gehen heute einfach in ein Geschäft. Da liegt dann wie selbstverständlich alles, was man gerade essen möchte, und das zu jeder Zeit im Jahr. Damals mussten die Menschen säen, ernten und Vorräte anlegen. Wie die Hamster. Denn das

Essen musste den ganzen Winter über reichen. Und man lebte von dem, was man auf den eigenen Feldern erwirtschaftete.

Also war im Winter das Essen kostbar und musste eingeteilt werden. Es gab noch keine Tiefkühltruhen, alles musste ordentlich gelagert werden. Wenn sich dann das Mäuschen in der Speisekammer bediente, war das natürlich sehr ärgerlich.

FAMILIENSTAMMTISCH

Setzt euch zusammen und sprecht einmal über Folgendes: Nichts ist selbstverständlich in unserem Leben. Wir sollten für alles dankbar sein, und es sollte noch viel mehr Dankesfeste geben. Zum Beispiel sollten wir dankbar für unsere Kinder sein und ein Kinderdankfest feiern oder ein Sonnendankfest, ein Regendankfest und danke auch, dass wir ein Dach über dem Kopf haben, eine warme Decke, wunderbare Bücher, mit denen wir in andere Welten reisen können, danke, dass wir mit dem Auto fahren können, und ab und zu mit dem Flugzeug fliegen. Naja, wenn ich weitermachte, würden wir wahrscheinlich jeden Tag irgendein Dankesfest feiern müssen und kämen aus dem Feiern überhaupt nicht mehr heraus. Apropos – danke für alle Feste, die wir feiern dürfen! Für was möchtet ihr euch mit einem Fest bedanken?

Andere Länder, andere Feier

Bei uns wird aus Getreideähren eine große Erntekrone geflochten und mit Bändern und Früchten geschmückt. Die Krone wird auf dem Dorfplatz aufgehängt. In den Kirchen gibt es einen feierlichen Dankgottesdienst. In manchen Gegenden werden Mosaike aus Früchten und Getreide gelegt. Das nennt man einen Erntedankteppich. Viele Menschen bringen Obst und Gemüse zum Altar, dann wird die Getreidekrone gesegnet.

In Amerika wird Thanksgiving gefeiert. Traditionell wird dort ein Truthahn verspeist. Die Chinesen feiern ihren »Chung Chúi« in der Vollmondnacht, die auf den 15. Tag des 8. Mondes fällt. Dieser Tag gilt

für sie als Geburtstag des Mondes, und es werden »Mondkekse« gebacken, auf denen Hasengesichter zu sehen sind, denn die Chinesen sehen im Gegensatz zu unserem »Mann im Mond« den »Hasen im Mond«.

Auch die jüdischen Familien feiern ein Erntefest, sie nennen es Sukkoth, das Laubhüttenfest. Es dauert acht Tage, und die Juden bauen kleine Hütten aus Zweigen. Die Dächer der Hütten werden mit Laub bedeckt. In die Hütten werden Früchte und Gemüse gehängt, darunter Äpfel, Getreide und Granatäpfel. Die alten Ägypter feierten das Erntefest im Frühjahr, der ägyptischen Erntezeit, zu Ehren des Pflanzen- und Fruchtbarkeitsgottes »Min«.

Gehen Sie mit Ihren Kindern auf einen Markt. Wie viele verschiedene Kartoffelsorten gibt es da? Kaufen Sie von jedem Obst und Gemüse, das Sie noch nicht kennen, ein Stück und legen es auf den Erntedanktisch. Dann wird probiert. Ein neuer Geschmack!

Erntedankmosaik ✂

Man braucht:

- 1 TABLETT
- FILZ
- NÜSSE
- GETREIDE
- ZAPFEN, ETC.

Den Filz in der Größe des Tabletts zurechtschneiden, auf das Tablett legen und aus den Materialien ein Mosaik legen.

Tipp: Das Mosaiklegen ist eine schöne Beschäftigung auch schon für die ganz Kleinen. Fördert die Konzentration und beruhigt – ähnlich wie die Arbeit an einem Mandala.

Ein Erntedankstrauß für zu Hause

Ein üppiger Erntedankstrauß aus verschiedenen Getreidesorten wie Weizen, Dinkel, Roggen, Gerste, Hafer, Fahnenhafer oder Maisrispe sieht toll aus und ist die passende Dekoration für die Zeit rund um Erntedank. Allerdings ist er gar nicht so einfach zusammenzustellen, wie es auf den ersten Blick scheint: Da die Getreidesorten zu unterschiedlichen Zeiten reif werden, müsst ihr rechtzeitig mit dem Sammeln anfangen: So wird Gerste als erstes Getreide je nach

Region schon im Juli geschnitten, also noch im Sommer.

Auch diese verschiedenen Getreidesorten könnt ihr in das selbst gemachte Pflanzenbestimmungsbuch eintragen (siehe Seite 33). Dazu jeweils den Samen, also das Korn, aus diesem Getreide kleben. Versucht gemeinsam herauszufinden, in welchen Lebensmitteln die Getreidearten zu finden sind.

Maiskolben

Wussten Sie, dass in Österreich der Mais auch Kukuruz genannt wird? Pflanzen Sie im Garten eine Reihe Mais an. Es ist sehr interessant, wie sich die Maispflanze und dann der Maiskolben entwickelt. Manche Bauern machen aus ihren Maisfeldern Labyrinthe. Sich dort hindurchzufinden, ist ein richtiges Erlebnis. Erkundigen Sie sich, wo sich in Ihrer Gegend so ein Labyrinth befindet, und machen Sie einen Familienausflug dorthin.

Maiskolben – Corn on the Cob

So viele Maiskolben wie ihr essen wollt und könnt, in Salzwasser kochen, bis sie weich sind. Zahnstocher aus Holz an beiden Seiten in die Kolben stecken, damit man ihn besser in die Hand nehmen kann. Die Kolben mit Butter und Salz bestreichen und abnagen – nicht nur lecker, sondern auch ein großer Spaß, weil es so lustig aussieht.

Zwetschgendatschi (Pflaumenkuchen)

Bei uns gibt es jedes Jahr mehrere Zwetschgendatschis (so sagen wir in Bayern), denn die gehören für mich zum Herbst einfach dazu:

Zutaten: Für den Teig (für ein Backblech)
- 450 G MEHL
- 30 G HEFE
- 250 ML LAUWARME MILCH
- 50 G ZUCKER
- 1 EI
- 1 PRISE SALZ
- 50 G BUTTER
- 1,5–2 KG ZWETSCHGEN (JE NACHDEM WIE DICHT MAN DAS BLECH BELEGEN MÖCHTE)
- BUTTER FÜR DAS BLECH

Für die Streusel:
- 200 G MEHL
- 150 G BUTTER
- 150 G ZUCKER

Das Mehl in eine Schüssel sieben, in die Mitte eine Mulde drücken. Hefe hineinbröckeln, mit der Hälfte der lauwarmen Milch und etwas Zucker verrühren. Etwas Mehl darüberstreuen. Zugedeckt 15 Minuten gehen lassen. Ist der Teig gegangen, sieht man Risse im Mehl. Nun die restliche Milch, den Zucker, das Ei, das Salz und die Butter in Flöckchen auf den Mehlrand geben und alles verkneten, bis der Teig sich vom Schüsselrand löst. Zur Not noch etwas Mehl zugeben. Den Teig zugedeckt an einer warmen Stelle gehen lassen, bis sich sein Volumen verdoppelt hat (etwa 45 Minuten).

In der Zwischenzeit die Zwetschgen waschen, aufschneiden, aber nicht ganz durchschneiden und entsteinen.

Das Blech einfetten und den Teig auf Blechgröße ausrollen. Die Zwetschgen fächerartig dicht an dicht auf den Teig legen.

Für Streuselfans: Butter, Zucker und Mehl mit den Händen verkneten. Über die Zwetschgen »streuseln«.

Im vorgeheizten Backofen bei 200 °C etwa 25 Minuten backen.

Von Toten und Geistern – Halloween

Mancher mag Halloween nicht: »Dieses amerikanische Gedöns – hat doch nichts mit uns zu tun.« Tatsächlich kommt Halloween ursprünglich aus Europa und ist nun aus der Neuen in die Alte Welt zu uns zurückgeschwappt. Es gilt dem Gedenken an die Toten. Genau wie Allerheiligen. Der Name Halloween kommt von All Hallows' Eve – Allerheiligenabend und wird am Vorabend von Allerheiligen in der Nacht vom 31. Oktober gefeiert. Der keltische Brauch stammt ursprünglich aus Irland und wurde dort schon vor 2000 Jahren gefeiert. Damals hieß das Fest noch »Samhain«. Die Kelten hatten nur zwei Jahreszeiten, den Sommer und den Winter. Sie bedankten sich bei ihrem Sonnengott »Samhain« für die warme Jahreszeit.

Die Kelten glaubten fest daran, dass in dieser Nacht die Seelen der Verstorbenen als Geister auf die Erde zurückkommen, um in ihre Häuser zurückzukehren. Die Lichter, die an den Häusern entfacht wurden, sollten ihnen den richtigen Weg zeigen. Im 19. Jahrhundert wurde dieser Brauch in den USA von irischen Einwanderern als Erinnerung an die europäische Heimat aufgegriffen und ausgebaut. Wichtig ist, den Kindern die Hintergründe zu erklären. Worum geht es bei Halloween? Darum, möglichst viel Süßkram in den Tüten zu haben? Nein, Halloween ist der Tag vor Allerheiligen. Es geht um die Toten. Deshalb verkleiden sich alle als Geister oder sonstige gruselige Figuren. Die Kinder ziehen von Haus zu Haus und sagen: »Süßes oder Saures« oder »Gabe oder Streich«. Wer keine Süßigkeiten gibt, muss mit einem Streich rechnen. Also ist es doch eigentlich ein schöner Brauch.

Eine alte Tradition – leuchtende Kürbisse

Der Brauch, Kürbisse auszuhöhlen und aufzustellen, stammt ebenfalls aus Irland. Denn dort lebte der Sage nach der alte Bösewicht Jack Oldfield. Dieser fing durch eine List den Teufel und ließ ihn nur frei, nachdem er versprach, seine Seele niemals zu holen. Als Jack starb, wurde er aufgrund seiner bösen Taten nicht im Himmel aufgenommen, und auch der Teufel konnte ihn nach seinem Versprechen nicht

aufnehmen. Doch der Teufel erbarmte sich und schenkte Jack eine Rübe und eine ewig glühende Kohle, damit er durch das Dunkel wandern konnte. Der beleuchtete Kürbis war also ursprünglich eine Rübe. Der Kürbis wurde als Jack O'Lantern bekannt. Geschnitzte Fratzen in den Kürbissen sollten die bösen Geister abhalten.

Mit einer Kerze im Fenster grinst der kleine Kürbiskopf nun bis auf die Straße. Eine künstliche Beleuchtung verhindert, dass der Kürbis angekokelt riecht und der Deckel schnell schrumpft. Der ausgehöhlte Kürbis wird nur einige Tage halten, dann beginnt er zu schimmeln. Trennen Sie sich also rechtzeitig von ihm, damit er nicht plötzlich zu stinken anfängt.

Kürbis schnitzen

Das ist meist Elternsache, weil es gar nicht so einfach ist. Zum Schnitzen verwendet man am besten ein spitzes Messer oder ein Sägeblatt. Der Kürbis sollte reif sein, dann lässt er sich besser aushöhlen. Als Erstes wird der Deckel ausgeschnitten. Am besten mit Zickzackmuster. Dann hält er später besser an den ausgeschnittenen Kanten. Höhlen Sie den Kürbis nun so aus, dass eine etwa 4 cm dicke Wand bleibt. Dazu können Sie auch einen Eiskugelformer benutzen oder einen Löffel. Retten Sie das Kürbisfleisch in einer Schüssel, um im Anschluss eine leckere Kürbissuppe zu kochen. Jetzt geht das eigentliche Schnitzen los. Entweder Sie malen sich eine Gesichtsschablone, oder Sie schnitzen einfach darauf los, wenn Sie bereits eine Idee für eine lustige Fratze im Kopf haben. Auf jeden Fall die gewünschten Ausschnitte mit einem wasserfesten Stift auf den Kürbis malen.

EIN GRUSELIGES GERÄUSCHEHÖRSPIEL

Dieses Mitmachhörspiel eignet sich für größere Kinder, aber auch für Erwachsene. Der Raum wird abgedunkelt. Eine Kerze steht in der Mitte. Sie wird erst nach den ersten Sätzen angezündet.

Bevor Sie mit einer tiefen, langsamen und spannungssteigernden Stimme vorlesen, werden Instrumente, mit denen man die Geräusche imitieren kann, verteilt oder kleine Zettel, auf denen die zu imitierenden Geräusche aufgeschrieben sind. Auch der Schrei oder der Satz: »Hallo, ist da wer?«, wird auf ein Zettelchen geschrieben. Pferdehufe lassen sich sehr gut mit zwei Kokosnusshälften nachahmen, echte Zweige können geknickt werden, und ein Regenrohr (auch selbst gebaut aus einem Papprohr gefüllt mit Reis) taugt für den perfekten Regenguss. Die Zuhörer müssen nun ganz aufmerksam sein, denn sie kennen den Inhalt der Geschichte nicht und müssen im richtigen Moment ihre Geräusche einsetzen. Alle Geräusche sind für den Vorleser unterstrichen, so kann dieser auch auf ein verpasstes Geräusch warten. Den Anfang der Geschichte lesen Sie im Dunkeln. Vielleicht genügt das Restlicht im Raum, vielleicht brauchen Sie auch eine kleine Taschenlampe dafür. Mit der folgenden Geschichte können Sie es gut ausprobieren.

Die Mutprobe

Es war bereits tiefschwarze Nacht. Hanna zog die dünne Strickjacke enger über ihre Schultern. Sie fröstelte. Der <u>Sommerregen</u> hatte ihre Haare schon gänzlich durchnässt, doch das störte sie nicht. Mit zitternden Händen <u>zündete sie die Kerze an</u>, die schief in dem

kleinen Windlicht stand, das sie beim Hinauslaufen kurz entschlossen mitgenommen hatte. Nun stand sie da, direkt vor dem kleinen, stockfinsteren Wald, und sie wusste, es gab kein Zurück. Dies war die Nacht der Nächte. Die Nacht, in der sie ihre schlimmsten Ängste überwinden und besiegen wollte. Es gab niemanden, der sie dazu gezwungen hätte. Den Befehl gab einzig und allein sie selbst. Sie war gerade 16 geworden und ein ziemlicher Hasenfuß. So viel war ihr schon entgangen, nur weil sie ständig von diesen Ängsten verfolgt wurde. Ängste, die ihre Eltern ihr eingeimpft hatten. Tu dies nicht, tu das nicht, es könnte doch etwas passieren, was ist wenn … ist das nicht zu gefährlich? Und nun stellte sie sich ihren Kindheitsängsten – im Wald der Wälder. Der Wald neben dem kleinen Ort, in dem Hanna aufgewachsen war und über den man die schlimmsten Geschichten erzählte.

Es waren Geschichten von dunklen Reitern ohne Gesichter, von Geistern, die den Hexen und Trollen ihre Streiche spielten, Geschichten von Kröten mit Hühnerköpfen, die in dem kleinen Teich mitten im Wald mit den Moorwesen um die Wette hüpften, und von <u>Waldelfen</u>, die mit ihren <u>Gesängen</u> die Menschen erstarren ließen.

Hanna hatte sich vorgenommen, diesen Wald einmal zu durchqueren, ohne nach links und nach rechts zu sehen. Noch einmal genoss Hanna den freien Himmel über sich. <u>Vögel zwitscherten</u>. Sie <u>atmete</u> tief durch und setzte schließlich zögernd einen Fuß vor den anderen. Der <u>Lärm ihrer Schritte</u> wirkte unerträglich laut. Kurze Zeit später hatte sie der Wald verschluckt. Die Kerze flackerte. Hanna hielt inne, um sich zu orientieren. Das schien in der Finsternis des Waldes unmöglich. Die <u>Vögel waren verstummt</u>. Der <u>Regen prasselte</u> auf die Wipfel der Bäume, und der Wind bewegte die <u>Äste</u> sacht hin und her, sodass diese <u>knarrten</u>. Von ferne hörte man <u>Donnergrollen</u>.

Noch einmal nahm sie ihren ganzen Mut zusammen. Ihr <u>Herz hämmerte</u> wie wild. Tapfer ging sie weiter, immer tiefer in den Wald.

Etwas <u>raschelte</u>. Sicher nur eine Maus, dachte Hanna. <u>Ein Käuzchen schrie</u>.

Doch was war das? <u>Seltsame Laute</u> drangen an ihr Ohr: Waren das die <u>Frösche</u> mit den Hühnerköpfen? Hanna rannte so schnell sie konnte. Sie musste sich am Teich befinden, und das bedeutete, sie hatte die Hälfte des Waldes bereits hinter sich gelassen. Plötzlich schrak sie zusammen. Sie meinte <u>Hufgetrappel</u> zu hören, das immer näher kam. Unfähig sich zu bewegen, stand sie da und wartete, was passierte. Doch das Getrappel entfernte sich.

Hanna <u>schluckte</u>. Sie sammelte sich und ging mit zitternden Knien weiter. Hinter einem dicken Stamm kam sie schließlich zum Stehen. Sie war völlig außer Atem, und ihr <u>Herz schlug ihr bis zum Hals</u>. Doch gerade als sie sich von dem Schrecken erholt hatte, begann ein eigenartiges <u>Summen</u>, das sie noch nie zuvor gehört hatte. Hanna wollte schon lauschen, da fielen ihr gerade noch rechtzeitig die Waldelfen ein, die mit ihren Gesängen die Menschen erstarren ließen. »<u>Hallo? Ist da wer?</u>«, rief Hanna in die Dunkelheit hinein, doch es kam keine Antwort. Das Geräusch wurde intensiver. Hanna presste sich die Hände auf die Ohren. <u>Sie schrie laut auf</u>. Doch da vorne – waren das nicht schon die Lichter des Ortes, die durch die Bäume leuchteten? Hanna fixierte das Ende des Waldes. <u>Sie pfiff</u>, so laut sie konnte, ein Kinderlied und marschierte zielstrebig aus dem Wald hinaus. <u>Zweige knackten</u> unter ihren Füßen.

Draußen angekommen fühlte sie sich groß und mutig. Eine kleine Katze spielte auf dem Feld. Und Hanna hatte das Gefühl, nichts, aber auch gar nichts, könne ihr so schnell wieder Angst einjagen. Sie <u>pustete die Kerze aus</u> und ging nach Hause.

Tipp: So ein Geräuschemitmachhörspiel ist ein Riesenspaß – auch bei Partys. Und sorgt für viel Gelächter.

Was erschreckt den kleinen Fritz?

husch!

Gespenstische Kürbissuppe 🥄

Zutaten:

- 1 KG KÜRBISFLEISCH
- 1 L GEMÜSEBRÜHE
- 1 ZIMTSTANGE
- 1 LORBEERBLATT
- 2 GEWÜRZNELKEN
- 1 TL WACHOLDERBEEREN
- 1 TL CURRYPULVER
- 100 ML SCHLAGSAHNE
- 1 PRISE BRAUNER ZUCKER, SALZ, PFEFFER
- 1 PRISE CAYENNEPFEFFER
- 1/2 BECHER SCHMAND
- 8 GERÖSTETE KÜRBISKERNE
- 10 ML STEIRISCHES KÜRBISKERNÖL

Kürbisfleisch grob würfeln und zusammen mit Brühe, Zimtstange, Lorbeerblatt, Nelken, Wacholderbeeren und Currypulver in einen hohen Topf geben. Sahne angießen und aufkochen lassen. Suppe zugedeckt etwa 15 Minuten köcheln lassen, bis der Kürbis weich ist. Zimtstange, Nelken, Lorbeerblatt und Wacholderbeeren aus der Suppe herausfischen. Die Suppe mit dem Pürierstab pürieren. Mit Zucker, Salz, Pfeffer und Cayennepfeffer abschmecken. Die Suppe auf vier Tellern anrichten. Für die Augen des Kürbissuppenmonsters auf jeden Teller zwei münzgroße Kleckse Schmand geben und darauf jeweils einen Kürbiskern setzen. Das Kürbiskernöl halbkreisförmig unterhalb der Augen in die Suppe träufeln – fertig ist das gruselige Lachen.

Halloweendekoration ✂

Damit zu Halloween eine gruselige Stimmung aufkommt, hilft die passende Deko. Sie ist mit wenig Aufwand schnell gemacht.

Spinnen mit Netz

In einem Fenster oder Holzrahmen kann mit Paketschnur oder Wolle ein Spinnennetz gewebt werden. Dazu acht Schnüre wie einen Stern übereinanderlegen, die Mitte, an der sich alle Schnüre treffen, mit einer kurzen Schnur zusammenbinden. Nun die Enden der Schnüre an einem Rahmen befestigen – am besten mit einem Klebeband. Jetzt spinnt man ein Netz, indem man weitere Schnüre im Kreis an die anderen Schnüre spannt und immer dort verknotet, wo sich die Schnüre treffen. Schon ist ein schönes Spinnennetz fertig. Kleine schwarze Spinnen aus bemalten halben Walnüssen mit angeklebten und zurechtgebogenen Beinen aus braunen Pfeifenreinigern krabbeln in dem Netz herum.

Kleine Geister

Aus Taschentüchern oder weißen Stoffen lassen sich ganz einfach lustige Gespenster basteln: Je nach gewünschter Größe quadratische Stoffe mit einem Tennis-, Tischtennisball, Nüssen oder Watte für den Kopf füllen und am Hals zusammenbinden. Augen und Mund aufmalen, fertig ist ein kleiner Geist, den man nun über den Tisch hängen kann.

Ein Skelett aus Ästen

Äste in unterschiedlichen Längen sammeln. Mit Draht und Nägeln zu einem Skelett verbinden. Eine halbe Kokosnuss dient als Kopf. Wenn es Durchzug gibt, wackeln die Gebeine und es klappert!

Müllmonster ✂

Müll sammeln wie zum Beispiel: Joghurtbecher, Dosen, alte Handschuhe, Tüten, Korken, Kronkorken, Bonbonpapiere, Schokoladenpapiere, Stofffetzen, Papierfetzen, Deckel, »Innereien« alter CD-Player, Drähte, Schrauben, CDs und so weiter.
Nun wird aus all dem Müll ein großes Müllmonster gebaut. Dinge können aneinandergeklebt, gebunden oder mit Draht gewickelt werden. Vielleicht besteht der Kopf aus einer Dose mit Löchern und so kann das Müllmonster ebenfalls wie ein Kürbis in den Garten gestellt werden mit einer Leuchte oder einer brennenden Kerze darin.

Geisterburg fürs Fensterbrett ✂

Sammelt alte Tetrapacktüten (Milch, Saft, Tomatensoße). Daraus lässt sich eine ganze Burg bauen. Die Tüten oben aufschneiden, damit die Kerze später

Luft bekommt. Mit Cutter oder Schere werden Fenster, Türen, Tore und Zinnen ausgeschnitten. Die Tetrapackgeisterburg kann angemalt oder beklebt werden. In jedes Gebäude stellt man nun ein Teelicht und so kann die Geisterburg abends gruselig leuchten.

Tütenmasken ✂

Ganz einfach kann man aus braunen Papiertüten lustige Fratzen herausschneiden. Ob man diese nun über den eigenen Kopf stülpt, um wie ein kleines Monster auszusehen oder ein Marmeladenglas mit einem Teelicht als Dekoration hineinstellt, bleibt jedem selbst überlassen.

Echt gruselig – Halloweenspiele

Vielleicht habt ihr Lust auf eine Halloween-Party. Da kann es Kürbissuppe und blutige Finger (Würstchen mit Ketchup) zur Stärkung geben sowie Vampirblut (roten Tee oder Saft) gegen den Durst. Und vor allem spielt ihr etwas Schauriges.

Wer hat Angst vorm schwarzen Mann?

Ein Spieler (der schwarze Mann) steht auf einer Seite, die anderen Mitspieler auf der anderen.
Schwarzer Mann: »Wer hat Angst vorm schwarzen Mann?«
Kinder: »Niemand!«
Schwarzer Mann: »Wenn er aber kommt?«
Kinder: »Dann laufen wir davon!«
Nun läuft der »schwarze Mann« den Kindern entgegen, diese müssen versuchen, an ihm vorbeizukommen und die andere Seite zu erreichen, ohne gefangen zu werden. Alle Kinder, die von dem schwarzen Mann abgeschlagen werden, sind im nächsten Durchgang ebenfalls Fänger. So wird es immer schwieriger zu entkommen. Dies ist übrigens ein uraltes Spiel, das spielte schon meine Oma.

Gruselfühlkiste

Mehrere Schuhkartons stehen auf dem Tisch. In ihre Deckel sind Löcher hineingeschnitten, gerade so groß, dass eine Hand hindurchpasst. In den Kisten befinden sich verschiedene Dinge, die von den Kindern, die hineingreifen, erraten werden müssen: Ein nasser Waschlappen, ein schlapper Luftballon, eine Zitrone, eine Gummischlange, eine Kastanienhülle, ein flauschiges Stück Fell. Ein Karton wird von einem

Kind in den Händen gehalten. Auf der Unterseite ist ein geheimes Loch, durch das das Kind seine Hand streckt. Nun berühren die Hände des ratenden Kindes die Hand im Karton. Ui – wie gruselig!

Geisterbahn

Einem Kind werden die Augen verbunden. Man spart sich so einen mühsam mit Tüchern verhängten Raum. Das Kind nimmt auf einem Schreibtischstuhl mit Rollen Platz und wird von einem Geist irgendwo in der Wohnung umhergeschoben. Die anderen sind ebenfalls Geister. Sie berühren das Kind hier und da mit gruseligen Dingen, (ein aufgeblasener Einweghandschuh, Fäden wie Haare, die von oben herabhängen) oder sie spritzen ein wenig Wasser aus einer Sprühflasche an dessen Arme. Vielleicht lauert auch ein Föhn hinter einer Ecke, der dem Kind ins Gesicht pustet. Oder der Furcht einflößende Fußkitzelgeist?

Man kann so eine Geisterbahn natürlich auch mit vielen großen Umzugskartons bauen. Die Kartons werden so aneinandergeklebt, dass eine lange Röhre entsteht, durch die die Kinder (auch gern die Erwachsenen, wenn sie sich trauen) durchkrabbeln können. In die Wände schneidet man kleine Löcher, die man dann wieder mit schwarzem Stoff verhängt. Durch diese Löcher kann man nun durchgreifen und die Geisterbahnbesucher erschrecken, kitzeln oder wie schon bei der oben beschriebenen Geisterbahn mit lustigen Dingen erschrecken.

Einer macht Buh!

Für jeden Mitspieler wird ein Zettel in einen Hut gegeben, auf einem befindet sich ein Kreuz, auf einem anderen ein Kreis, auf den übrigen nichts. Jeder zieht nun einen Zettel aus dem Hut. Wer den Kreis zieht, ist derjenige, der erschreckt wird, das »Opfer«, der mit dem Kreuz ist der »Buhmann«, der jedoch geheim bleibt. Nun stellen sich alle in eine Reihe. Das Opfer geht die Reihe entlang, dicht, von einem Gesicht zum anderen. Es weiß, dass sich der Buhmann unter ihnen befindet. Die anderen bleiben still. Der Buhmann muss nun nicht gleich in der ersten Runde »zuschlagen«, er kann auch genüsslich einige Runden abwarten. Doch dann, wenn das Opfer sich in Sicherheit wiegt, schneidet er plötzlich eine Grimasse und schreit laut: Buh! Nur wenn sich das Opfer auch wirklich erschreckt, hat der Buhmann gewonnen.

Mord im Dunkeln

Möbel weitgehend zur Seite räumen, den Raum abdunkeln. Bevor das Licht ausgeknipst wird, zieht jeder im Raum einen Zettel. Bis auf zwei sind alle Zettel mit einem T für »Tänzer« gekennzeichnet. Auf einem Papier steht ein M für »Mörder« und auf dem anderen ein D für »Detektiv«. Nun wissen alle ihre Rollen, das Licht wird gelöscht, der Detektiv verlässt den Raum. Musik wird aufgedreht, und die Tänzer beginnen zu tanzen. Der Mörder ermordet sein Opfer, indem er ihm dreimal auf die Schulter klopft. Der Ermordete kreischt, bevor er umfällt, so laut er kann. Das Licht geht an, und der Detektiv erscheint. Jetzt muss er durch die Befragung der Tänzer den Mörder ausfindig machen. Hierzu fragt er jeden im Raum dreimal nach seinem Alibi. Die Tänzer müssen dem Detektiv dreimal dasselbe erzählen, der Mörder muss mindestens einmal etwas anderes sagen. Der Detektiv muss also gut aufpassen, wer hier was erzählt.

Schau dich um, der Geist geht um

Aus einem weißen Taschentuch wird mit einem Knoten ein Geist gebastelt. Einer ist der Geisterjäger. Der muss im Dunkeln das kleine Gespenst fangen, das allerdings von den anderen Mitspielern hin und her gegeben wird. Jeder, der den Geist gerade besitzt, muss »Buh« sagen. So tappt der Geisterjäger zumindest nicht ganz im Dunkeln.

Noch mehr Geisterjäger

Einer ist der Geist. Dieser hüllt sich in ein weißes Laken. Alles ist dunkel. Der Geist sucht sich mit Hilfe einer Taschenlampe ein gutes Versteck. Nun begeben sich die anderen auf die Suche nach ihm. Haben sie ihn gefunden, halten sie sich an ihm fest und geben keinen Mucks von sich. Bald ist um den Geist eine kleine Versammlung entstanden. Derjenige, der den Geist zuletzt findet, hat verloren und darf in der nächsten Runde den Geist spielen.

Gruselgeschichte

Alle sitzen im Dunkeln im Kreis. Einer beginnt eine Gruselgeschichte zu erzählen: »Es war Nacht ...«, der Nächste im Kreis erzählt weiter: »die Turmuhr schlug zwölf ...« Nun wird reihum eine möglichst gruselige Geschichte erzählt, die von Erzähler zu Erzähler immer wieder eine andere überraschende Wendung nehmen kann.

Allerheiligen und Allerseelen

Im Gegensatz zu Halloween ist der folgende Tag ein stiller Feiertag: Allerheiligen. Damit eng verbunden ist auch Allerseelen, der nächste Tag. In den Tagen vor Allerheiligen haben die Menschen die Gräber bereits besonders schön mit Blumen und Zweigen geschmückt. Jetzt ziehen sie auf die Friedhöfe und gedenken der Heiligen und der Verstorbenen.

Viele Menschen reden nicht gern über den Tod oder denken nicht gern darüber nach. Dieser Tag ist eine Gelegenheit, den Tod als etwas anzunehmen, was genauso zum Leben gehört wie die Geburt.

Gehen Sie mit Ihren Kindern über einen Friedhof. Lesen Sie die Namen auf den Grabsteinen. Überlegen Sie, was der eine oder die andere wohl für ein Mensch war. Suchen Sie gemeinsam ein Grab, das so aussieht, als hätte sich schon jahrelang niemand mehr darum gekümmert. Befreien Sie es von Unkraut und alten Blättern und pflanzen Sie dort ein Blümchen. Erweisen Sie einem Verstorbenen die Ehre, den sie nicht kannten. Vielleicht sprechen Sie ein Gebet für ihn. Für die Kinder ist das sicher auch ein besonderer Moment. Besonders schön ist es, daraus ein jährlich wiederkehrendes Familienritual zu machen.

Haben Sie verstorbene Familienmitglieder oder Freunde? Dann richten Sie doch an diesem Tag eine kleine Gedenkstätte im Wohnzimmer her mit Fotos oder Andenken an die Toten, einer Blume in einer besonderen Vase … Eine Kerze leuchtet für sie. Man spricht und erinnert sich an die Verstorbenen. Wie waren sie, was hat sie ausgemacht? Worüber haben sie gelacht? Lassen Sie das Thema Tod nicht unter den Tisch fallen. Es gehört genauso zum Leben dazu wie das Leben selbst!

FAMILIENSTAMMTISCH

»Warum sterben die Menschen?« Überlegen Sie gemeinsam, was auf der Erde passieren würde, wenn niemand sterben würde. Wie voll wäre die Erde dann. Kein Platz für neue Babys. Oder überlegen Sie mit den Kindern, was wäre, wenn niemand mehr älter werden würde.

Erzählen Sie Ihren Kindern, was andere Menschen über den Tod und das Leben danach glauben. Einige glauben, sie werden wiedergeboren als andere Menschen oder vielleicht als Tiere. Als welches Tier würde man am liebsten auf die Welt kommen? Als Ameise? Stecken all die Seelen Verstorbener vielleicht in den Vögeln, die um uns sind? Sitzt da drüben auf dem Ast vielleicht Onkel Klaus? Einige glauben, sie kommen in den Himmel. In das Paradies. Und wie sieht das Paradies wohl aus? Wie stellen die Kinder sich Gott vor? Wo fliegen die Seelen hin? An was glauben Ihre Kinder? Aus einem unangenehmen Gespräch kann ein sehr spannendes und emotionales Gespräch werden. Kinder können meist viel gelassener, offener mit dem schwierigen Thema umgehen.

Tag der Barmherzigkeit – Sankt Martin

Als 331 n. Christus der römische Kaiser Konstantin I. befahl, dass alle Söhne als Berufssoldaten in der römischen Armee dienen sollten, wurde auch der Sohn eines römischen Offiziers, Martin, im Alter von 15 Jahren Soldat. Martin war bescheiden und gütig. Obwohl nicht getauft, lebte und handelte er wie ein Christ. Seine Kameraden schätzten ihn sehr wegen seiner Nächstenliebe. Sie fanden, er sei mehr ein Mönch als ein Krieger, denn er behielt von seinem Sold nur das Nötigste für sich selbst, alles andere gab er armen und kranken Menschen.

Bereits drei Jahre später wurde er Gardeoffizier in der französischen Stadt Amiens. Dort sollte eine Begebenheit vor den Toren der Stadt sein Leben für immer verändern: Es war ein bitterkalter Wintertag. Viele arme Menschen waren in der Kälte bereits erfroren. Martin ritt auf seinem Schimmel auf das Stadttor zu, als ihm ein Bettler entgegenkam. Er war völlig unbekleidet und flehte alle vorübergehenden Menschen an, ihm zu helfen. Aber niemand half. Alle sahen einfach weg. Nur Martin empfand tiefes Mitgefühl mit dem armen Mann und wollte ihm helfen. So nahm er sein Schwert, teilte seinen Mantel in der Mitte durch und reichte die eine Hälfte dem Bettler. Dieser hüllte sich sofort in das warme Stück, und Martin ritt weiter, die andere Hälfte um die Schultern gelegt. Einige der Umstehenden machten sich über Martin lustig, denn sie fanden, er sähe jetzt selbst aus wie ein Bettler, aber einige, die

weitaus mehr als Martin hätten geben können, waren beschämt.

In der folgenden Nacht hatte Martin einen Traum. Er träumte von Jesus Christus, der mit einer himmlischen Schar Engel und bekleidet mit dem halben Mantel auf ihn zukam. Er sagte: »Martin, ich war der Bettler, dem du deine Barmherzigkeit geschenkt hast.«

Als Martin am nächsten Morgen erwachte, wusste er, dass er sein Leben ändern wollte. Er verließ die Armee und trat als Mönch in den Dienst Gottes. Erst einige Jahre später ließ er sich taufen und wurde 371 sogar Bischof von Tours.

Am Namenstag des Heiligen Martin von Tours, dem 11. November, ist Martinstag. Es ist ein Fest des Teilens und der Barmherzigkeit, aber auch der Lichter.

FAMILIENSTAMMTISCH

Sprechen Sie doch mal über die Barmherzigkeit. Wissen Ihre Kinder noch, was dieses Wort bedeutet? Kann man dieses alte Wort in den heutigen Sprachgebrauch aufnehmen? Geben Sie doch jedem in der Familie die Aufgabe, heute, an Sankt Martin, dieses Wort mindestens einmal zu gebrauchen. Immerhin ist es ein sehr schönes Wort mit einer wunderbaren Bedeutung.

Wie reagieren wir selbst auf Bettler in der Stadt? Sprechen Sie darüber, was man heute Gutes tun könnte. Man könnte zum Beispiel kleine Esspakete bestücken, mit Würsten, Brot, einem Kuchenstück und Obst, und diese Pakete den Bettlern in der Stadt schenken. Das wäre barmherzig.

Was kann man in der Schule Barmherziges tun? Gibt es Kinder, die ausgegrenzt werden? Vielleicht schafft man es, diese Kinder zu bemerken und besonders nett zu ihnen zu sein – das sollte sich natürlich nicht nur auf den Martinstag beschränken. Aber ein guter Anfang wäre es auf jeden Fall.

Nussschalenlichter ✂ 💡

Sammeln Sie Walnussschalen und Kerzenreste. Docht können Sie in Kerzengeschäften kaufen oder im Internet bestellen. Nun schmelzen Sie das alte Wachs im Wasserbad und gießen es in die Nussschalen, während Sie den Docht in der Mitte der Schale so lange halten, bis das Wachs fest geworden ist. Die Nussschalenlichter kann man nun in einer großen Schale mit Wasser wie kleine Schiffchen treiben lassen.

Ich geh mit meiner Laterne 💡

In vielen Regionen sind Umzüge mit Laternen am Martinstag üblich – oft hinter einem Reiter im roten Mantel auf einem Pferd her. So stellt man sich Sankt Martin vor. Während des Umzugs werden Martinslieder gesungen, und danach gibt es Weckmänner und Süßigkeiten für die Kinder.
In manchen Regionen gehen die Kinder nach dem Umzug am Martinsabend zum Martinssingen: In kleinen Gruppen ziehen sie durch ihr Wohngebiet, klingeln an den Häusern und singen Martinslieder, wenn jemand öffnet. Als Belohnung gibt es Süßigkeiten. Für Menschen, die nichts geben, die also nicht barmherzig sind, gibt es ein Schmählied. Wenn die Kinder mit ihren leuchtenden Laternen um die Häuser ziehen, ist das immer ein Erlebnis. Die kleinen Gesichter werden vom Leuchten der Laternen angestrahlt, und die Kinder sind auch stolz auf ihre selbst gebastelten Laternen und darauf, dass die Erwachsenen ihnen ein echtes brennendes Licht zutrauen. Längst gibt es ja kleine Glühbirnen, die man in die Laternen hängen kann und die mit Batterie sicher leuchten.
Zuerst war ich begeistert, als ich das sah, so praktisch und auch so ungefährlich. Doch eigentlich ist so eine echte Kerze doch viel schöner. Und in all meinen Jahren als Martinszugbegleiterin habe ich noch nie eine Laterne gesehen, die in Flammen aufging. Die Kinder können das ziemlich gut. Also trauen Sie ihnen ruhig etwas zu!
Tipp: Stellen Sie alle Laternen, die Ihre Kinder in der Kindergartenzeit gebastelt haben, ans Fenster. Basteln Sie auch mit ihren größeren Kindern noch Laternen oder Windlichter. Die können dann durchaus auch schon etwas komplizierter sein und besondere Formen haben.

Kein Martinstag ohne Lieder ♩

Egal ob ihr zum Laternenumzug geht, zum Martinssingen oder ob ihr eure Laternen nur zu Hause leuchten lasst – das Singen gehört zu Sankt Martin einfach dazu. Doch wer kennt alle Strophen vom Martinslied?

Sankt Martin

Sankt Martin, Sankt Martin,
Sankt Martin ritt durch Schnee und Wind.
Sein Ross, das trug ihn fort geschwind.
St. Martin ritt mit leichtem Mut,
sein Mantel deckt ihn warm und gut.

Im Schnee saß, im Schnee saß,
Im Schnee, da saß ein armer Mann,
hatt' Kleider nicht, hatt' Lumpen an:
»Oh helft mir doch in meiner Not,
sonst ist der bitt're Frost mein Tod.«

St. Martin, St. Martin,
St. Martin zieht die Zügel an,
sein Ross stand still beim braven Mann.
St. Martin mit dem Schwerte teilt'
den warmen Mantel unverweilt.

St. Martin, St. Martin,
St. Martin gibt den halben still,
der Bettler rasch ihm danken will.
St. Martin aber ritt in Eil'
hinweg mit seinem Mantelteil.

Ich geh mit meiner Laterne

Ich geh mit meiner Laterne
und meine Laterne mit mir.
Da oben leuchten die Sterne,
und unten leuchten wir,
Mein Licht geht aus, ich geh nach Haus
Rabimmel, rabammel rabumm!

Laternen basteln ✂

Klar ist es einfacher, eine Laterne fertig zu kaufen. Aber beim Basteln kommt noch der Spaß am Selbermachen hinzu. Außerdem ist eine selbst gebastelte Laterne immer ein Einzelstück, das nie ganz genauso aussieht wie eine andere. Laternen können aussehen wie Sonnen, Eulen, Martinsgänse, Sterne …

Einfache Laterne

Man braucht:
- 1 RUNDE KÄSESCHACHTEL (LEER)
- PERGAMENTPAPIER
- KLEBER
- DRAHT
- HOLZSTAB

Der Deckel der Käseschachtel bekommt ein großes Loch. Der untere Teil wird der Boden der Laterne. Das Pergamentpapier (vielleicht vorher mit Sternen und Monden verziert) wird an den Rand der Käseschachtel geklebt. Nun kommt der Käseschachteldeckel mit Loch auf das Papier. Ebenfalls festkleben. Aus dem Draht einen Henkel biegen und diesen in der oberen Pappe der Schachtel befestigen. Teelicht in der Laterne festkleben und Stab am Draht befestigen. Fertig.

Laterne mit Schattenfiguren

Diese Laterne kann auch mit Schattenfiguren aus schwarzem Tonpapier beklebt werden. Einfach Umrisse von Märchenfiguren, Gänsen, Sankt Martin mit Pferd oder ähnlichem ausschneiden und aufkleben.

Laternen-Eule

Zwei große Eulenumrisse aus braunem Tonpapier ausschneiden. Den Bauch der beiden Eulen »herausschneiden« und die Löcher mit durchscheinendem Pergamentpapier bekleben.

Blechbüchsenlaternen

Mit einem Nagel Löcher in alte Konservenbüchsen schlagen, entweder kreuz und quer oder Löcher in Sternform oder Spiralen. Draht als Henkel befestigen, Teelicht hinein, fertig!

Laternen-Häuser

Laternen können aussehen wie kleine Häuser – das Licht scheint aus den Fenstern, die mit durchsichtigem Pergamentpapier geklebt sind. Als Grundlage eignen sich leere Milchtüten hervorragend.

Luftballonlaternen

Sehr schön sind auch Laternen aus Luftballons.

Man braucht:
- 1 LUFTBALLON
- TRANSPARENTPAPIER IN VERSCHIEDENEN FARBEN ODER BUTTERBROTPAPIER
- KLEISTER
- LATERNENBÜGEL ODER DRAHT
- KERZENHALTERUNG ODER TEELICHT
- HOLZSTAB

Den Luftballon aufblasen und zuknoten. Das Transparentpapier wird in Stücke gerissen oder geschnitten. Den Kleister anrühren.
Es muss nicht der ganze Ballon beklebt werden, weil die Laterne ja oben offen bleiben muss, um später die Kerze hineinzustellen. Nun den Ballon mit Kleister einstreichen und die Schnipsel in mehreren Schichten (mindestens drei) aufkleben. Am Ende auch noch eine Schicht Kleister auftragen und trocknen lassen. Das Trocknen dauert je nach Schichtdicke ein bis zwei Tage. Ist alles trocken, entfernt man den Luftballon und schneidet den Rand der Laterne gerade. Zwei Löcher in den Rand schneiden und den Laternenbügel oder den Draht dort befestigen. Die Einstichstelle

vorher mit durchsichtigem Klebeband verstärken. Das Teelicht unten in der Laterne festkleben. Stab an den Draht. Fertig.

Tipp: Auch in einfarbig Weiß sieht diese Laterne wunderschön aus oder zusätzlich mit Gräsern und Blättern beklebt.

Mit großen Ballons entstehen große Laternen, mit kleinen kleine und in ganz kleine kann man auch schön Teelichter in der Wohnung aufstellen.

Was ist ein Weckmann?

Vielleicht kennst du den Weckmann als Stutenkerl. Es ist ein Gebäck aus Mehl, Salz, Hefe und Wasser in Form eines Mannes. Manchmal haben die Weckmänner auch Pfeifen aus Ton im Mund, die früher ursprünglich Bischofsstäbe waren. Denn der Stutenkerl stellte früher den heiligen Sankt Martin als Bischof dar. Der Hefeteig wird auch als Stuten bezeichnet, was dem Stutenkerl seinen Namen gab. Oder auch als Wecken: So entstand der Weckmann. Er trägt außerdem die Namen: Puhmann, Klausenmann, Grittibänz, Teigmännli, Grättimaa, Jean Bonhomme, Weggbopp. Im Rheinland und im Ruhrgebiet wird der Weckmann zu Sankt Martin gegessen. Vielerorts allerdings auch am 6. Dezember zu Nikolaus.

Aus dem Teig lässt sich allerdings auch eine Martinsgans backen.

Weckmann backen

Zutaten für 6 Stück:
- 600 G MEHL
- 40 G HEFE
- 250 ML LAUWARME MILCH
- 100 G BUTTER
- 2 EIER
- 1 PRISE SALZ
- 60 G ZUCKER
- ABGERIEBENE SCHALE EINER HALBEN UNBEHANDELTEN ZITRONE
- 1 PÄCKCHEN VANILLINZUCKER
- ROSINEN ODER MANDELN FÜR AUGE, NASE UND MUND
- EIGELB ZUM BESTREICHEN

Das Mehl in eine Schüssel sieben und eine Mulde hineindrücken. Die Hefe hineinbröckeln und mit der lauwarmen Milch und etwas von dem Mehl zu einem Vorteig vermischen. 15 Minuten gehen lassen. Die Butter zerlassen und mit den Eiern, dem Salz, Zucker, Vanillinzucker, Zitronenschale, Mehl und dem Vorteig zu einem Teig kneten. Je länger Sie kneten und je liebevoller, desto besser. (Hefeteig will immer liebevoll behandelt werden.)

Zugedeckt an einem warmen Ort noch einmal gehen lassen, bis der Teig sich verdoppelt hat.

Den Teig etwa 1 cm dick ausrollen und Weckmänner ausschneiden oder formen. Mit verquirltem Eigelb bestreichen und Nüsse und Rosinen als Augen, Mund und Nase hineindrücken.

Im vorgeheizten Backofen bei 210 °C (Umluft 180 °C) 10 bis 15 Minuten backen.

Winter

Es ist kalt. Der Himmel ist fast weiß. Dann die erste Schneeflocke.

Und noch eine. Und noch eine.

Leuchtende Augen, dicke Handschuhe, wenn wir hinauslaufen in den Schnee.

Rote Wangen und kalte Füße, wenn wir wieder hereinkommen.

Dort warten dann vielleicht schon Plätzchen und Kakao auf uns.

Zauberhafte Winterzeit

Kurze Tage, kahle Bäume, schneidende Kälte, vielleicht sogar Schnee – da sind wir gerne drinnen in der Wärme und machen es uns gemütlich mit Kerzen und Kakao, mit Winterdekoration und der Zauberkraft der Märchen. Juhu, der magische Winter ist da. Ich liebe den Winter!

Jetzt wirds gemütlich!

Gemütlich! Was für ein wundervolles Wort! Behaglich, angenehm, wohltuend, kein Stress, keine Hektik, langsam – gemütlich eben! So gemütlich wie im Winter ist es zu keiner anderen Jahreszeit: Im Warmen zusammensitzen, ein prasselndes Feuer im Kamin, Kerzen auf dem Tisch, jemand liest eine Geschichte vor oder erzählt etwas von früher. Wir lachen gemeinsam über eine lustige Pointe. Es gibt heißen Tee und selbst gebackene Plätzchen. Der Duft von geschälten Orangen steigt uns in die Nasen. Dicke Socken wärmen unsere Füße. Vielleicht hat sich auch einer von uns in eine kuschelige Wolldecke gewickelt und drückt sich eng an den Papa ran. Vielleicht spielen wir alle zusammen ein Spiel:

die Großen und die Kleinen, die Alten und die Jungen. Wir haben rote Wangen, weil wir eben noch einen Schneemann gebaut haben. Und dann singen wir ein Lied. Alle zusammen. So könnte es ewig weitergehen. Der Tag sollte niemals enden. Denn das ist Gemütlichkeit pur!

Wann ist Winter?

Astronomisch betrachtet beginnt der Winter mit der Wintersonnenwende, dem Zeitpunkt, an dem die Sonne senkrecht über dem südlichen Wendekreis steht und der Tag am kürzesten ist. Das ist entweder der 21. oder 22. Dezember. Am 20. oder 21. März endet der Winter.

Meteorologisch gesehen beginnt der Winter jedoch am 1. Dezember. Man ordnet ihm die Monate Dezember, Januar und Februar zu.

Genauso sieht es die Phänologie, die sich an den Erscheinungen der Natur orientiert. Für die Pflanzen ist in unseren Breiten jetzt im Großen und Ganzen Wachstumspause. Das geht im Allgemeinen los, wenn die Laubbäume komplett ihre Blätter abgeworfen haben.

FAMILIENSTAMMTISCH

Winter – schon wieder ist es Zeit für das Ritual des Familienstammtischs. Macht es euch gemeinsam gemütlich bei Kerzenschein und einem warmen Getränk und überlegt euch, was ihr mit dem Winter verbindet:

- Wie sieht der Winter aus?
  Weiß, wenn es Schnee gibt.
- Und wie fühlt er sich an?
  Klirrend kalt. Nach roten Backen und gemütlichen Rollkragenpullis.
- Wie hört er sich an?
  Nach Weihnachtsliedern, Glöckchenklang und knirschendem Schnee.
- Und wie riecht der Winter?
  Nach heißen Maroni, frisch gebackenen Plätzchen und Mandarinen.
- Und wie schmeckt der Winter?
  Süß, nach Honigbrot und Zimt.

To-Do-Liste für den Winter

Schnee und Weihnachten machen den Winter zu einer ganz besonderen Jahreszeit. Überlegt gemeinsam, was für euch und eure Familie unbedingt dazugehört. Es sind sicher auch noch andere Dinge als in meiner Liste.

10 DINGE, DIE MAN TUN SOLLTE, WENN ES WINTER IST

1. Einen Mini-Schneemann bauen und ihn im Tiefkühlfach aufbewahren
2. Einen Bratapfel essen
3. Einen Tag im Pyjama verbringen
4. Einen Brief schreiben
5. Ein Brot backen
6. Die Scheiben am Auto eines Fremden freikratzen
7. Um den Weihnachtsbaum tanzen
8. Etwas stricken
9. Schneeflocken auf der Zunge zergehen lassen
10. Im Schnee liegen und einen Schneeengel machen

Habt ihr schon mal einen kleinen Schneemann im Kühlschrank aufbewahrt? Oder Schneebälle tiefgefroren – für schlechte Schneezeiten? Nein, noch nie? Dann wird es aber Zeit! Was denkt ihr, wie sich eure Familie freut, wenn ihr mitten im Sommer einen kleinen Schneemann aus dem Tiefkühler holen oder eine Schneeballschlacht machen könnt. Auch eine tolle Überraschung für ein Kinderfest.

Der Jahreszeitensetzkasten im Winter

Falls ihr einen Jahreszeitensetzkasten habt, ist es jetzt Zeit, ihn zu leeren, zu säubern und für den Winter neu zu dekorieren. Wie wäre es mit Christbaumkugeln in Rot oder in allen Farben? Oder mit einer Nikolaussammlung oder mit Schneemännern aus Papier geknüllt?

Der Jahreszeitenast im Winter

Im Winter gibt es durch die Weihnachtszeit besonders viele Dekorationsmöglichkeiten für den Jahreszeitenast: Zapfen aus Tannenwald, Sterne und Schneeflocken aus Papier ausgeschnitten, Nikoläuse oder eine Sammlung von Eulen. Das sind jedoch alles nur Beispiele für diesen Ast, ihr könnt auch ganz andere Dinge daranhängen, die ihr mit dem Winter verbindet.

Dein Baum im Winter

Wie sieht dein Baum im Winter aus? Male ihn auf ein Papier oder fotografiere einen Baum und klebe das Foto auf. Bevor du ihn zu deinen Bäumen aus den anderen Jahreszeiten legst, schau dir alle Bilder an, die du bisher gemacht hast und vergleiche sie.

Winter im Schuhkarton ✂

Bastelt doch gemeinsam eine Winterlandschaft in einem Schuhkarton. Das geht ganz einfach. Den Karton wie einen Schaukasten vor euch stellen, aus Tonpapieren oder allem möglichen Kram eine ganz eigene Winterwelt gestalten und sie in dem Karton befestigen. Vielleicht bastelt ihr aus weißem Toilettenpapier einen Rodelhügel, auf dem aus Papier ausgeschnittene Kinder auf ihren Schlitten aus Holzspießen den Berg hinunterfahren. Vielleicht steht unten am Berg ein Schneemann aus zerknülltem Seidenpapier oder Styroporkugeln. Oder ihr habt euch für einen Winterwald entschieden mit vielen Papierbäumen und einer Futterkrippe mit echtem Stroh in der Mitte, an der einige Hirsche und Rehe – vielleicht Gummitiere aus der Spielzeugkiste stehen und

fressen. Möglicherweise steht da auch ein kleines Knusperhaus und eine Hexe schaut heraus – eine Figur aus einer Zeitschrift ausgeschnitten. Und vielleicht stehen davor zwei Kinder, Hänsel und Gretel, und wenn man genau hinsieht, kann man euch erkennen, denn du hast Fotos von euch für die Kinder benutzt. Vielleicht. Oder ihr habt euch für ein Weihnachtszimmer entschieden. Ein Baum aus Papier steht da mitten im Raum. Im Hintergrund sieht man die Fenster des Zimmers und unter dem Baum stehen viele Geschenke. Diesmal erinnert dein Schuhkarton-Schaukasten an ein Zimmer aus einem Puppenhaus. Ist die Landschaft im Karton fertig, könnt ihr sie sogar an die Wand hängen wie ein Bild. Oder euch selbst fällt noch etwas ganz anderes ein, was man in so einen Schuhkarton bauen kann.

Windlichterstadt ✂

Malt auf einen Karton viele Häuserfassaden, die gemütlich direkt nebeneinanderstehen. Schneidet sie außen herum aus und mit einem Cutter die Fenster hinein. Diese könnt ihr nun mit bunten Transparentpapieren als Scheiben bekleben. Wenn ihr den Karton an den Kanten der letzten beiden Häuser knickt, können sie von selbst stehen. Nun stellt dahinter Marmeladengläser mit Teelichtern.

Fit für den Winter

Triefende Nasen, gerötete Augen und keuchender Husten – wohin ihr auch kommt: Im Winter ist immer irgendjemand erkältet, Niesen, Schnupfen und Husten gehören jetzt zur Tagesordnung. Trotzdem gibt es sehr viele Menschen, die quietschfidel sind, obwohl sie jeden Tag mit dem Bus fahren und dort von Bazillenmutterschiffen umgeben sind. Doch manche Menschen stecken sich nicht an oder nur ganz wenig. Woran liegt das? Haben diese Menschen ein geheimes Rezept?

Wohl kaum, dafür haben sie mit Sicherheit ein gutes körpereigenes Abwehrsystem, die Ärzte nennen es Immunsystem. Es bekämpft Bakterien und Viren schon beim Eindringen und schützt uns vor mancher Erkrankung, wenn es fit ist. Damit es auch bei euch gut funktioniert, könnt ihr es stärken und damit einer Erkältung vorbeugen. Gesunde Ernährung mit vielen Vitaminen, Entspannung vom Alltagsstress und Anregung des Kreislaufs, etwa durch Bewegung oder Massagen, sind hier die Zaubermittel. Schon jeden Tag frisch gepresste Orangensäfte und Spaziergänge an der frischen Luft wirken Wunder.

Bratapfel

Zutaten:
- 4 ÄPFEL
- ETWA 2 TL MARZIPAN
- ETWA 2 TL NÜSSE
- ETWA 1 TL ROSINEN
- 1 TL BUTTER

Mit einem Apfelausstecher ein Loch durch den Apfel stechen, sodass das Kerngehäuse entfernt wird. Dieses Loch im Apfel wird mit allen möglichen leckeren Dingen gefüllt, die man mag. Klassisch sind Marzipan, Nüsse und Rosinen. Die Äpfel in eine Auflaufform oder auf ein Backblech setzen und zum Schluss ein Flöckchen Butter obendrauf geben. In den Backofen bei 160 °C schieben und etwa 15 Minuten backen.
Tipp: Dazu schmeckt Vanillesauce oder Vanilleeis. Probieren Sie als Füllung doch auch Schokolade, Honig, Pistazien.

Fitness-Müsli

Zutaten für 2 Personen:
- BANANE
- APFEL
- 2 BECHER NATURJOGHURT
- 2 EL HAFERFLOCKEN
- 1 EL GERIEBENE MANDELN
- HONIG NACH BELIEBEN
- 2 EL BRAUNE HIRSE

Eine Banane und einen Apfel klein schneiden. Zwei Naturjoghurts dazugeben. Haferflocken, geriebene Mandeln, Honig und braune Hirse ganz nach Belieben untermischen.
Tipp: Wer möchte, gibt noch Rosinen zu. Je nach Saison kann man auch noch anderes Obst hinzugeben: Erdbeeren, Orangen, Trauben, Kiwi. Wenn Sie die klein geschnittenen Obstsorten in Schälchen extra auf den Tisch stellen, dann kann sich jeder nur solches Obst nehmen, das er mag. Ich kenne diese gerümpften Nasen: »Sind da Trauben drin? Dann ess ich das nicht!«

Wellness zu Hause

Nach einem anstrengenden Tag oder einer stressigen Woche können Sie sich ruhigen Gewissens etwas Gutes gönnen: vielleicht eine Feuchtigkeitsmaske für die trockene Haut oder ein warmes Bad bei Kerzenschein. So ein Bad wirkt manchmal Wunder. Oder legen Sie sich gemütlich in die Wanne und lassen sich etwas von Ihrem Kind oder Ihrem Mann vorlesen. Oder wie wäre es mit einer Fußmassage für alle? Und dann statt eines Kuchens ein Bratapfel, denn Sie wissen doch: One apple a day keeps the doctor away.

Wärme verschenken

Oh, wie ist das schön, abends in ein Bett zu steigen, in dem bereits einige Zeit eine Wärmflasche lag. Wenn Ihre Familie noch keine Wärmflaschen besitzt, sind sie das ultimative Geschenk für alle – auch für Oma, Opa, Tante Frieda und Onkel Helmut. Entweder Sie kaufen für jeden eine besondere Wärmflasche, oder nur die Flasche ohne Stoffhülle und nähen die Hülle selbst.

Individuelle Wärmflasche

Man braucht:

· WÄRMFLASCHE
· STOFF (MEHR ALS DOPPELT SO GROSS WIE DIE WÄRMFLASCHE)
· KORDEL
· NÄHZEUG

Wärmflasche auf den Stoff legen und ihre Umrisse auf den Stoff übertragen und diesen zweimal – Vorder- und Rückseite – ausschneiden.

Bevor Sie nun die beiden Seiten zusammennähen, überlegen Sie, ob Sie die Wärmflasche nicht noch mit Namen oder etwas Ähnlichem versehen wollen. Man kann zum Beispiel mit Stofffarbe stempeln. Ich würde Ihnen empfehlen, auf einen einfarbig weißen Stoff zu drucken. Haben Sie keine Buchstabenstempel, können Sie diese leicht aus Moosgummi schneiden (siehe Seite 51).

Meist muss der frisch bedruckte Stoff von links erst gebügelt werden, um die Farbe zu fixieren, dann kann man die Hülle später waschen, und der Druck

bleibt erhalten. Die beiden Stoffseiten nun links auf links zusammennähen, umstülpen und am oberen Rand ein Band durchziehen, damit man den Stoff um die Flasche schnüren kann.

Tipp: Ein kuscheliger Stoff ist natürlich für das Bett angenehmer, der Stoff sollte aber auf jeden Fall etwas dicker sein, damit die Wärmflasche im gefüllten Zustand nicht zu heiß ist.

Eine Blankowärmflasche kostet um die fünf Euro. Manchmal gibt es auch schon Wärmflaschen mit einfarbigen Bezügen für etwa sechs Euro. Wenn Sie keine Hülle selbst nähen wollen, nähen Sie doch auf die bestehende Hülle Applikationen.

Mit Kirschkernen wärmen

Auch ein Kirschkernkissen ist eine schöne Geschenkidee. Sammeln Sie Kirschkerne im Sommer. Abwaschen und gut trocknen, damit sie nicht schimmeln. Nähen Sie ein kleines Kissen, und verzieren Sie es ganz nach Belieben. Zum Schluss geben Sie die Kerne hinein und nähen die Öffnung zu.

Bei Bauchschmerzen oder Zahnweh, Verspannungen im Nacken oder einfach zum Wärmen, wenn einem gar nicht mehr warm werden will, können Sie das Kissen sowohl im Backofen als auch in der Mikrowelle erwärmen. Kirschkerne speichern aber genauso gut Kälte. Dafür das Kissen in einen Gefrierbeutel stecken und ins Gefrierfach legen.

Tipp: Kirschkerne kann man auch in Bastelgeschäften oder im Internet kaufen. Dann sind sie auch schon säurefrei gereinigt.

Winterliche Märchenmagie

Wenn es draußen ungemütlich oder kalt und dunkel ist, sind Märchen genau das Richtige, und wir lassen uns gerne in ihre verzauberte Welt entführen. Am einfachsten ist das natürlich mit dem klassischen Vorlesen, aber es geht auch abend- oder sogar tagfüllend, wenn ihr ein Märchen als Theaterstück aufführt oder einen ganzen Sonntag damit gestaltet. Es müssen nicht wie hier im Buch »Hänsel und Gretel« oder »Frau Holle« sein – sie dienen nur als Beispiele. Es kann genauso gut euer Lieblingsmärchen sein.

Hänsel und Gretel ♩

Hänsel und Gretel verliefen sich im Wald.
Es war so finster und auch so bitterkalt.
Sie kamen an ein Häuschen von Pfefferkuchen fein.
Wer mag der Herr wohl in diesem Häuschen sein?
Huhu, da schaut eine alte Hexe raus!
Sie lockt die Kinder ins Pfefferkuchenhaus.
Sie stellte sich gar freundlich, oh Hänsel, welche Not!
Ihn wollt sie braten im Ofen braun wie Brot.
Doch als die Hexe zum Ofen schaut hinein,
stießen hinein sie der Hans unds Gretelein.
Die Hexe musste braten, die Kinder gehen nach Haus.
Nun ist das Märchen von Hans und Gretel aus.

Schattentheater ✂

Hattet ihr in eurem Wohnzimmer schon eine Schattentheateraufführung? Nein? Dann probiert es einmal aus. Und so bastelt man ein Schattentheater:

Man braucht:
- 1 PAPPKARTON (30 x 50 CM ODER GRÖSSER)
- 1 SCHERE
- BUTTERBROTPAPIER
- KLEBEBAND
- 1 HELLE LAMPE
- KLEBER
- SCHWARZES TONPAPIER
- 1 WEISSER BUNTSTIFT
- HOLZSPIESSE

Das Theater

Schneidet aus dem Kartonboden ein großes Loch, sodass dieser aussieht wie ein kleiner Fernseher. Über das Loch wird das Butterbrotpapier glatt gespannt und mit Kleber und Klebeband befestigt. Wenn ihr möchtet, könnt ihr es noch anmalen, bekleben oder mit einem Stoff als Theatervorhang ausstatten. Eine helle Lampe dahinterstellen, fertig!

Die Figuren

Malt mit einem weißen Buntstift die Umrisse der Figuren (am besten von der Seite) auf das schwarze Tonpapier. Schneidet sie aus, und klebt sie mit Klebeband an die Holzspieße.

Kulisse

Dann schneidet ihr aus dem schwarzen Papier Kulissen aus: Bäume für den Wald und das Hexenhaus. Aber schneidet vom Haus nur die Ränder aus, damit man die Figuren im Häuschen noch sehen kann. Was braucht man noch? Einen Käfig, in dem Hänsel steckt? Den Ofen? Ein paar Waldtiere?

Aufführung

Wenn ihr die Geschichte von Hänsel und Gretel noch mit Musik oder einigen Geräuschen untermalt, wird die Aufführung noch schöner: Soll das Feuer im Ofen knistern, lasst eine Tüte oder ein Butterbrotpapier in der Hand rascheln, das hört sich fast so an wie ein echtes Feuer. Wenn der Wind durch die Bäume bläst, lasst die Zuschauer laut pusten oder heulen wie der Wind. Die sind immer viel aufmerksamer, wenn man sie ein wenig in das Spiel mit einbezieht.

Und nun kann das Stück beginnen! Vorhang auf!

Tipp: Man braucht nicht unbedingt Figuren und ein Theater für eine Schattenaufführung. Mit einem weißen Bettlaken oder einer weißen Tischdecke und einer großen Lampe dahinter könnt ihr selbst zur Schattenfigur werden.

Und es geht noch ganz anders: Wenn eine Lampe oder eine Taschenlampe an die weiße Wand strahlt, könnt ihr mit euren Händen im Lichtkegel lustige Tiere und Gestalten formen.

Knusperhäuschen

Zutaten:

- FETT UND MEHL FÜR DAS BLECH
- 150 G FLÜSSIGEN HONIG
- 100 G ZUCKER
- 3 EIER
- 375 G MEHL
- 1,5 TL KAKAO
- 1,5 TL LEBKUCHENGEWÜRZ
- 1 TL BACKPULVER
- 400 G PUDERZUCKER
- 100 G MANDELSTIFTE
- 100 G MANDELBLÄTTCHEN
- 1 PACKUNG GEBÄCKSCHMUCK

Backblech einfetten, mit Mehl bestäuben.

Den Honig erwärmen und 100 g Zucker und 2 EL Wasser bei mittlerer Hitze unterrühren. 10 Minuten abkühlen lassen.

Ofen vorheizen: 175 °C Umluft, 150 °C Gas.

2 Eier trennen. Die beiden Eigelb und ein ganzes Ei cremig schlagen. Die Honigmasse hineinrühren. Mehl, Kakao, Lebkuchengewürz und Backpulver vermischen, dann unter die Ei-Honigmasse kneten. (Ist eine klebrige Angelegenheit – einfach noch Mehl zugeben, wenn es zu sehr klebt.)

Teig auf dem Backblech ausrollen, in den Ofen schieben und 20 Minuten backen. 5 Minuten auskühlen lassen, dann noch warm die Wände ausschneiden. Aus dem Rest des Teigs kann man Figuren ausstechen oder Bäume. Alles auskühlen lassen.

Vorlagen für das Haus:

Für das Ausschneiden der einzelnen Hauswände kann man sich aus Papier Schnittbögen zeichnen. Man braucht: ein großes Rechteck (21x30 cm) und 2 gleiche Dreiecke (ca 13 cm hoch) mit je 15 cm langen Seiten. Aus einem Dreieck eine Tür ausschneiden und Fenster. Das Rechteck einmal quer teilen (für beide Dachhälften).

Für den Guss:

Eiweiß und 400 g Puderzucker schlagen. Die Hälfte davon in einen Spritzbeutel füllen. (Aus einer kleinen Plastiktüte kann man einen Spritzbeutel basteln, indem man ein kleines Loch in eine Ecke der Tüte schneidet.)

Der Rest vom Guss wird mit 1 bis 2 EL Wasser verrührt. Damit die Dächer bestreichen und mit Mandelstiften und Blättchen oder Lebkuchen verzieren. Auch die Figuren können so dekoriert werden. Alles trocknen lassen.

Nun kann man mit dem Guss als »Kleber« die Kanten des Häuschens und das Dach zusammenkleben. Den übrigen Guss auf den Dachfirst und die Kanten spritzen. Auch Fenster und Türen können hübsch verziert werden.

Das Häuschen und seine Figuren stellt man am besten auf ein Holzbrett oder auf ein Tablett, das man vorher mit Alufolie auskleidet. Mit Puderzucker sieht das Ganze wie eine wunderschöne Winterlandschaft aus. Also lassen Sie Puderzucker schneien. Fertig ist das Lebkuchenhaus.

Tipp: Dieses Rezept eignet sich auch, um eine individuelle Christbaumdekoration zu backen. Hierzu würde ich jedoch mindestens die doppelte Menge empfehlen, wenn Sie einen großen Baum haben. Statt Wände und Dach stechen Sie nun mit Plätzchenformen Herzen, Lebkuchenmännchen und Sterne aus.

Frau Holle lässt grüßen

Ein regnerischer Sonntag ist genau richtig für einen Frau-Holle-Tag: Erzählt das Märchen von Frau Holle und spielt Frau-Holle-Spiele:
Wie wäre es zum Beispiel mit einer richtigen Kissenschlacht?
Oder spielt Kissenstapeln: Wer den höchsten Kissenturm macht, hat gewonnen.
Oder pustet eine Feder hin und her über den Tisch. Wer es schafft, sie beim Gegenüber vom Tisch zu blasen, hat gewonnen.
Was passiert sonst noch im Märchen? Das Brot ruft: Zieh mich raus, zieh mich raus, sonst verbrenne ich. Also wie wäre es mit Brot backen? Das duftet so herrlich in der ganzen Wohnung.

Roggen-Nussbrot

Zutaten:
- 300 G WEIZENMEHL
- 75 G ROGGENMEHL
- 1 TL SALZ
- 1/2 TL GERIEBENE MUSKATNUSS
- 1 WÜRFEL HEFE
- 350 ML HANDWARMES WASSER
- 2 TL WALDHONIG
- 4 EL RAPSÖL
- 100 G MANDELN, GROB GEHACKT
- 100 G WALNÜSSE, GROB GEHACKT
- 20 G PINIENKERNE, GROB GEHACKT
- ROGGENMEHL

Weizen- und Roggenmehl mit Salz und Muskatnuss in eine Schüssel geben und mischen.
Handwarmes Wasser in eine Schüssel füllen. Hefe zerbröckeln, zum Wasser geben und darin auflösen. Hefe-Wasser-Lösung zusammen mit Honig und Öl unter die Mehlmischung geben und alles verkneten. Den Teig in der Schüssel zugedeckt an einem warmen Ort etwa 1 Stunde gehen lassen.
Ein Blech mit Backpapier auslegen. Die Mandeln zusammen mit den Walnüssen und Pinienkernen in einer Pfanne ohne Fett goldbraun anrösten. Die Nussmischung zum Teig geben und damit verkneten. Teig auf einer bemehlten Arbeitsfläche nach Belieben zu einem runden oder ovalen Laib formen und weitere 15 Minuten gehen lassen.
Das Brot auf das Backblech legen, mit etwas Roggenmehl bestäuben. Eine ofenfeste Tasse mit heißem Wasser füllen und ebenfalls auf das Backblech stellen. Auf mittlerer Schiene bei 200 °C ungefähr eine Stunde backen. Das Brot auf einem Kuchengitter auskühlen lassen und in Scheiben schneiden.

FRAU HOLLE – EIN HÖRSPIEL

Haben Sie schon einmal ein eigenes Livehörspiel gemacht? Das ist wirklich lustig, sowohl für die Kleinen wie für die Großen. Man kann es in der Familie, in einer Schulklasse, im Kindergarten oder auch mit mehreren Erwachsenen recht spontan spielen. Schreiben Sie alle Anweisungen, die in Klammern stehen, auf Karteikärtchen. Für einige Geräusche und Laute kann man sich einfache Dinge nehmen, die verteilt werden. Das Feuer etwa kann mit Hilfe von Butterbrotpapier oder einer Tüte heimelig prasseln. Sind solche Dinge nicht zur Hand, werden die Geräusche einfach mit der Stimme nachgeahmt oder gesprochen. Zuerst werden die Sprecherrollen, dann die Geräusche verteilt. Jeder Sprecher (Stiefmutter, fleißige Tochter, faule Tochter, Frau Holle, Brot, Baum, Hahn) bekommt ein Textblatt. Dann fangen Sie als Erzähler an, die Geschichte zu lesen. Alle müssen sehr aufmerksam sein, denn keiner weiß im Voraus, wann er an der Reihe ist.

Frau Holle (Brüder Grimm)

Eine Witwe hatte zwei Töchter, davon war die eine schön und fleißig, (Pfiffe und Ahh-Rufe) die andere hässlich und faul (Pfiffe und Buh-Rufe). Sie hatte aber die hässliche und faule, weil sie ihre rechte Tochter war, viel lieber, und die andere musste alle Arbeit tun und der Aschenputtel im Hause sein. Das arme Mädchen musste sich täglich auf die große Straße (Hupe) bei einem Brunnen setzen und so viel spinnen (trrrrr), dass ihm das Blut aus den Fingern sprang.

Nun trug es sich zu, dass die Spule einmal ganz blutig war, da bückte es sich damit in den Brunnen und wollte sie abwaschen; sie sprang ihm aber aus der Hand und fiel hinab (platsch). Es weinte (weinen), lief (Schritte) zur Stiefmutter und erzählte ihr das Unglück. Sie schalt es aber so heftig und war so unbarmherzig, dass sie sprach: »Hast du die Spule hinunterfallen lassen, so hol sie auch wieder herauf.« Da ging das Mädchen zu dem Brunnen zurück und wusste nicht, was es anfangen sollte (seufzen); und in seiner Herzensangst sprang es in den Brunnen hinein (platsch), um die Spule zu holen. Es verlor die Besinnung (Gesang: Ahhhh). Als es erwachte und wieder zu sich selber kam, war es auf einer schönen Wiese, wo die Sonne schien und vieltausend Blumen standen. Die Vögel zwitscherten (Vögel). Auf dieser Wiese ging es fort (Schritte) und kam zu einem Backofen, in dem das Feuer brodelte (Feuer prasselt). Der war voller Brot; das Brot aber rief: »Ach, zieh mich raus, zieh mich raus, sonst verbrenn ich: Ich bin schon längst ausgebacken.« Da trat es herzu und holte mit dem Brotschieber alles nacheinander heraus. Danach ging es weiter und kam zu einem Baum, der hing voll Äpfel, und rief ihm zu: »Ach, schüttel mich, schüttel mich, wir Äpfel sind alle miteinander reif.« Da schüttelte es den Baum, (Äpfel fallen – Trommel) dass die Äpfel fielen, als regneten sie, und schüttelte, bis keiner mehr oben war; und als es alle in einen Haufen zusammengelegt hatte, ging es wieder weiter (Schritte).

Endlich kam es zu einem kleinen Haus (Gesang: Ahhhh), daraus guckte eine alte Frau, weil sie aber so große Zähne (Zähne klappern) hatte, ward ihm Angst, und es wollte fortlaufen. Die alte Frau aber rief ihm nach: »Was fürchtest du dich, liebes Kind? Bleib bei mir, wenn du alle Arbeit im Hause ordentlich tun willst, so soll dirs gut gehn. Du musst nur acht geben, dass du mein Bett gut machst und es fleißig aufschüttelst, dass die Federn fliegen, dann schneit es in der Welt; ich bin die Frau Holle.« (Gesang: Ahhhh) Weil die Alte ihm so gut zusprach, so fasste sich das Mädchen ein Herz (Herz klopfen), willigte ein und begab sich in ihren Dienst. Es besorgte auch alles nach ihrer Zufriedenheit und schüttelte ihr das Bett (Bett schütteln) immer gewaltig, auf dass die Federn wie Schneeflocken umherflogen (Windspiel oder Glöckchen oder zartes Schlagen an Gläser); dafür hatte es auch ein gut Leben bei ihr, kein böses Wort und alle Tage Gesottenes und Gebratenes (rülpsen). Auch zu Trinken bekam es reichlich (gluckern).

Nun war es eine Zeit lang bei der Frau Holle, da ward es traurig und wusste anfangs selbst nicht, was ihm fehlte (seufzen), endlich merkte es, dass es Heimweh war; ob es ihm hier gleich vieltausendmal besser ging als zu Haus, so hatte es doch ein Verlangen dahin (seufzen). Endlich sagte es zu ihr: »Ich habe den Jammer nach Haus gekriegt, und wenn es mir auch noch so gut hier unten geht, so kann ich doch nicht länger bleiben, ich muss wieder hinauf zu den Meinigen.« Die Frau Holle sagte: »Es gefällt mir, dass du wieder nach Haus verlangst, und weil du mir so treu gedient hast, so will ich dich selbst wieder hinaufbringen.« Sie nahm es darauf bei der Hand und führte es vor ein großes Tor (Gesungen Aaah). Das Tor ward aufgetan (knarren), und wie das Mädchen gerade darunter stand, fiel ein gewaltiger Goldregen (Regenrohr oder prasselnde Finger auf Blech), und alles Gold blieb an ihm hängen, sodass es über und über davon bedeckt war. »Das sollst du haben, weil du so fleißig gewesen bist,« sprach die Frau Holle und gab ihm auch die Spule wieder, die ihm in den Brunnen gefallen war. Darauf ward das Tor (Tür schließen) verschlossen, und das Mädchen befand sich oben auf der Welt, nicht weit von seiner Mutter Haus (Gesang: Ahhh); und als es in den Hof kam, saß der Hahn (krähen) auf dem Brunnen und rief: »Kikeriki, unsere goldene Jungfrau ist wieder hie.« Da ging es hinein zu seiner Mutter und weil es so mit Gold bedeckt ankam, ward es von ihr und der Schwester gut aufgenommen (freuen). Das Mädchen erzählte alles, was ihm begegnet war, und als die Mutter hörte, wie es zu dem gro-

ßen Reichtum gekommen war, wollte sie der andern hässlichen und faulen Tochter gerne dasselbe Glück verschaffen. Sie musste sich an den Brunnen setzen und spinnen (trrrrrrr); und damit ihre Spule blutig ward, stach sie sich in die Finger (au). Dann warf sie die Spule in den Brunnen (platsch) und sprang selber hinein (schrei) (platsch). Sie kam, wie die andere, auf die schöne Wiese, wo die vielen Vögel zwitscherten (Vogelgezwitscher) und ging auf demselben Pfade (gehen) weiter. Als sie zu dem Backofen gelangte (Feuer prasselt), schrie das Brot wieder: »Ach, zieh mich raus, zieh mich raus, sonst verbrenn ich, ich bin schon längst ausgebacken.« Die Faule aber antwortete: »Da hätt ich Lust, mich schmutzig zu machen«, und ging fort. Bald kam sie zu dem Apfelbaum, der rief: »Ach, schüttel mich, schüttel mich, wir Äpfel sind alle miteinander reif.« Sie antwortete aber: »Du kommst mir recht, es könnte mir einer auf den Kopf fallen«, und ging damit weiter. Als sie vor der Frau Holle Haus kam, fürchtete sie sich nicht, weil sie von ihren großen Zähnen (Zähne klappern) schon gehört hatte, und verdingte sich gleich zu ihr. Am ersten Tag tat sie sich Gewalt an, war fleißig und folgte der Frau Holle, wenn sie ihr etwas sagte, denn sie dachte an das viele Gold (Geld klappert), das sie ihr schenken würde; am zweiten Tag aber fing sie schon an zu faulenzen (gähnen), am dritten noch mehr (gähnen), da wollte sie morgens gar nicht

aufstehen (schnarchen). Sie machte auch der Frau Holle das Bett nicht (zz zz zz), wie sichs gebührte, und schüttelte es nicht, dass die Federn aufflogen. Das ward die Frau Holle bald müde und sagte ihr den Dienst auf. Die Faule war das wohl zufrieden und meinte, nun würde der Goldregen kommen; die Frau Holle führte sie auch zu dem Tor, als sie aber darunter stand, ward statt des Goldes ein großer Kessel voll Pech ausgeschüttet (Regen). »Das ist zur Belohnung deiner Dienste«, sagte die Frau Holle und schloss das Tor zu (Tür schließen). Da kam die Faule heim, aber sie war ganz mit Pech bedeckt, und der Hahn (Hahn) auf dem Brunnen, als er sie sah, rief: »Kikeriki, unsere schmutzige Jungfrau ist wieder hie.« Das Pech aber blieb fest an ihr hängen und wollte, solange sie lebte, nicht abgehen. Und wenn sie nicht gestorben ist, so klebt sie noch heute.

Wenn die Natur schläft

Der Schnee legt sich wie eine große dicke Daunendecke über die Wälder, die Kälte deckt den See mit Eis zu, und alles ist still. So still, dass einige Tiere ihren Winterschlaf halten können. Und dann schlafen auch die Bäume und Blumen und sammeln Kraft für ein neues Jahr. Hört ihr sie schnarchen? Psst! Leise! Wir wollen sie doch nicht wecken!

Im Winterwald

Wenn der Wald verschneit ist, sieht er ganz anders aus und gleicht einer Märchenwelt. Scheint dann die Sonne durch die Bäume, glitzert der Schnee auf dem Boden des Waldes in vielen verschiedenen Farben. Macht euch auf zu einem wunderschönen Winterwunderwaldspaziergang. Wenn ihr ein ganzes Stück in den Wald hineingegangen seid, steht einfach da, und seid ganz leise. Was hört ihr? Nichts! Ein Wald im Winter ist das Zuhause der Stille. Der Schnee hat die letzten Geräusche einfach verschluckt. Eventuell hört ihr noch einen Specht pochen oder Geräusche eines anderen Tiers.

Bei einem Waldspaziergang im Schnee könnt ihr viele schöne Dinge tun: Baut auf den Baumstüm-

fen kleine Schneemännchen. Lasst keinen Baumstumpf aus. Wie sich wohl andere Spaziergänger freuen, wenn sie die Baumstumpf-Schneeskulptur-Ausstellung sehen?

Oder baut Schneeeulen, die auf einem Ast sitzen: kleine und große. Oder einfach kleine Vögelchen auf den Ästen.

Sucht euch einen Baum aus, den müsst ihr mit einem Schneeball treffen.

Bittet eure Eltern, sich kurz unter einen Baum zu stellen, auf dessen Ästen ganz viel Schnee liegt. Dann wackelt ihr am Schneeast über ihnen oder werft einen Schneeball an den Ast, und nun – trara, schneit es! Danach ist wahrscheinlich eine Schneeballschlacht fällig.

MIT DER ENERGIE DES WALDES

Atmen Sie die Luft ein, und fühlen Sie die Erde unter sich. Hier findet wahre Erdung statt. Können Sie es spüren? Der Wald macht einfach glücklich – auch Sie und Ihre Kinder.

Wenn Sie das Gefühl haben, Ihre Kinder durchleben eine schwierigere Phase, sind unausgeglichen oder nicht ganz eins mit sich selbst, gehen Sie in den Wald, und spüren Sie die Natur gemeinsam. Sehen Sie an einem großen Baum nach oben bis in die Spitzen, und fühlen Sie dabei seine Kraft, oder setzen Sie sich darunter und lehnen Sie sich an den Stamm.

Schneeengel

Mich würde zu vielen Dingen interessieren, wie sie in die Welt kamen. Wer war der erste und wann hat sich dieser erste Mensch – ein Kind vermutlich – in den Schnee geworfen und mit Armen und Beinen gerudert, ist dann vorsichtig aufgestanden, hat sich die Figur, die im Schnee entstanden ist, angesehen und gesagt: »Guck mal, sieht das nicht aus wie ein Engel?« Und hat dieses Kind es dann allen weitererzählt, und jeder, der es gehört hat, hat sich gleich in den Schnee geworfen und ebenfalls einen Schnee-Engel gemacht?

Oder ist »einen Schnee-Engel machen« eine angeborene Tätigkeit, und würden vielleicht auch Menschen Schneeengel machen, die weit weg von der Zivilisation leben? Habt ihr schon mal jemanden getroffen, der nicht wusste, wie man einen Schneeengel macht? Fragt doch in der Familie bei Tanten, Onkel, Opas, Omas herum. Wer hat wem den Schneeengel erklärt!

Aber was noch viel besser ist: Werft euch gemeinsam als ganze Familie in den Schnee und »schneeengelt«, was das Zeug hält! Das könnt ihr zu eurem jährlichen Spaß-am-Schnee-Ritual machen.

Spuren suchen

Das kann man im Schnee natürlich besonders gut. War vor euch schon ein Spaziergänger da? Und war er allein oder waren es mehrere? Welche Schuhgröße hatten sie? Und wo führen die Spuren hin? Gibt es noch andere Spuren? Vielleicht von Tieren? Aber Spuren müssen nicht immer von Pfoten und Füßen gemacht werden. Seht euch die herumliegenden Zapfen genau an. Sind sie von Eichhörnchen abgenagt? Findet ihr in einem Baum Löcher, die vielleicht ein Specht dort hineingeklopft hat? Seht ihr abgenagte Rinde an einem Baum – vielleicht von einem hungrigen Reh oder Hirsch? Oder könnt ihr kleine runde schwarze Hasenböllerchen entdecken?

Welche Spuren führen zu welchem Tier?

Ein Iglu im Wald

Mit herumliegenden Stöcken und Ästen baut ihr erst ein Gerüst – wie ein Tipi. Jetzt könnt ihr mit Blättern die Öffnungen abdichten und schließlich mit Schnee eine feste Wand darüber bauen. Ein Iglu könnt ihr natürlich auch aus großen Schneekugeln bauen. Das ist die klassische Version, aber dafür braucht ihr sehr viel Schnee. Im Halbkreis erst nebeneinander, dann Stein auf Stein, wie bei einem Hausbau. Dabei darauf achten, dass die Schneebauklötze nach innen hin enger werden, damit sich weiter oben die Wand zu einem Dach schließt und ein richtiges halbrundes Iglu entsteht. Manchmal ist der Schnee so fest, dass man mit kleinen Plastikwannen Schneebausteine formen kann. Man presst den Schnee in die Wannen und klopft

ihn dann wieder heraus. Dann setzt ihr Stein auf Stein. So kann man ein richtiges Iglu bauen. In einem größeren Kreis anfangen und nach oben hin immer enger bauen. Bis das Iglu ganz von selbst ein Dach bekommt.

So machen Eis und Schnee Spaß

Auf dem Eis

Man braucht nicht unbedingt Schlittschuhe, um auf einem vereisten See Spaß zu haben. Aber Vorsicht: Gehen Sie mit Ihrer Familie nur auf das Eis, wenn Sie sich sicher sind, dass es Sie trägt. Und wenn noch viele andere Menschen auf dem Eis laufen. Tanzen Sie doch eine Kür! Paarlauf ist angesagt. Nehmen Sie Ihren Mann, Ihre Frau oder Ihr Kind – die Gruppierung kann je nach Tanzpaar wechseln – an der Hand, singen Sie ein Eislauflied (Schneewalzer oder etwas anderes Passendes), und tanzen Sie eine Kür. Die anderen sind die Preisrichter und geben Punkte. Hebefiguren, Sprünge, Drehungen, allein oder zu zweit – alles ist erlaubt. Und egal, ob Sie hin

und wieder aus dem Takt kommen, Ihre Bewegungen nicht immer grazil aussehen oder Sie sich auf dem glatten Eis nicht immer halten können, wie sage ich immer: Traaaaa! Auf die Schlusspose kommt es an! Und die kriegen Sie sicher höchst theatralisch hin. Man kann sich auch mit einer Schneeschaufel oder den Kufen eines Schlittens eine Bahn auf dem Eis freischaufeln. Kleine Wege oder eine große Acht. Schön blank polieren, dann geht das Fahren schon viel besser.

Wenn das Eis schon blank ist, legen Sie sich alle auf den Bauch, und versuchen Sie, tief in das Wasser unter dem Eis zu sehen. Vielleicht können Sie Algen oder eingefrorene Fische entdecken. Oder das große tiefgekühlte Seeungeheuer.

In Action mit Besenhockey

Nehmen Sie Besen und eine Cremedose mit, dann können Sie Besenhockey spielen. Dazu baut man zwei Tore, indem man Schnee zu Eckpfeilern aufhäuft oder einfach Taschen und Jacken als Eckpfeiler auf das Eis stellt. Die Familienmitglieder werden in zwei Mannschaften eingeteilt und je ein Torwart bestimmt. Nun versucht jede Mannschaft, den Puck, eine Cremedose, mit den Hockeyschlägern, den Besen, in das gegnerische Tor zu schießen. Wer die meisten Tore geschossen hat, hat gewonnen.

Vom Büblein auf dem Eis

Gefroren hat es heuer
noch gar kein festes Eis.
Das Büblein steht im Weiher
und spricht so zu sich leis:
»Ich will es einmal wagen,
das Eis, es muss doch tragen.«
Wer weiß?
Das Büblein stampft und hacket
mit seinen Stiefelein.
Das Eis auf einmal knacket
und krach, schon brichts hinein.
Das Büblein platscht und krabbelt
als wie ein Krebs und zappelt
mit Arm und Bein.

O helft, ich muss versinken
in lauter Eis und Schnee!
O helft, ich muss ertrinken
im tiefen, tiefen See!
Wär nicht ein Mann gekommen,
der sich ein Herz genommen,
o weh!

Der packt es bei dem Schopfe
und zieht es dann heraus,
vom Fuße bis zum Kopfe
wie eine Wassermaus.
Das Büblein hat getropfet,
der Vater hats geklopfet
es aus
zu Haus.
Von Friedrich Wilhelm Güll

Der Eislauf

Der See ist zugefroren
Und hält schon seinen Mann.
Die Bahn ist wie ein Spiegel
Und glänzt uns freundlich an.
Das Wetter ist so heiter,
Die Sonne scheint so hell.
Wer will mit mir ins Freie?
Wer ist mein Mitgesell?

Da ist nicht viel zu fragen:
Wer mit will, macht sich auf.
Wir geh'n hinaus ins Freie,
Hinaus zum Schlittschuhlauf.
Was kümmert uns die Kälte?

Was kümmert uns der Schnee?
Wir wollen schlittschuhlaufen
Wohl auf dem blanken See.

Da sind wir ausgezogen
Zur Eisbahn alsobald,
Und haben uns am Ufer
Die Schlittschuh angeschnallt.
Das war ein lustig Leben
Im hellen Sonnenglanz!
Wir drehten uns und schwebten,
Als wär's ein Reigentanz.
Von Hoffmann von Fallersleben

Eine Schneekugel ✂

Schneekugeln sind bereits seit 1878 bekannt und vielleicht sogar schon vorher. Bastelt doch gemeinsam eigene Schneekugeln.

Man braucht:
- MARMELADENGLÄSER
- FIMO
- WASSERFESTEN KLEBSTOFF
- SCHNEE/GLITZERPULVER

Aus Fimo wird zunächst eine Figur, zum Beispiel ein Bär, ein Kind, ein Schneemann oder auch ein Baum geformt. Dieser muss gebrannt werden – nach Anleitung auf der Packung. Dann klebt man ihn in den Deckel des Marmeladenglases hinein. Jetzt wird das Glas mit Wasser gefüllt und der »Schnee« dazugegeben. Alles luftdicht verschließen oder sogar den Deckel mit Klebstoff zukleben.

Ein Winterfest feiern

Hat aus eurer Familie auch jemand im Winter Geburtstag? Dann feiert doch ein richtiges Winterfest – mit allem, was dazugehört!

Bei Schnee

Wenn es zufällig so ein »Winterwinter« sein sollte, also mit ganz viel Schnee, dann feiert unbedingt draußen. Habt ihr einen Garten, in dem ihr ein Feuerchen entfachen könnt? Baut eine Schneebar, an der ihr die Gäste bewirtet: Plätzchen oder ein Bratapfel schmecken bei so einem Winterfest. Glühwein, Kinderpunsch oder heiße Schokolade gehören auch dazu. Ihr könnt dann gemeinsam lustige Dinge aus Schnee bauen oder Schneespiele spielen.

Schneelaternen

Aus dem Schnee kann man wunderschöne Schneelaternen bauen: Eine Kerze in die Mitte stellen und um diese Kerze Schnee auftürmen wie bei einem kleinen Iglu. Ein Loch muss frei bleiben, damit die Flamme nicht erstickt. Aber so leuchtet es wunderschön durch die Schneeschicht.

Einen Schneeskulpturenpark bauen

Alle helfen mit. Warum immer nur Schneemänner? Alles ist möglich. Wie wäre es mit Schneefrauen und Schneekindern? Einer ganzen Familie? Habt ihr Karotten für Nasen, Schals, Hüte und Knöpfe dabei? Ansonsten könnt ihr euch auch mit Dingen aus der Natur behelfen: Hagebutten, Nüssen, Eicheln, Steinen und Stöcken.

Oder ihr baut einen Schneehund! Wenn der Schnee richtig schön klebt, kann man alle möglichen Tiere bauen. Auch ein Nikolaus aus Schnee auf eine Bank gesetzt, die im Garten steht, macht sich gut. Mit Beinen, die wie bei einem echten Menschen von der Bank bis zum Boden reichen. Vielleicht sitzt auf der Bank auch ein Menschenpärchen? Oder ein großer Teddybär aus Schnee.

Schön ist auch ein Schneeauto, in das sich die Kinder hineinsetzen können, oder ein Schneeraumschiff oder eine Schneerakete. Ein großer Drachen mit langem Zackenschwanz ist auch toll ... oder ... oder ... oder ... Der Fantasie sind keine Grenzen gesetzt – so lange genügend Schnee da ist.

Ihr könnt auch einen großen Schneeberg zu einer Rutschbahn umbauen. Dazu eignen sich gut Schneeberge, die bereits vorhanden sind – von Schneeräumern gebaut.

Wettskifahren

Dazu braucht man eine flache Schneestrecke, zwei Paar Skier und Bänder oder Schnüre sowie zwei Mannschaften mit je zwei Teilnehmern. Auf jedes Paar Ski stellen sich zwei. Mit Bändern kann man die Schuhe befestigen. Auf los geht es los, und die beiden Skimannschaften versuchen, vom Start ins Ziel zu laufen. Dabei hält sich der Hintermann am besten am Vordermann fest, und dieser gibt Anweisungen, welches Bein bewegt werden soll: rechts, links, rechts, links ... Dieses Spiel kann man auch in die Wohnung verlegen, vorausgesetzt, ihr habt einen langen Flur.

Winter in der Wohnung

Hat man einen »Nichtwinter«, also einen Winter ohne Schnee, kann man trotzdem eine Winterparty machen, diesmal eben in der Wohnung. Da kann man zum Beispiel:

• **Schneestapeln:** Aus Wattepads einen Turm bauen, jeder muss abwechselnd einen Wattepad auf den Stapel legen. Bei wem er umfällt, der hat verloren.

• **Reise zum Nordpol:** Weihnachtsmusik auflegen, Stühle in die Mitte, um die man herumlaufen kann – Achtung: ein Stuhl weniger als Spieler. Wenn die Musik verstummt, muss jeder auf einem Stuhl sitzen, wer keinen hat – scheidet aus. Ein Stuhl wird weggenommen und es geht von vorne los – so lange, bis nur noch einer auf einem Stuhl sitzt: der Sieger!

• **Schneeballweitwurf:** Der Schneeball ist in diesem Fall ein Wattebausch, mit dem es gar nicht so einfach ist, weit zu werfen. Ihr könnt auch einen Eimer aufstellen und Wattebauschzielwurf versuchen.

• **Schneeballpusten:** Ein guter Schneeball ist auch ein Tischtennisball, den man auf dem Tisch hin und her pusten muss, ohne ihn vom Tisch zu pusten.

• **Fingerhandschuhtheater:** Aus Fingerhandschuhen kann man ein lustiges Fingerhandschuhtheater machen. Jeder Finger wird anders verziert. Einer bekommt aus Filz eine rote Kasperlmütze, der Nächste aus einem goldenen Band ein Krönchen und so weiter. Dann kann das Fingerpuppenwintertheater den Vorhang öffnen.

• **Mütze-Schal-und-Handschuh-Spiel:** Oder Schokoladeessen. Eine Tafel Schokolade liegt eingepackt in der Mitte. Auf dem Tisch liegen ein Würfel, Messer und Gabel, ein Schal, eine Mütze und Handschuhe. Reihum wird nun gewürfelt. Wer eine 6 hat, darf sich ganz schnell Schal, Mütze und Handschuhe anziehen und packt mit Messer und Gabel die Schokolade aus – und zwar so weit er kommt, bis der nächste eine 6 würfelt. Dann darf sich dieser anziehen und auf die Schokolade stürzen. Das Spiel endet, wenn die Schokolade aufgegessen ist.

Tipp: Mützenzeit ist Läusezeit. Vielleicht könnte auch jeder seine eigene Mütze vor sich auf dem Tisch liegen haben.

Eiskonfekt

Man braucht:
- 300 G KUVERTÜRE, HALBBITTER
- 40 G BUTTER
- 40 G KOKOSFETT
- 30 G KAFFEEPULVER
- 100 ML SCHLAGSAHNE

Die Kuvertüre, die Butter, das Kokosfett und das Kaffeepulver in der Sahne im Wasserbad schmelzen lassen, glatt rühren und in eine Rührschüssel füllen. Kalt stellen, bis die Masse beinahe fest ist. Dann mit dem Mixer das Ganze etwa 5 Minuten cremig aufschlagen. In einen Spritzbeutel mit Sterntülle geben und in kleine Alu-Manschetten oder Pralinenpapierchen spritzen. Kalt stellen.

Die Eule – das Tier des Winters

Von allen Vögeln, die ich sah,
ist die Eule wunderbar.
Tagsüber sitzt sie im Versteck
und wenn die Nacht kommt, fliegt sie weg.
Englischer Kinderreim

Für mich ist das Tier der weißen Jahreszeit Winter eine Eule. Genauer gesagt eine Schneeeule: Sie sitzt da gemütlich und flauschig auf ihrem Ast oder in ihrer Baumhöhle und sieht seelenruhig dem Winter zu. Die Eule wird gern im Zusammenhang mit Hexen und Zauberern genannt, denn sie strahlt etwas Mystisches aus. Sie ist das Botentier der Hexen und Zauberer. Vielleicht wisst ihr das bereits von Harry Pot-

ters Eule Hedwig. Sie gilt aber auch als der Vogel der Weisheit. In vielen Sagen und Märchen ist es eine sehr weise Eule, die aufgesucht wird, wenn man einen Rat braucht.

Wenn ihr echte Eulen sehen möchtet, geht ihr am einfachsten in den nächsten Tierpark oder in einen Wildpark. Da sitzt ganz bestimmt irgendwo eine im Käfig. Oder ihr traut euch in der Nacht in den Wald. Die Waldohreule und der Waldkauz lassen sich locken, wenn einer von euch es schafft, ein Mäusefiepen mit den Lippen oder auf einer Bleistifthülse nachzuahmen.

> ### EULEN
>
> Es gibt über 40 verschiedene Eulenarten: Schleiereulen, Uhus, Waldohreulen, Zwergohreulen, Sumpfohreulen, Waldkäuze, Brillenkäuze, Kanincheneulen, Maskeneulen, Kreischeulen, Büscheleulen … Die meisten Eulen sind nachtaktiv: Sie schlafen am Tag und jagen in der Nacht. Nur die Schneeeule und die Sumpfohreule nicht. Eulen fressen Mäuse, Schlangen, Regenwürmer, Schnecken, Frösche, Motten, Fische und Käfer.
> Eulen leben in Europa, Asien, Nordafrika und Nordamerika, in Gebirgen, Ebenen, Steppen, Wüsten, Wäldern und Parks.
> Ende März suchen sie die verlassenen Nester anderer Vögel und Eichhörnchen auf und benutzen diese zum Brüten. Die Babyeulen schlüpfen nach 35 Tagen und werden von ihren Eltern vier bis acht Wochen versorgt, dann verlassen sie das Nest.
> Die Augen der Eule sind ihr Merkmal. Sie sind unbeweglich, dafür können Eulen aber ihren Kopf bis zu 270 Grad drehen, also fast bis auf den Rücken.

Das Eulenprojekt

Eulen sind wirklich faszinierende Tiere. Befestigt doch gemeinsam ein großes Plakat an der Wand. Überschrift: Alles, was ich von der Eule weiß. Und nun forscht zusammen nach: im Lexikon, im Internet, in Büchern aus der Bibliothek. Schneidet Eulen aus Zeitschriften aus und klebt sie auf. Eulen werden auch gern für Werbelogos verwendet: für einen Buchladen, für einen Brillenladen … Wird sonst noch mit Eulen geworben? Jeder aus der Familie kann etwas zum Eulenprojekt beisteuern.
Tipp: Wenn euch ein anderes Tier sympathischer ist, ihr euch mehr zu einem Löwen oder einem Schwein hingezogen fühlt, dann startet lieber ein Löwenprojekt, ein Schweineprojekt oder sonst irgendein Tierprojekt.

Wie malt man eine Eule?

Das ist ganz einfach. Eine Eule besteht in erster Linie aus einem Oval. Dann bekommt sie zwei große kugelrunde Augen, in denen ein kleiner Punkt oder ein schmaler Schlitz die Pupille darstellt. Fehlen nur noch: ein dreieckiger Schnabel und kleine spitze Puschelörchen, außerdem zweimal drei Krallen, mit denen sie sich am Ast festhalten kann. Fertig.
Aber vielleicht malst du deiner Eule noch kleine Flügelchen oder drei Haare auf den Kopf, die sich kräuseln oder Wimpern.

Die kleine Schneeeule hat Sehnsucht nach ihrer Eltern. Mal sie doch dazu!

Wie Eulenspiegel in Magdeburg ...

... verkündete, vom Rathauserker fliegen zu wollen

Bald nach der Zeit, als Eulenspiegel ein Küster gewesen war, kam er in die Stadt Magdeburg und vollführte dort viele Streiche. Davon wurde sein Name so bekannt, dass man von Eulenspiegel allerhand zu erzählen wusste. Die angesehensten Bürger der Stadt baten ihn, er solle etwas Abenteuerliches und Gauklerisches treiben. Da sagte er, er wolle das tun und auf das Rathaus steigen und vom Erker herabfliegen. Nun erhob sich ein Geschrei in der ganzen Stadt. Jung und alt versammelten sich auf dem Markt und wollten sehen, wie er flog. Eulenspiegel stand auf dem Erker des Rathauses, bewegte die Arme und gebärdete sich, als ob er fliegen wolle. Die Leute standen, rissen Augen und Mäuler auf und meinten tatsächlich, dass er fliegen würde. Da begann Eulenspiegel zu lachen und rief: »Ich meinte, es gäbe keinen Toren oder Narren in der Welt außer mir. Nun sehe ich aber, dass hier die ganze Stadt voller Toren ist. Und wenn ihr mir alle sagtet, dass ihr fliegen wolltet, ich glaubte es nicht. Aber ihr glaubt mir, einem Toren! Wie sollte ich fliegen können? Ich bin doch weder Gans noch Vogel! Auch habe ich keine Fittiche, und ohne Fittiche oder Federn kann niemand fliegen. Nun seht ihr wohl, dass es erlogen ist!« Damit kehrte er sich um, lief vom Erker und ließ das Volk stehen. Die einen fluchten, die anderen lachten und sagten: »Ist er auch ein Schalksnarr, so hat er dennoch wahr gesprochen!«

Von Hermann Bote (1510)

Eine Eulenmaske ✂

Man braucht:

- FESTES PAPIER ODER PAPPE
- GUMMI
- FARBEN
- FEDERN
- KLEBER

Ihr schneidet die Pappe wie eine fliegende Eule aus. Die Augen der Eule schneidet ihr so aus, dass ihr gut hindurchsehen könnt. Habt ihr Federn, die ihr auf die Flügel kleben könnt? Befestigt jetzt das Gummiband an der Maske und niemand wird euch mehr erkennen.

Was hat Till Eulenspiegel mit Eulen zu tun?

Er ist der berühmteste Narr der Welt. Er spielte den Menschen mit Vorliebe Streiche, die in der ganzen Welt berühmt wurden. Man vermutet, dass er um 1300 in Kneitlingen am Elm geboren wurde, aber ob er wirklich existiert hat, weiß man nicht genau. Ursprünglich hieß er jedoch Ulenspeygel und der Name Ulen bedeutet fegen, reinigen. Also hat er eigentlich gar nichts mit einer Eule zu tun, obwohl ihm auf Abbildungen gern eine Eule auf die Schulter gesetzt wird.

Kerzenschein, Tannen-duft und Besinnlichkeit

Nikolaus, Advent, Weihnachten – der Winter hält gerade für Kinder die schönsten Feiertage bereit mit wunderbaren Ritualen und schönen Traditionen. Wir backen und schmücken uns von Adventssonntag zu Adventssonntag, Duft und Geheimnisse liegen in der Luft und Geschenke unterm Baum.

Nikolaus – Geschenke für brave Kinder

Nikolaus von Myra war ein Bischof im vierten Jahrhundert. Er wurde als Schutzpatron der Kinder verehrt. Damals, so erzählt man sich, kümmerte der Bischof Nikolaus sich um arme Kinder. Er beschenkte sie. Im Laufe der Zeit wurde diese Geschichte immer weitererzählt, bis eines Tages im Jahr 1821 der Dichter William Gilley den »Santeclaus« als ganz in

Fell gekleideten alten Mann beschrieb, der auf einem Schlitten von Rentieren gezogen am Himmel fuhr. Danach wurde der Nikolaus als rundlicher, lustiger Elf mit rundem kleinem Bauch und glitzernden Augen, rosa Bäckchen und einem langen schneeweißen Bart beschrieben. Immer mehr Illustratoren, Dichter, Karikaturisten beschrieben und skizzierten den

Nikolaus auf diese Art, und so eilte der Brauch des heiligen Nikolaus rund um die Welt.

Sein Gedenktag ist der 6. Dezember. Am Abend vorher stellen die Kinder Schuhe vor die Tür, manche hängen ihre Socken an den Kamin, und im Lied stellt man einen Teller auf – immer in der Hoffnung, dass der Nikolaus Geschenke hineinlegt. Übrigens: Falls ihr die Schuhe herausstellt, wisst ihr sicher, dass der Nikolaus nur in geputzte Schuhe seine Gaben legt.

Der Helfer mit der Rute

Kommt der Nikolaus in seinem roten Bischofsmantel persönlich vorbei – vielleicht zu einer Nikolausfeier im Kindergarten –, hat er fast immer seinen Helfer Knecht Ruprecht dabei. Er ist dunkel gekleidet, trägt die Geschenke, die Rute und das goldene Buch. Darin liest der Nikolaus, ob die Kinder brav waren und ihre Geschenk verdient haben oder ob sie frech waren und von Knecht Ruprecht als Strafe Schläge mit der Rute bekommen. Diese Tradition entstand im späten Mittelalter und sollte die Eltern bei der Erziehung ihrer Kinder zu frommen Menschen unterstützen.

Dieser Brauch ist weit verbreitet, Knecht Ruprecht heißt aber schon in Deutschland nicht überall so: In Bayern heißt er Krampus, im Rheinland kommt der Nikolaus mit Hans Muff zu den Kindern. Der Schweizer Nikolaus ist im Schwarzwald zu Hause und reitet auf seinem Esel zu den Kindern. Er wird von »Schmutzli« begleitet.

In den Niederlanden kommt der Sinterklaas mit seinem Diener Zwarte Piet mit einem Dampfschiff aus Spanien an. Dann reitet er auf einem weißen Pferd durch die Straßen. Piet verteilt inzwischen durch die Kamine die Geschenke. In jedem Geschenk liegt auch ein kleines Gedicht.

Brief statt goldenes Buch

Vielleicht könnte der Nikolaus, wenn er nicht persönlich ins Haus kommen kann, auch ein Briefchen in die Schuhe, auf den Teller, in die Strümpfe legen, in dem das Kind direkt angesprochen wird und ihm der Nikolaus schreibt, was es in diesem Jahr gut gemacht hat und was im nächsten Jahr noch besser werden muss.

Achtung: Man muss schon aufpassen, dass die Schrift dem Schriftbild der Eltern nicht zu sehr ähnelt. Und auch das Briefpapier sollte nicht im eigenen Haus zu finden sein. Kinder sind sehr aufmerksam und kriegen meist mehr mit, als wir denken.

Knecht Ruprecht

Von drauß vom Walde komm ich her,
ich muss euch sagen, es weihnachtet sehr!
Allüberall auf den Tannenspitzen
sah ich goldene Lichtlein sitzen
und droben aus dem Himmelstor
sah mit großen Augen das Christkind hervor,
und wie ich so strolcht durch den finstern Tann,
da rief's mich mit heller Stimme an:
»Knecht Ruprecht«, rief es, »alter Gesell,
heb die Beine und spute dich schnell.
Die Kerzen fangen zu brennen an,
das Himmelstor ist aufgetan,
Alt' und Junge sollen nun
von der Jagd des Lebens ruhn,
und morgen flieg ich hinab zur Erden,
denn es soll wieder Weihnachten werden!«
Ich sprach: »O lieber Herre Christ,
meine Reise fast zu Ende ist,
ich soll nur noch in diese Stadt
wo's eitel gute Kinder hat.«
»Hast denn das Säcklein auch bei dir?«
Ich sprach: »Das Säcklein, das ist hier,
denn Apfel, Nuss und Mandelkern
essen fromme Kinder gern.«
»Hast denn die Rute auch bei dir?«
Ich sprach: »Die Rute,
die ist hier,
doch für die Kinder
nur, die schlechten,
die trifft sie auf den
Teil, den rechten.«
Christkindlein sprach:
»So ist es recht,
so geh mit Gott, mein
treuer Knecht!«
Von drauß vom Walde
komm ich her,
Ich muss euch sagen,
es weihnachtet sehr!
Nun sprecht, wie ich's
hierinnen find!
Sind's gute Kind',
sind's böse Kind'?
Von Theodor Storm

Advent – vier Wochen bis Weihnachten

Die Adventszeit zieht sich über vier Wochen hin. Dann ist endlich Weihnachten. Vier Wochen Zeit für die Vorbereitungen bedeutet vier Wochen Zeit für die Vorfreude – die ja bekanntlich die schönste Freude ist. Diese Wartezeit ist mit Plätzchenbacken, Dekorationenbasteln und Geschenkeaussuchen in null Komma nichts vorbei. An jedem Adventssonntag wird eine neue Kerze am Adventskranz angezündet. Machen Sie daraus ein gemeinsames Ritual, bei dem alle zusammensitzen. Denn jede Kerze bringt mehr Licht in die Welt – das Licht, das die Ankunft Gottes vorbereitet. Es duftet nach Bratapfel und Zimt, nach Tannennadeln und Kerzen. Die Vorweihnachtszeit ist eine wundervolle Zeit.

Weihnachtsstress ade

Ist es nicht komisch, dass die Weihnachtszeit als stille Zeit bezeichnet wird und sie von den meisten Menschen als die stressigste Zeit im Jahr empfunden wird?

Nehmen Sie sich vor, den Stress draußen vor der Tür zu lassen. Ich weiß: Das ist leichter gesagt als getan, aber es ist auch eine Einstellungssache. Denn es muss nicht alles perfekt durchorganisiert, dekoriert, gekocht und gereinigt sein. Wenn der Weih-

nachtsstress im Anflug ist, atmen Sie tief durch und sagen Sie sich im Kopf: Weihnachten ist schön – ich liebe Weihnachten. Vielleicht klappt es.

Versuchen Sie, sich jeden Tag einen Weihnachtsmoment einzurichten: Ein gemütliches Zusammensitzen bei Kerzenschein, Plätzchen backen mit den Kindern, Geschenke basteln, und alles was sonst noch in die Weihnachtszeit gehört. Schenken Sie Ihren Kindern Zeit. Sie werden sehen, dass Sie auch selbst davon profitieren

Ein Weihnacht-ärgere-dich-nicht-Spiel

Man braucht:
- KNETMASSE (FIMO ZUM BEISPIEL)
- 1 HOLZBRETT ODER FESTE PAPPE (45 X 45 CM)
- FARBE, PINSEL ODER STIFTE
- WÜRFEL

Zuerst wird geknetet, und die ganze Familie knetet mit. Es gibt vier verschiedene Mannschaften: Nikoläuse, Weihnachtsbäume, Engel und Schneemänner. Pro Mannschaft braucht man vier Spielfiguren. Die dürfen aber trotzdem unterschiedlich aussehen. In der Engelsmannschaft könnte zum Beispiel ein Engel klein sein, einer groß, einer dick und einer dünn. Geknetete Figuren nach Anweisung auf der Packung im Ofen backen.

Als Nächstes wird das Spielbrett bemalt, vielleicht mit einer Winterlandschaft oder einem Weihnachtsdorf. Dann malen Sie darüber die Punkte. Nehmen Sie sich einfach ein echtes Mensch-ärgere-dich-nicht-Spiel als Vorlage. Zählen Sie die Punkte ab, und übertragen Sie diese auf ihr eigenes Spiel. Gespielt wird ebenfalls nach den Regeln des echten Spiels.

Tipp: Jetzt kann man noch eine schöne Schachtel für das Weihnacht-ärgere-dich-nicht-Spiel basteln. Viel Spaß beim Spielen und nicht ärgern!

Übrigens: Zu Ostern können Sie sich dann ein Oster-ärgere-dich-nicht-Spiel basteln. Das geht im Prinzip genauso, nur sind hier die Figuren: Hasen, Karotten, Eier und Küken!

Die Butter schaumig rühren, dann nach und nach alle Zutaten zu einem Teig verkneten.

Der Teig muss mindestens einige Stunden im Kühlschrank liegen, damit die Butter wieder härter wird – dann gelingt das Ausstechen gut. Teig ausrollen und Kekse ausstechen.

Die Plätzchen auf ein eingefettetes oder mit Backpapier ausgelegtes Blech legen und bei 160 °C etwa 15 bis 20 Minuten backen.

Das Weihnachtsbild

Malen Sie gemeinsam auf eine große Leinwand oder eine große weiße Pappe einen schönen dicken grünen Weihnachtsbaum. Mit Pinsel und roter Farbe schreiben Sie: »Frohe Weihnachten, Geseende Kerfees, Bon Nadal, Kala Christougenna, God Jul, Bon Natali, Feliz Navidad, Merry Christmas, Joyeux Noel, Noflike Krystdagen und alle Weihnachtsgrüße aus anderen Sprachen, die Sie sonst noch kennen.

Das Bild wird am 1. Dezember aufgehängt und Ende Dezember kommt es wieder in den Keller. Sie können auch noch kleine Haken daran befestigen, an die Sie echte kleine Kugeln oder Sterne hängen. Ein Schmuckstück!

Gemeinsam Plätzchen backen

Was wäre die Weihnachtszeit ohne das Plätzchenbacken? Es ist eine der schönsten vorweihnachtlichen Beschäftigungen und ein wunderbares Ritual für die Kinder – ein Ritual, das nach Weihnachten duftet und das auch noch schmeckt! Da wird die Vorfreude noch größer.

Schrauben Sie Ihre Erwartungen an perfekt aussehende Plätzchen zurück: Sie schmecken trotzdem köstlich, und die Kinder werden unglaublich stolz darauf sein. Zum Ausstechen am besten ganz unterschiedliche Förmchen verwenden – so hat man das Gefühl, eine riesige Plätzchenauswahl gebacken zu haben.

Butterplätzchen

Mit Kindern nimmt man am besten anfangs einen einfachen Butterplätzchenteig.

Zutaten:
- 250 G BUTTER
- 250 G ZUCKER
- 125 G GERIEBENE MANDELN
- 3 EIER
- 1 PÄCKCHEN VANILLEZUCKER
- 500 G MEHL

Adventskalender selbst gestalten

Woher kommt eigentlich der Adventskalender? Im 19. Jahrhundert dienten die Adventskalender als Zählhilfe. Zuerst wurden nur 24 Bilder an die Wand gehängt: jeden Tag eines; wenn alle hingen, wusste man, Weihnachten ist da. Oder es wurden 24 Striche mit Kreide an die Tür oder die Wand gemalt. Jeden Tag durfte das Kind einen Strich wegwischen. Es wurden auch 24 Strohhalme in eine Krippe gelegt. Erst Anfang des 20. Jahrhunderts kam der erste Adventskalender mit Türchen auf den Markt.

Selbst gemachte Adventskalender sind nicht nur etwas für Kinder, sondern auch für Erwachsene. Leider sind das Material und die kleinen Überraschungen in der Summe nicht ganz preiswert. Doch auch gekaufte besondere Kalender kosten schon 20 Euro. Haben Sie mehrere Kinder, kann man die Tage auch aufteilen. Ein Kind öffnet alle geraden, das andere alle ungeraden Zahlen.

Socken-Adventskalender

Sammeln Sie 24 Kindersocken, oder kaufen Sie 24 geringelte, gepunktete und lustige Babysöckchen. Nähen Sie die Zahlen von 1 bis 24 drauf, und füllen Sie in jedes Söckchen eine kleine Überraschung oder ein Gedicht oder einen netten Spruch. Hängen Sie die Socken mit Wäscheklammern an eine Leine und hängen Sie die Leine auf. Man kann die Zahlen auch auf die Wäscheklammern schreiben.

Adventskalender der guten Taten

Dies könnte ein Kalender von den Kindern für die Eltern sein! Er besteht aus 24 Zettelchen und auf jedem steht eine gute Tat, die an diesem Tag erfüllt wird: Vorlesen, Rückenmassage, Müll wegbringen, Frühstück machen, Lied vorsingen, ein extra süßer Kuss ... Die Zettel kommen in kleine Streichholzschachteln oder werden zusammengerollt, dann jeweils mit einer Zahl von 1 bis 24 versehen und mit einer schönen Schnur an einen Ast gehängt.

Ein Brief-Adventskalender

Briefe schreiben ist wunderschön, Briefe bekommen ebenfalls – leider sind Briefe vom Aussterben bedroht. Beginnen Sie rechtzeitig, 24 Briefe für den Adventskalender für Ihre Kinder zu sammeln: Fragen Sie nette Nachbarn, Verwandte, die besten Freunde, ob Sie einen Brief dazu beisteuern. Am Nikolaustag ist es ein Brief vom Nikolaus, in dem die guten und die nicht so guten Eigenschaften des Kindes gelobt und getadelt werden. Und wer weiß, was das Christkind am 24. Dezember schreibt.

Ein Sprüche-Adventskalender

Sammeln Sie 24 flache, runde Steine. Jetzt schreiben Sie mit Pinsel und Acrylfarben oder auch mit Edding und Ihrer schönsten Schrift, Sprüche, Wünsche, schöne Worte auf die eine Seite und die Zahlen 1 bis 24 auf die andere Seite. Legen Sie die Steine mit den Zahlen nach oben in einen runden Korb oder eine Schale. Jetzt darf jeden Tag ein Stein umgedreht werden.

CD-Adventskalender

Für größere Kinder ist es manchmal schwer, 24 kleine Dinge zu finden. Wie wäre es mit einem Lieder-Adventskalender? Sind die Kinder schon begeisterte MP3-Hörer? Dann kaufen Sie im Internet für jeden Tag einen Song, brennen ihn auf CD und hängen die 24 CDs an einen Ast. Kennen Sie den Musikgeschmack Ihrer Kinder momentan nicht, dann versuchen Sie, die Songs durch unauffällige Fragen herauszubekommen. Die Weihnachtszeit lebt schließlich von Geheimnissen.

Lichter-Adventskalender

Stellen Sie 24 Teelichter ans Fenster (oder auf den Tisch). Jeden Abend darf ein Licht mehr angezündet werden. Dann wird es mit jedem Tag heller – es werde Licht!

Setzkasten-Adventskalender

Man braucht:
- SETZKASTEN
- PAPPE
- FARBEN
- CUTTER
- STIFT
- 24 KLEINE GESCHENKE
- KLEBEBAND

Für einen Adventskalender einfach nur Pappe in der Größe des Setzkastens zurechtschneiden und ein weihnachtliches Bild auf die Pappe malen. Dann 24 Türchen mit einem Cutter hineinschneiden, genau an den Stellen, hinter denen sich ein Hohlraum, also das Kästchen befindet. Auf jede Tür eine Zahl zwischen 1 und 24 schreiben. Nun 24 Setzkastenfächer mit Überraschungen füllen. Die Pappe mit Klebeband um den Kasten kleben.

Adventsplakat

Hängen Sie ein Plakat an die Wand. Darauf ist ein Weihnachtsbaum zu sehen, den Sie vorher daraufgemalt haben. 24 Punkte kleben auf dem Baum. Jetzt wird jeden Tag ein Stern ausgeschnitten, gebastelt oder gefaltet und an den Baum über einen Punkt geklebt. So können auch kleine Kinder sehen, dass die Punkte verschwinden und die Sterne mehr wer-

den. Dann ist das Christkind nicht mehr weit. Sie können auch andere Motive auf die Adventsplakate malen. Zum Beispiel 24 Umrisse von Häusern. Jeden Tag wird ein Haus ausgemalt oder aus Buntpapier über die Umrisse geklebt. Vielleicht schneidet man aber auch aus Zeitschriften Tiere aus, die in den Häusern wohnen sollen.

Teebeutel-Adventskalender

Hängen Sie an einen Ast 24 verschiedene Teebeutel. Geben Sie den Tees auf den Etiketten neue Namen, wie zum Beispiel: Entspannungstee, Wohlfühltee, Oase der Stille … Jeden Tag wird nun ein Teestündchen abgehalten.

Der große Straßenadventskalender

Die Weihnachtszeit mit vielen Nachbarn und einem gemeinschaftlichen Adventskalender zu verbringen, kann ich nur empfehlen. Einer müsste sich allerdings als Organisator zur Verfügung stellen. Er hängt ein Informationsplakat auf: »Großer Adventskalender – Jeden Tag um 17.30 Uhr öffnet sich ein Fenster/Türchen in der »Soundso«-Straße, alle sind herzlich eingeladen mitzumachen!«
Nun sollten sich 23 Nachbarn in die Liste eintragen, die beim Organisator liegt. (Den 24. vergeben Sie an die Kirchen vor Ort mit der Christmette, denn da hat niemand Zeit, etwas Individuelles vorzuberei-

ten.) Jeder übernimmt einen Tag im Advent, hängt eine Nummer an sein Fenster, seine Tür oder das Gartentor und überlegt sich etwas Besonderes für diesen Tag.
Kaufen Sie Kunsttannengirlanden, bitten Sie einige Freunde und Nachbarn aus Ihrer Straße um Zuschüsse dafür. Aus den Girlanden werden Zahlen von 1 bis 24 geformt – das klappt sehr gut, denn die Girlanden sind aus Draht – und an die Teilnehmer verteilt. Damit auch reichlich Zuschauer kommen, hängt der Organisator kurz vorm ersten Dezember in der Straße, der Siedlung oder einem zentralen Geschäft eine Liste mit den Adressen der 24 Tage auf.
Um 17.30 Uhr kommen nun alle, die Lust haben (das sind mal mehr, mal weniger), aus ihren Häusern, stellen sich vor das Haus mit der Nummer des Tages und warten gespannt ab, was da passiert.
Und was passiert dann da?
• Ein Korb wird aus dem 3. Stock an einer Schnur hinuntergelassen. In ihm befinden sich Plätzchen für alle.
• Ein Topf Punsch wird ausgeschenkt.
• Jemand liest das Märchen von Frau Holle aus einem Fenster heraus vor. Vielleicht ist dieser Märchenerzähler selbst wie Frau Holle gekleidet und auf ein Kissen gelehnt. Am Ende wird das Kissen ausgeschüttelt und ein paar Federn rieseln wie Schnee auf die Besucher herab.
• Eine Familie trällert mit Nikolausmützen ein Weihnachtslied aus dem Fenster.
• Ein Jugendlicher hält eine Trompete an den Mund und tut so, als könne er spielen, denn im Hintergrund läuft ein schönes Trompetenweihnachtslied.
• Ein Basteltisch wird rausgestellt, an dem etwas Weihnachtliches gebastelt werden kann.
• Bei uns konnte man auch einmal mit dem Christkind (das war ich) telefonieren. Das Telefon wurde in einem goldenen Kasten (der hatte Flügel) aus dem dritten Stockwerk nach unten gelassen.
• Einmal konnten die Kinder auf Sterne ihre Wünsche schreiben und sie an einen Wunschbaum hängen.
• Das Schönste daran ist, dass die Weihnachtszeit nicht einfach so an uns vorbeirauscht, sondern dass man jeden Tag ein paar Minuten etwas Weihnachtliches macht und zusammensteht, redet, Glühwein trinkt, die Nachbarn ein bisschen besser kennenlernt, bei Wind und Wetter wenigstens eine halbe Stunde im Freien ist, bis es zu kalt wird, und jeder wieder in seinem Haus verschwindet.

Es lebe die gute alte Post – Weihnachtskarten ✂

Post bekommen ist immer schön und erst recht zu Weihnachten. Wie groß ist die Freude erst, wenn die Weihnachtskarten selbst gestaltet wurden! Für die bastelnde Familie ist es wiederum ein schönes Ritual, das auf Weihnachten einstimmt, und vor allem ein großer Spaß!

Fotografierte Karten

Kreative Möglichkeiten gibt es unendlich viele – manche aufwendiger, manche ganz einfach. So fotografierten wir unsere Kinder in einem Jahr als Engel und schrieben auf die Karte: »Zwei Dinge musst du deinen Kindern auf den Weg mitgeben: Wurzeln und Flügel.«

In einem Jahr gaben wir den Kindern ein altes Kissen in die Hand und eine Schere – der Titel der Karte war: »I'm dreaming of a white christmas!« Die Kinder durften ein Loch in das Kissen schneiden und die Federn herausholen – erst eine, dann zwei und in null Komma nichts waren überall Federn – und wenn ich schreibe »überall«, dann meine ich »überall«! Allein das Fotografieren dieser Szene war so lustig, dass ich es nie vergessen werde.

Unsere spektakulärste Karte war aber eindeutig – wir als Buchstaben. Wir zogen uns rot an und stellten alle Buchstaben, die man für »Frohe Weihnachten« brauchte. Wir stemmten die Kinder für den T-Strich in die Höhe, lagen für das A schräg aneinander, und man konnte tatsächlich am Ende alles wunderbar lesen.

Wenn Sie nicht so gut im Fotografieren sind, basteln Sie doch mit Ihren Kindern Karten.

Stempelkarten

Stempelkarten, da können schon die ganz Kleinen mitstempeln: Schneiden Sie aus Moosgummi einen Tannenbaum aus. Kleben Sie diesen auf ein Stück Holz oder eine kleine Holzplatte. Nun streichen Sie den Baum mit grüner Farbe an (Wasserfarben oder Acrylfarben) und drucken ihn auf schlichte weiße Karten.

Jeder aus der Familie schneidet einen eigenen Baum aus Moosgummi aus. Man kann jetzt einen Familienwald damit drucken. Da sieht sicher jeder Baum anders aus.

Sternkarten

Oder basteln Sie mit den Kindern Papiersterne. Dazu werden quadratische Papiere mehrmals gefaltet und mit einer Schere kleine Löcher hier und da hineingeschnitten. Faltet man nun das Papier auseinander, hat man einen Stern oder eine Papierschneeflocke – aufkleben, und fertig ist die Karte.

Tipp: Diese Sterne können Sie auch schön an einen Ast hängen oder an die Fensterscheibe kleben! Man kann auch aus Stoff einen Weihnachtsbaum oder einen Stern ausschneiden und diesen auf eine Karte kleben.

• Oder backen Sie Sterne aus Plätzchenteig, und schicken Sie ein Plätzchen als Weihnachtsgruß.

• Oder füllen Sie in Ihr Kuvert kleine Sternchen, die herausfallen, sobald der Adressat es öffnet.

• Oder lassen Sie Ihr Kind einen Stern malen, egal wie schief er wird – schneiden Sie ihn aus, und kleben Sie ihn auf. Manchmal sind die schiefsten Sterne die schönsten!

Gemalte Karten

Auch Kinderzeichnungen – der erste selbst gemalte Nikolaus zum Beispiel – geben eine wunderschöne Karte ab. Sie können natürlich nicht von Ihrem Kind verlangen, dieses Bild mehrmals zu malen, aber vielleicht können Sie das Bild einscannen und vervielfältigen oder kopieren und dann auf eine Klappkarte aufkleben.

Schachteln statt Karten

Oder verschenken Sie als Kartenersatz Zündholzschachteln. Schreiben Sie darauf: »Wir haben dir eine Sternschnuppe gefangen« und in dem Schächtelchen befindet sich ein kleiner Stern. Oder: »Gruß vom Engel« und die Schachtel ist mit Federn gefüllt.

Kleine Weihnachtsbäume

Haben Sie ein altes Buch, das Sie nicht mehr brauchen und das demnächst sowieso zum Flohmarkt gewandert wäre? Dann können Sie eine wunderschöne Weihnachtsdekoration daraus machen. Und das geht so:

Reißen Sie aus dem Buch etwa 30 Seiten, (versuchen Sie es erst so, später können Sie auch dichtere Bäume basteln mit mehr Seiten) und zwar so, dass der geklebte Buchrücken erhalten bleibt – also die Seiten aneinanderkleben bleiben und Sie nicht 30 Ein-

mer mit immergrünen Ästen geschmückt. Sie sollten zeigen, dass es auch im Winter Leben gibt. Das sollte den Menschen Hoffnung machen, dass der Winter auch einmal zu Ende geht.

Erst im 17. Jahrhundert wurde der Baum so aufgestellt, wie wir es kennen. Dieser Weihnachtsbrauch verbreitete sich im Lauf der Zeit über die ganze christliche Welt.

Blank geputzte rote Äpfel galten als Fruchtbarkeitssymbol und erinnerten an Adam und Eva. Aus den Äpfeln wurden später die Kugeln. Lebkuchen sollten ein langes Leben schenken, und Rosen aus Seidenpapier ließen den Weihnachtsbaum blühen. 1730 erhielten die Christbäume ihre ersten Kerzen.

Alle Jahre wieder

So zuverlässig wie vielen Menschen Weihnachten viel zu plötzlich kommt, taucht auch in einigen Familien alljährlich die Frage nach dem Baumschmuck auf. Viele Familien schmücken ihren Baum jedes Jahr gleich – wir zum Beispiel lange Zeit mit kleinen Bärchen –, aber viele lieben die Abwechslung.

Tipp: Schenken Sie Ihrem Kind doch bereits in der Vorweihnachtszeit einen klitzekleinen Baum, den es in sein Zimmer stellen und ganz nach seinem Geschmack schmücken darf! Es freut sich bestimmt!

Tauschbaum

Weihnachtsbaumschmuck ist oft teuer, und wer die Abwechslung liebt, muss jedes Jahr erneut tief dafür in die Tasche greifen. Fragen Sie doch unter Ihren Freunden und Bekannten herum: Vielleicht gibt es Gleichgesinnte, die auch gerne etwas anderes am Baum hätten ohne große Kosten: Tauschen Sie doch einfach Ihre Dekoration aus.

Sammelbaum

Beginnen Sie etwas Bestimmtes zu sammeln, etwa Engel, Nikoläuse, Rentiere, Schneemänner oder Nussknacker. Dann können Sie den Weihnachtsbaum mit Ihrer Sammlung schmücken und jeder weiß gleich, was er Ihnen zu Weihnachten schenken kann. Oder wünschen Sie sich doch von den Kindern, Verwandten und Freunden selbst gemachte Teile für Ihre Sammlung. So haben Sie bald Weihnachtsanhänger aus vielen verschiedenen Materialien und jeder sieht anders aus.

zelseiten haben. Mit einer großen Schere schneiden Sie eine Tannenbaumform aus – allerdings nur eine halbe. Und diese auch ohne Stamm. Jetzt werden Sie bereits merken, worauf ich hinauswill. Fächern Sie nun Ihren Baum auf, wird er zu einem schönen dichten Tannenbaum.

Sie können ihn auf ihr Fensterbrett stellen, noch mehr Bäume dazubasteln, ihn grün oder in einer anderen Farbe ansprühen, oder daraus eine Karte basteln. Kleben Sie dafür die erste und letzte Seite des Buchbaumes in eine Klappkarte. Nun wird sich dem Empfänger ein kleiner Baum öffnen, wenn er die Karte aufschlägt.

Oh Tannenbaum

Was macht der Baum in der Wohnung? Irgendwie komisch, oder? Da stellt man sich zwei Wochen im Jahr einen Baum ins Wohnzimmer, einen ganzen Baum! Und dann steht man an Heiligabend vor diesem Baum und singt ihn an! »Oh Tannenbaum, oh Tannenbaum, wie grün sind deine Blätter!« Und dann hat er nicht einmal Blätter, sondern Nadeln. Genau genommen heißt das Lied auch »... wie treu sind deine Blätter!« Denn es geht darum, dass der Tannenbaum immer grün ist und seine »Blätter« niemals abfallen.

Bereits im Mittelalter war es üblich, zu Festlichkeiten einen Baum zu schmücken. Bevor der Christbaum, wie wir ihn kennen, an Weihnachten in den Wohnungen Einzug gehalten hat, wurden die Zim-

Schmücke diesen Weihnachtsbaum. Was willst du dranhängen? Kugeln? Lebkuchenmännchen? Engel? Oder etwas ganz anderes, etwas, was niemand an seinem Baum hat?

Selbstgemachter Weihnachtsschmuck ✂

Können Sie nähen? Dann nähen Sie doch Herzen, Bäume und Sterne selbst und hängen diese an den Baum.

Man braucht:
- PAPPE
- SCHERE
- STOFFE
- FÜLLWATTE (BASTELGESCHÄFT)
- NÄHMASCHINE
- KORDEL ODER ANDERES BAND

Aus Pappe die Formen Herz, Stern und Tannenbaum ausschneiden. Auf doppelt gelegten Stoff legen, Umrisse auf den Stoff zeichnen. (Es sieht auch nett aus, wenn Rückseite und Vorderseite unterschiedliche Stoffe haben.) Bevor Sie nun der Linie entlang schneiden, nähen Sie. Vergessen Sie nicht eine Öffnung für die Füllwatte zu lassen. Wenn Sie die Linie direkt mit Zickzackstich nähen, franst der Stoff später nicht aus. Nun füllen Sie den Anhänger mit Watte, nähen das Füllloch zu und schneiden an der Naht entlang die Form aus. Band als Aufhänger annähen. Fertig.

Wenn Sie die Nähte lieber ordentlicher wollen, können Sie natürlich die Stoffe auch links auf links nähen und dann den Stoff umstülpen – ganz nach Ihrer Näherfahrung und Ihrem Geschmack.

Tipp: Sie müssen nicht extra Weihnachtsstoff dafür kaufen. Haben Sie alte Hemden oder Blusen und T-Shirts, die niemand mehr anzieht? Oder auch karierte Küchenhandtücher eignen sich gut dafür und sehen als Anhänger süß aus.

Spielzeugschmuck

Gehen Sie doch einmal ins Kinderzimmer, und sehen Sie sich um. Gibt es da nicht wunderschönes Holzspielzeug, das ebenfalls als Christbaumdekoration genutzt werden könnte? Holzeisenbahn, Holztiere oder kleine bunte Bauklötze? Vorher unbedingt die Kinder fragen, ob sie damit einverstanden wären. Dann Bänder dran und ab damit an den Baum. Auch kleine Plüschtiere hängen gern mal im Baum.

Strohsterne

Ja, ich weiß: Strohsterne sind irgendwie aus der Mode. Wer bastelt schon noch Strohsterne? Aber stellen Sie sich doch einen Baum über und über mit Strohsternen vor!
Wenn Sie keine Strohsterne basteln wollen, kaufen Sie doch einfach welche und vielleicht besprühen Sie sie in vielen verschiedenen Farben. Ein bunter Strohsternebaum!
Strohsterne sind übrigens der traditionellste Christbaumschmuck, den es gibt.

Man braucht:
- STROHHALME
- BÜGELEISEN
- SCHERE
- FADEN (VIELLEICHT IN ROT)

Stroh bekommt man als Halme in der Bastelabteilung oder als echtes Stroh beim Bauern nebenan. (Stroh gibt es natürlich auch in der Kleintierabteilung im Supermarkt.)
Um mit den Halmen besser umgehen zu können, legen Sie sie vor dem Basteln einige Minuten in

warmes Wasser und bügeln sie anschließend vorsichtig glatt. Sie dürfen nicht zu heiß werden. Es gibt viele verschiedene Formen. Für eine einfache Form mehrere Halme gekreuzt übereinanderlegen und in der Mitte mit dem Faden zusammenbinden. Jetzt wäre der einfachste Strohstern schon fertig. Wenn Sie wollen, kann man nun mit einer Schere große Zacken in diesen Stern schneiden. Mit diesem Grundstern können Sie weiterexperimentieren. Zum Beispiel kann man immer drei Halme auf halber Höhe zusammenbinden.

Postkartenbaum

Wenn unsere Weihnachtspost eintrudelt – und das ist immer eine ganze Menge, dann hängen wir die Post mit Wäscheklammern an unseren Weihnachtspostast. Naja, der Ast ist aus dem Wald und so groß, dass es schon fast ein Baum ist. Im Laufe der Weihnachtszeit wird der Ast immer voller und voller und gehört zu meiner Lieblingsdeko in dieser Zeit. Denn die Motive der Karten sind alle weihnachtlich. Schmücken Sie doch einmal Ihren Christbaum mit Weihnachtspostkarten.

Wunschbaum

Wie wäre es mit einem Weihnachtswunschbaum? Man braucht schöne Kärtchen oder schönes Papier, das man zu etwa 5 x 8 cm großen Wunschzettelchen schneidet. Oder rote Herzen aus Papier schneiden, dann wird es gleich ein Herzenswunschbaum. Mit dem Locher in jedes Kärtchen ein Loch stanzen. Bändchen durch, und nun darf die ganze Familie ihre Wünsche auf die Zettelchen schreiben und an den Baum hängen. Frieden, Sternschnuppen, Mut, Glück, Hoffnung, Gelassenheit, nette Lehrer, Gesundheit, ein Fahrrad, eine Barbiepuppe mit rosa Kleid ...

Nussschalen für den Baum

Aus einer Walnussschale könnt ihr eine Miniwiege basteln mit einem winzigen Jesus. Dazu legt ihr in eine Hälfte der Walnussschale ein klitzekleines Stoffkissen und eine kleine Decke. Aus Filz ein Köpfchen drehen und abbinden. Dann über den abstehenden Filz eine Borte als Babykleidchen zusammenkleben. Nun legt ihr den kleinen Jesus in das kuschelige Nussschalenbett. Wenn ihr ein Band oder eine Schnur daran befestigt, kann die kleine Wiege auch am Weihnachtsbaum hängen.

Wünsche und Geschenke

Wie habe ich das als Kind geliebt: Meine Mutter sammelte alle möglichen Spielwarenkataloge, und dann ging es ans Ausschneiden. Meine Kinder haben die Wunschzettel zum Teil geschrieben, zum Teil gezeichnet oder wie eine Collage geklebt. Ihr könnt Wunschzettel ans Christkind

• auf die Fensterbank legen, damit ihn sich das Christkind holen kann,

• à la Mary Poppins in den Kamin legen – dann wird er durch den Schornstein gezogen,

• unters Kopfkissen stecken – und am nächsten Tag – siehe da – ist er weg!

• an folgende Adressen schicken:

An das Christkind
Kirchplatz 3
97267 Himmelstadt
oder
An den Weihnachtsmann
Weihnachtspostfiliale
16798 Himmelpfort
oder
An den Weihnachtsmann in Himmelsthür
31137 Hildesheim
oder
An das Christkind
51777 Engelskirchen
oder in Österreich
An das Christkindl
Postamt Christkindl
Christkindlweg 6
A-4411 Christkindl

Tipp: Vergessen Sie nicht, vorsichtshalber ein paar Wünsche vom Wunschzettel abzuschreiben! Man weiß ja nie ... Weihnachtsmann und Christkind haben so viel zu tun!

DIE GESCHICHTE VON DER WUNSCHJULE

Es war einmal ein Mädchen, das hieß Jule. Jule wünschte sich jeden Tag etwas anderes. Deshalb wurde sie von allen Leuten Wunschjule genannt. Sie liebte es, Wunschlisten zu schreiben und sich die tollsten Wünsche auszudenken. Schon im Januar fing sie an, den Wunschzettel für Weihnachten zu schreiben und im Dezember war die Liste so lang, dass man sie dreimal um die Welt hätte wickeln können, wenn man gewollt hätte.

Aber an Weihnachten stand nur ein einziges kleines Paket unter dem Weihnachtsbaum. Daran hing ein Zettel, auf dem stand: »Damit du dir all deine Wünsche erfüllen kannst – viele Grüße, dein Weihnachtsmann.« Jule öffnete das Paket, und darin lag ein Zauberstab. Sie war enttäuscht. So viel hatte sie sich gewünscht und nur einen kleinen mickrigen Holzzauberstab bekommen. Wütend warf sie ihn in die Ecke und schrie: »Ich wünsche mir doch ein vierstöckiges Puppenhaus mit Tiefgarage, ein lilablassblaues Fahrrad, eine Babypuppe und ...« Bevor sie weitersprechen konnte, sah sie, wie der Zauberstab anfing zu leuchten und zu schimmern. Und plötzlich stand da ein vierstöckiges Puppenhaus mit Tiefgarage, ein lilablassblaues Fahrrad und eine Babypuppe. Jule machte einen Freudensprung. Jetzt verstand sie, was der Weihnachtsmann gemeint hatte: Sie sollte sich all ihre Wünsche selbst erfüllen! Und Jule wünschte: einen silbergoldkarierten Badeanzug, Inlineskates, die leuchten und

Musik machen konnten, einen Stoffhund, der das Bein heben konnte, und eine riesengroße Papierrolle mit 365 verschiedenen Farbstiften für ihre ewig lange Wunschliste. Jule wünschte, bis sie alles hatte, was es gab. Im Kinderzimmer stapelten sich die Spielsachen bis zur Decke und aus dem Kleiderschrank quollen die farbenprächtigsten Anziehsachen und Faschingskostüme heraus. Ihr meint, sie müsste jetzt das glücklichste Kind auf der Welt sein? Falsch – ganz falsch. In ihrem kleinen Kopf waren alle Träume, Wünsche und Ziele zerplatzt wie Seifenblasen. Ihre Freunde kamen nicht mehr zu ihr, denn zum Spielen war kein Platz. Und Jule besuchte ihre Freunde nicht mehr, denn was hatten die ihr schon zu bieten? Alle Spielsachen, die sie hatten, hatte Jule auch. Wenn Jule abends ins Bett ging, schlief sie traumlos. Alle Träume waren erfüllt. Und sie konnte auch nicht mehr spielen. Es war so viel da, dass sie sich nicht entscheiden konnte.

Aber das Schlimmste für Jule war, dass ihre ewiglange Wunschliste weiß blieb. Sie nahm jeden Tag einen ihrer 365 Stifte in die Hand und wollte beginnen, aber es fiel ihr absolut nichts ein, was sie sich wünschen konnte. So verging der Frühling, es wurde Sommer, Herbst und schließlich stand Weihnachten vor der Tür. Die kleine Wunschjule saß traurig vor ihrer Wunschliste. Es war der Tag vor Weihnachten. Noch nie hatte sich Jule so wenig auf Weihnach-

ten gefreut wie diesmal. Kein Wunschzettel, keine Vorfreude, kein Geschenk – gar nichts.
Da kam Jule plötzlich eine Idee. Sie lief zum Fenster und rief in den kalten Winterabend: »Weihnachtsmann, wenn du mich hörst. Bitte, ich habe nur einen einzigen Wunsch – das alles wieder so wird wie vorher!«
Diese Nacht schlief Jule endlich einmal wieder gut. Am nächsten Tag war alles anders. Im Kinderzimmer standen nur einige wenige Spielsachen – sonst war es fast leer. Jule machte einen Freudentanz. Endlich war wieder Platz für Freudentänze. Es war der schönste Tag seit Langem. Jule stand in der Mitte des Zimmers und atmete tief ein: Es roch nach Weihnachten. Sie spielte den ganzen Tag, denn sie hatte keine Probleme, sich für ein Spiel zu entscheiden. Als sie am Abend ins Weihnachtszimmer ging, erwartete sie gar nichts. Sie genoss den Glanz der Kerzen auf dem Weihnachtsbaum, den Duft der Weihnachtsgans und den Klang der Weihnachtslieder. Da sah sie unter dem Baum ein einziges Paket. »Für die Wunschjule« stand darauf. Jule war gespannt. Vorsichtig löste sie die Schleife und öffnete das Päckchen. Darin lag ein wunderschöner Stift und eine ewiglange Papierrolle. Und auf einem Zettel stand »Für die Wunschjule, höre nie auf, zu träumen und zu wünschen. Wünsche, Ziele und Träume sind dein größter Schatz, vergiss das nie.« Und Jule vergaß das wirklich nicht. Nie mehr.

Geschenke 💡

Wie schafft man es, dass die Kinder an Weihnachten nicht mit Geschenken überschüttet und dadurch völlig überfordert werden? Das ist nicht einfach. Auch bei uns gibt es eine sehr große Familie, in der jeder gerne schenkt. Bitten Sie einige Verwandte, anfangs gar nichts zu schenken, und erklären Sie warum. Denn vergessen Sie nicht, gerade wenn die Kinder noch klein sind, kommen die Geschenke ja vom Christkind. Wie wollen Sie dann erklären, dass jeder noch ein Geschenk vorbeibringt oder unter dem Weihnachtsbaum unterschieden wird: Das hier ist von Oma Inge und das hier von Onkel Tom und das vom Christkind. Das verwirrt nur.

Fragen Sie die Omas und Opas, ob sie vielleicht ein gemeinsames Erlebnis schenken könnten, vielleicht eine Karte für einen Theaterbesuch, einen Gutschein für einen Tag im Schwimmbad, eine Bergwanderung, ein Nähnachmittag bei Oma, an dem gemeinsam ein Plüschtier angefertigt wird. Behalten Sie die Fäden in der Hand, und lenken Sie die Geschenke, damit sie zusammenpassen. Wünscht sich Ihr Kind zum Beispiel eine Eisenbahn, könnte jeder einen Waggon, ein paar Gleise oder ein Signal schenken.

Vielleicht geben Sie sich selbst eine Regel: Zum Beispiel nicht mehr als drei Geschenke plus eine selbst gemachte Überraschung. Ich wollte immer eine schöne Mischung für die Kinder haben: Etwas zum Anhören, etwas zum Lesen, etwas zum Spielen und etwas zum Liebhaben. Auf jeden Fall ist eines der Weihnachtsgeschenke für unsere Kinder immer selbst gemacht.

Ideen für selbst gemachte Geschenke

Für mich gehört an Weihnachten immer auch etwas Selbstgemachtes dazu. Das kommt von Herzen, da steckt Liebe drin und Zeit. Aber kostet es nicht genauso viel Zeit herumzulaufen und nach den passenden Geschenken zu suchen?

• Wie wäre es mit wunderschönen selbst gemachten Pralinen in kleinen Kistchen oder Tütchen für die Verwandten?

• Oder eine Spezial-Weihnachtsmarmelade mit Hagebutten und Orange? Alle helfen natürlich mit. Für Kinder ist der Duft der warmen Marmelade, der durch das Haus zieht, später eine wundervolle Kindheitserinnerung.

• Oder selbst getrocknete Apfelringe.

• Mit einem selbst entworfenen Etikett wird es gleich noch ein wenig persönlicher.

• Oder immer beliebt und das Geschenk für alle Omas und Opas: ein selbst gestalteter Kalender. Das Schöne daran, auch die Kleinsten können schon mitarbeiten. Ob man mit den Fingern druckt oder mit den Händen, ob man malt, faltet oder lustige Fotos hineinklebt, die Großeltern freuen sich sicher.

• Oder wie wäre es mit einem selbst gemachten Hörbuch? Vielleicht kann einer in der Familie nicht mehr so gut sehen und dadurch kaum noch Bücher lesen. Nehmen Sie ein Buch mit Kurzgeschichten, und lassen Sie jeden der Familie eine lesen. Wenn Sie keine Möglichkeit haben, Sprache aufzunehmen – schenken Sie einen Vorlesegutschein. Das ist auch für Schulkinder schön, einen Nachmittag zu den Verwandten zum Vorlesen.

Sternenkissen ✂

Vielleicht haben Sie Lust, für die Vorleseecke ein paar Sternenkissen zu nähen? So ein Kuschelsternchen ist auch ein schönes Weihnachtsgeschenk.

Man braucht:

• NÄHMASCHINE
• NÄHZEUG
• ZEITUNG FÜR STERNENSCHNITTMUSTER
• SCHERE
• BUNTE STOFFE

rechts und helfen mit einem Kochlöffel oder etwas Ähnlichem nach, damit die Spitzen des Sterns sich gänzlich umstülpen. Den Stern mit Füllwatte füllen. Öffnung zunähen. Fertig.

Lebkuchenkissen

Wenn Sie es richtig weihnachtlich haben wollen, nähen Sie doch ein Lebkuchenkissen. Dazu nähen Sie einfach aus braunem Stoff ein Herz oder ein Rechteck. Hier macht sich auch brauner Filz gut. Es gibt schöne weiße Borten, die aussehen wie Zuckerguss. Und Knöpfe wie Nüsse. Das sieht so echt aus, da möchte man fast hineinbeißen.

Wenn Sie vor lauter Begeisterung gar nicht mehr aufhören können mit dem Lebkuchenkissennähen, schneidern Sie doch winzige Filz-Lebkuchen für den Weihnachtsbaum oder als Geschenkanhänger.

Wichteln

Wichteln ist ein beliebter Brauch vor und an Weihnachten in Schulen, Vereinen oder auch Betrieben, kurzum dort, wo es uferlos wäre, wenn jeder jedem ein Geschenk überreicht. Beim Wichteln wirft man Zettel mit allen Namen der Anwesenden in einen Hut. Jeder zieht einen Namen und besorgt dann bis zur Weihnachtsfeier für den Betreffenden ein Geschenk, dessen Wert vorher festgelegt ist, zum Beispiel nicht über fünf Euro. Die Geschenke werden eingepackt, mit Namen versehen und kommen in einen großen Sack. Bei der Bescherung wird jedem sein Päckchen übergeben und niemand weiß, von wem er das Geschenk bekommen hat.

Als Erstes zeichnen Sie sich einen schönen großen Stern auf das Zeitungspapier. Bedenken Sie dabei, dass der Stern durch die Nähte und die Füllung später viel kleiner wird, als Sie ihn aufmalen und als er auf dem Papier im ersten Moment wirkt. Dann legen Sie das Zeitungsmuster auf den Stoff und schneiden zwei Sterne aus. Nun nähen Sie die Stoffe links auf links aneinander. Vergessen Sie nicht eine Öffnung zum Umstülpen. Jetzt drehen Sie den Stern auf

Der Heilige Abend

Jesu genaues Geburtsdatum ist gar nicht bekannt. In alten Aufzeichnungen ist der 20. Mai verzeichnet, und auch vom 6. Januar ist die Rede – das Fest der Erscheinung des Herrn. Im Jahr 354 wurde vom römischen Kopisten Furius Dionysius Filocalus der 25. Dezember notiert, festgelegt durch den damaligen Papst Julius. Dieser Tag war lange Zeit der Feiertag der römischen Kaiser – sie wurden als Götter verehrt. Bei den Ägyptern, Syrern, Griechen und Römern war das der Geburtstag des »unbesiegten Sonnengottes« »Sol Invictus«. Dieses Datum gehör-

te zu den zwölf heiligen Nächten der Sonnenwende in den germanischen Religionen.

Da die Christen davon überzeugt waren, dass Jesus die wahre Sonne ist – das Licht der Welt –, wurde dieser Tag als Termin für Weihnachten festgesetzt, weil der Monat Dezember der dunkelste Monat im ganzen Jahr ist und Dunkelheit den Menschen schon immer Angst machte. Ohne Licht keine Orientierung, kein Wachstum, kein Leben. Licht ist Hoffnung und dieses Licht brachte Jesus mit. Auch das tatsächliche Jahr von Jesu Geburt ist nicht

ganz klar. Vermutlich handelt es sich nicht um das Jahr Null unserer Zeitrechnung. Da der Stern von Bethlehem von Wissenschaftlern mit einer speziellen Konstellation aus Saturn und Jupiter im Fische-Sternzeichen gleichgesetzt wird, die nur alle 805 Jahre zu sehen ist, vermuten manche Astrologen, dass Jesus sieben Jahre früher geboren wurde, genau zu der Zeit, als diese Konstellation aufgetreten ist.

Heiligabend – Zeit für die Familie

Es gibt keinen Kontinent, auf dem Weihnachten nicht gefeiert wird. Etwa zwei Milliarden Christen feiern den Tag Jesu Geburt. Und etwa vier Milliarden Menschen nehmen an diesem Fest teil, ohne Christen zu sein.

Trotzdem feiern die Menschen auf der Welt Weihnachten an unterschiedlichen Tagen. So bringt zum Beispiel in Russland Väterchen Frost die Geschenke am 7. Januar. In Deutschland feiert man den Heiligen Abend am 24. Dezember, während die Kinder in den USA am 25. morgens – in Deutschland ist das der erste Weihnachtstag – ins Weihnachtszimmer laufen, um ihre Geschenke auszupacken.

Weihnachtsrituale

Wie Heiligabend abläuft, ist bei den meisten Familien jedes Jahr gleich. Dabei sind die Traditionen innerhalb der Familien zum Teil sehr unterschiedlich. Bei uns ist das immer so: Wir kommen von der Kirche, ein Sternenvorhang hängt vor dem Weihnachtszimmer. (Es lohnt sich wirklich, einen Sternenvorhang in der Familie zu haben. Der ist ganz schnell genäht. Auf dunkelblauen Samtstoff gelbe Sterne und einen Mond nähen. Der Vorhang kann auch als Zaubererumhang oder als Theatervorhang eingesetzt werden.) Alle setzen sich in das »Wir-warten-aufs-Christkind-Zimmer«. Dann läutet das Glöckchen – wie von Christkindhand, dabei befindet sich niemand im Weihnachtszimmer, oder doch? Nun öffnet sich der Vorhang, und alle treten ein. Da steht der Baum und hat diesen Weihnachtsglanz. Und überall brennen Kerzen. Der Tisch ist wunderschön gedeckt, und unter dem Baum stehen viele Päckchen. Jetzt wird erst einmal gesungen. Das ist wichtig, denn es zögert die Vorfreude noch ein wenig hinaus. Dann wünschen wir uns frohe Weihnachten.

Und endlich dürfen die Kinder die Geschenke auspacken. Und wir Großen natürlich auch.

Oft ergeben sich die Rituale in einer Familie von ganz allein: durch die Kindheitserinnerungen der Eltern. Wie war das damals? Doch es gibt so viele schöne Rituale an Weihnachten, das fängt beim traditionellen Weihnachtsessen an und hört beim Glöckchenklingeln noch lange nicht auf. Man kann zum Beispiel:

- Jedes Jahr eine neue Krippenfigur dazukaufen, die alle aus der Familie gemeinsam aussuchen.
- Den Baum in einem dafür vorgesehenen Wald selbst fällen.
- Den Baum immer beim selben Christbaumverkäufer kaufen und auf einem Schlitten nach Hause ziehen (das kleinste Kind darf auf ihm sitzen).
- Den Baum gemeinsam schmücken, nachdem man die Dekoration selbst gebastelt hat.
- Das »Christkind« schmückt den Baum heimlich – die Tür zum Weihnachtszimmer bleibt verschlossen.
- Dem Christkind ein besonders schönes Plätzchen ans offene Fenster legen.
- Engelsfedern finden, wenn das Glöckchen geklingelt hat. Die hat das Christkind wohl verloren …
- Alle halten sich an den Händen, wenn das Weihnachtszimmer feierlich betreten wird, und singen.
- Ein Glöckchen klingelt: Das Christkind ist da.
- Die Kinder sagen ein Gedicht auf oder spielen ein Stück auf einem Instrument vor.

Syrien war, und jedermann ging, dass er sich schätzen ließe. Ein jeglicher in seine Stadt. Da machte sich auf auch Joseph, aus Galiläa aus der Stadt Nazareth, in das jüdische Land zu der Stadt David, die da heißt Bethlehem, darum dass er von dem Hause und Geschlechte Davids war. Auf dass er sich schätzen ließe mit Maria, seinem vertrauten Weibe, die war schwanger.

Und als sie dort waren, kam die Zeit, dass sie gebären sollte, und sie gebar ihren ersten Sohn und wickelte ihn in Windeln und legte ihn in eine Krippe, denn sie hatten sonst keinen Raum in der Herberge. Und es waren Hirten in derselbigen Gegend auf dem Felde, die hüteten des Nachts ihre Herde und siehe, des Herren Engel trat zu ihnen. Und die Klarheit des Herrn leuchtete um sie. Und sie fürchteten sich sehr, und der Engel sprach zu ihnen: Fürchtet euch nicht, siehe, ich verkündige euch große Freude, die allem Volke widerfahren wird. Denn euch ist heute der Heiland geboren, welcher ist Christus, der Herr in der Stadt David.

Und dies habt zum Zeichen: Ihr werdet finden das Kind in Windeln gewickelt und in einer Krippe liegen. Und alsbald war da bei dem Engel die Menge der himmlischen Heerscharen. Die lobeten Gott und sprachen: Ehre sei Gott in der Höhe und Friede auf Erden und den Menschen seines Wohlgefallens. Und da die Engel von ihnen gen Himmel fuhren, sprachen die Hirten untereinander: Lasset uns gehen gen Bethlehem, und die Geschichte sehen, die da geschehen ist und der Herr uns kundgetan hat. Und sie kamen eilend und fanden beide, Maria und Joseph, dazu das Kind in der Krippe liegen. Als sie es aber gesehen hatten, breiteten sie das Wort aus, das zu ihnen von diesem Kinde gesagt war. Und alle, vor die es kam, wunderten sich über das, was ihnen die Hirten gesagt hatten. Maria aber behielt alle diese Worte und bewegte sie fortan in ihrem Herzen.

Und die Hirten kehrten wieder um, priesen und lobten Gott für alles, was sie gehört und gesehen hatten, wie denn zu ihnen gesagt war.

Um diese wunderschöne Geschichte für Kinder etwas verständlicher zu machen, habe ich eine Kinderfassung geschrieben. Manchmal lieben es Kinder jedoch auch, die alte Sprache mit ihrem besonderen Rhythmus zu hören, ohne sich zu fragen, was das eine oder andere Wort wohl bedeutet.

• Jedes Jahr wird jemand aus der Familie eingeladen, der Heiligabend sonst allein verbracht hätte.
• Es gibt immer ein selbst gebasteltes Geschenk.
• Das Kind darf an diesem Abend unter dem Christbaum einschlafen und wird dann liebevoll in sein Bett getragen.
• Ein Weihnachtsfamilienfoto vor dem Baum wird fotografiert.
• Alle gehen in die Kirche oder die Christmette in der Nacht.
• Am Abend werden noch kleine Päckchen mit Plätzchen an die Türen der Nachbarn gehängt.
• Am Weihnachtstag etwas Gutes tun – etwas spenden, sich für jemanden Zeit nehmen, der allein ist, oder einen Freund anrufen, von dem man schon lange nichts mehr gehört hat.
• Schön ist, wenn einer aus der Familie die Weihnachtsgeschichte vorliest oder frei erzählt.

Die Weihnachtsgeschichte

Aus dem Lukasevangelium

Es begab sich aber zu der Zeit, dass ein Gebot von dem Kaiser Augustus ausging, dass alle Welt geschätzt würde, und diese Schätzung war die erste und geschah zu der Zeit, da Quirinius Stadthalter in

Die Weihnachtsgeschichte

Für Kinder erzählt

Es begab sich zu einer Zeit, die ist schon sehr, sehr lange her. Es war schon fast Abend. Viele, viele Tage waren sie bereits unterwegs. Joseph und seine Frau Maria. Maria ritt auf einem Esel, den Joseph, ihr Mann, führte. Sie war schnell erschöpft vom vielen Laufen, denn sie war schwanger. Zärtlich strich sie über ihren Bauch, in dem das kleine Baby hin und her geschüttelt wurde und hoffte, sie würden bald in der Stadt Davids ankommen. Denn dorthin waren sie unterwegs. Joseph sollte sich schätzen lassen. Das war ein Gebot des Kaisers Augustus. Er wollte wissen, wie viele Menschen in seinem Reich lebten, und so sollte jeder in seine Heimatstadt kommen und seinen Namen in ein großes Buch eintragen lassen. Endlich sahen Maria und Joseph die Dächer der Stadt vor sich. Maria atmete erleichtert auf, denn sie spürte, dass das Baby bald auf die Welt kommen wollte. Sie brauchten dringend einen Platz, wo sie schlafen konnten. So zogen sie von Haus zu Haus und baten um ein Zimmer für die Nacht. Aber es war nichts frei. Nur einen Stall bot ihnen ein Wirt an. »Nehmt es oder lasst es bleiben«, sagte der Wirt, so zogen sie in den Stall, denn es war besser als nichts. Mit dem Stroh versuchten sie, es sich gemütlich zu machen. Maria ließ sich im Stroh nieder, denn nun wollte ihr Kind kommen.

Vor der Stadt hüteten einige Hirten ihre Herden. Ein Lagerfeuer erhellte ihnen die dunkle Nacht und sie nickten hin und wieder ein. Plötzlich erlosch das Feuer, und ein heller Lichtschein blendete die jungen Männer. Sie erschraken. Der Lichtschein wurde deutlicher und die Hirten erkannten einen Engel. Wunderschön stand er vor ihnen. Mit riesigen weißen Flügeln und einem Gewand, das so hell leuchtete, dass sie ihre Augen mit den Händen schützen mussten. Der Engel breitete die Arme aus und sagte: »Fürchtet euch nicht! Ich verkünde euch eine große Freude. Denn heute ist der Heiland geboren. Der Sohn Gottes. Ihr findet ihn in Windeln gewickelt in einer Krippe. Folgt einfach dem Stern.« Dann verschwand der Engel. Die Hirten rieben sich die Augen. Sie konnten fast nicht glauben, was sie erlebt hatten. Aber sogleich sprangen sie auf. Und zogen mit ihren Schafherden in die Stadt, um das Baby zu begrüßen. Unterwegs schlossen sich viele Menschen und Tiere an, denn die Hirten erzählten es allen, die sie trafen.

Als sie an dem Stall ankamen, dessen Tore weit geöffnet waren, fielen sie auf die Knie. Sie zweifelten keinen Augenblick daran: Das war der Heiland. Sie konnten es alle spüren. Zwar hatten sie sich einen König anders vorgestellt. Mit Krone und Zepter und wunderbaren Kleidern, nicht so arm in einer Krippe. Aber dieses Baby strahlte eine Liebe aus, die auf jeden überging, der es ansah. Und ein Leuchten, ein warmes Licht. Es erfüllte die Herzen der Menschen, und einige waren so berührt, dass ihnen die Tränen über die Wangen liefen. Und wenn der eine dem anderen eben noch böse war, so lagen sie sich jetzt voller Freude in den Armen. Und jeder Streit war vergessen. Der Heiland war geboren. Jesus war da.

FAMILIENSTAMMTISCH
Versuchen Sie, die Weihnachtsgeschichte aus verschiedenen Blickwinkeln zu erzählen: aus der Sicht eines Lämmchens, aus der Sicht von Maria. Oder überlegen Sie, wie das Jesuskind empfunden hat, als es von allen Seiten bestaunt wurde.

Male die heilige Familie in den Stall.

UNSERE SCHÖNSTEN WEIHNACHTSLIEDER

Was kommt dabei heraus, wenn ein Hilfspfarrer einen Dorfschullehrer um einen Gefallen bittet? Das bekannteste Weihnachtslied der Welt: »Stille Nacht, heilige Nacht«. Der Text dazu – ursprünglich ein Gedicht – stammt von Pfarrer Joseph Mohr. Zwei Jahre später, pünktlich zum Weihnachtsfest 1818, komponiert Franz Xaver Gruber die zugehörige Melodie. Seitdem begeistert das Lied Groß und Klein – und das fast überall auf unserer Erde. Die ursprüngliche Fassung umfasst sechs Strophen. Gesungen werden heute aber meistens nur drei: die erste, die dritte und die sechste Strophe:

Stille Nacht, heilige Nacht

Stille Nacht, heilige Nacht!
Alles schläft, einsam wacht
Nur das traute, hochheilige Paar.
Holder Knabe im lockigen Haar,
Schlaf in himmlischer Ruh,
Schlaf in himmlischer Ruh.

Stille Nacht, heilige Nacht!
Gottes Sohn, o wie lacht
Lieb aus deinem göttlichen Mund,
Da uns schlägt die rettende Stund,
Christ, in deiner Geburt,
Christ, in deiner Geburt.

Stille Nacht, heilige Nacht!
Hirten erst kundgemacht,
Durch der Engel Halleluja.
Tönt es laut von fern und nah:
Christ, der Retter ist da,
Christ, der Retter ist da!

Ebenfalls in Teamarbeit entstanden ist unser nächstes Lied: »O du fröhliche«. Es führt uns ins Jahr 1816, zu einem Waisenhaus in Weimar. Den dort lebenden Kindern nämlich widmet Johannes Daniel Falk ein Lied, das er als »Allerdreifeiertagslied« bezeichnet – da es in seiner ursprünglichen Fassung nicht nur von Weihnachten, sondern auch von Ostern und Pfingsten handelt. Im Jahr 1829 wird es von Heinrich Holzschuher umgedichtet, und in dieser Form kennen wir es heute als eines der schönsten deutschen Weihnachtslieder.

O du fröhliche

O du fröhliche, o du selige,
gnadenbringende Weihnachtszeit!
Welt ging verloren, Christ ist geboren:
Freue, freue dich, o Christenheit!

O du fröhliche, o du selige,
gnadenbringende Weihnachtszeit!
Christ ist erschienen, uns zu versühnen:
Freue, freue dich, o Christenheit!

O du fröhliche, o du selige,
gnadenbringende Weihnachtszeit!
Himmlische Heere jauchzen Dir Ehre:
Freue, freue dich, o Christenheit!

Ein wenig fremd klingt das nächste Weihnachtslied in unseren Ohren: »Es wird scho glei dumpa« (Es wird schon gleich dunkel). Anton Reidinger, ein österreichischer Pfarrer und Dichter, hat das Lied zur Zeit der Jahrhundertwende geschrieben; erstmals veröffentlicht wurde es ein Jahr nach seinem Tod im Jahr 1913. Auch wenn es eine hochdeutsche Übersetzung dazu gibt, wird das Lied nach wie vor meistens in Mundart gesungen.

Es wird scho glei dumpa

Es wird scho glei dumpa, es wird scho glei Nacht,
Drum kim i zu dir her, mei Heiland auf d'Wacht.
Will singen a Liadl, dem Liebling dem kloan,
Du magst ja net schlafn, i hör die nur woan.
Hei, hei, hei, hei!
Schlaf siaß, herzliabes Kind!

Vergiss hiaz, o Kinderl, dein Kummer, dei Load,
dass d'dada muaßt leidn im Stall auf da Hoad.
Es ziern ja die Engerl dei Liegerstatt aus.
Möcht schöna nit sein drin an König sei Haus.
Hei, hei, hei, hei!
Schlaf siaß, herzliabes Kind!

Ja Kinderl, du bist halt im Kripperl
so schen,
mi ziemt, i kann nimmer da weg von
dir gehn.
I wünsch dir von Herzen die süaßte
Ruah,
die Engerl vom Himmel, die deckn
di zua.
Hei, hei, hei, hei!
Schlaf siaß, herzliabes Kind!
Mach zua deine Äugal in Ruah und
in Fried
und gib mir zum Abschied dein
Segn no grad mit!
Aft werd ja mei Schlaferl a sorgen-
los sein,
aft kann i mi ruahli aufs Niederlegn
gfrein.
Hei, hei, hei, hei!
Schlaf siaß, herzliabes Kind!

»1816, 1818, 1900 … puh, gibt es
denn gar keine Weihnachtslieder,
die etwas weniger … na ja, alt
sind?«
Doch, die gibt es. Sehr schöne
sogar. Hier habe ich zwei neue
geschrieben. Und die Melodie
dazu? Die dürft ihr euch selbst
ausdenken, wenn ihr mögt. Für
alle, die heute schon genug
nachgedacht haben, ein kleiner
Tipp: Als Gedichte gesprochen
sind die Lieder auch sehr schön!

E-Mail ans Christkind

Gesprochen:
Liebes Christkind:
Ich sitze hier und schreibe dir
Und hoff, du kannst es lesen.
Als ich dich neulich treffen wollte,
Bist du schon fort gewesen.
Nur eine Feder lag im Zimmer:
Sie war weiß und weich.
Vielleicht von einem Engelsflügel
Aus dem Himmelsreich.

Gesungen:
Sag mir, wo ist dein zu Hause?
Bist du barfuß oder nicht?
Machst du auf den Dächern Pause?
Fliegst du auch (mal) bei Sonnen-
licht?

Refrain
Hab so viele viele Fragen
Jetzt in diesen Weihnachtstagen.

E-Mail ans Christkind
Bitte schreib mir doch zurück
E-Mail ans Christkind
Viele Grüße und viel Glück

Kannst du auf den Wolken laufen,
Mein Geschenk auf Ebay kaufen?
Sag mir, ist das Fliegen schwer,
Über Häuser, übers Meer?

Refrain: Hab so viele...

Du musst ganz schön Muskeln
haben.
Musst so viele Dinge tragen.
Machst du Urlaub auf Hawaii?
Ist da der Nikolaus dabei?

Refrain: Hab so viele...

Halleluja

Hört mir zu, was ich euch sag,
Denn dies ist ein besondrer Tag.
Die Engel singen für euch Halleluja.
Jetzt beginnt die Weihnachtszeit
Drum öffnet eure Türen weit
Und hört die Engel singen: Halleluja
Halleluja Halleluja Halleluja, Halle-
lu----ja

Nun öffnet Eure Herzen weit,
Geht lächelnd durch die Weih-
nachtszeit.
Und schenkt auch einem Fremden
etwas Wärme.
Nun reicht dem andern eure Hand
Es wird Zeit – dass in jedem Land
Ein Engelschor verkündet: Halleluja
Halleluja

Ein Stern erscheint am Himmels-
zelt:
Er steht für Frieden auf der Welt,
Ein Kindlein ist geboren – Halleluja
Es liegt im Stroh noch winzig klein,
Es sagt euch, ihr seid (hier) nicht al-
lein.
Drum habt keine Angst, singt mit
uns Halleluja
Halleluja Halleluja ...

Das Jahr ist vorbei – Silvester

Der letzte Tag des Jahres. Ich finde, diesen Tag spürt man schon, wenn man morgens aufwacht. Er liegt irgendwie in der Luft. (Übrigens kann man den 1. Januar tatsächlich oft riechen: Gleich morgens das Fenster auf und Nase raushalten – es riecht dann immer noch nach Feuerwerk.)

Manch einer wird melancholisch. Was hat das alte Jahr gebracht? Was wird das nächste Jahr bringen, das da so neu vor uns liegt wie ein unbeschriebenes weißes Blatt Papier?

Der letzte Tag des Jahres wurde nach einem Papst genannt. Papst Silvester starb am 31. Dezember 335. Er setzte sich für den Frieden nach der Christenverfolgung ein und schaffte es, dass Frieden zwischen dem römischen Kaiser und den Christen einkehrte. Der Kaiser ließ sich dann sogar taufen. Der letzte Tag des Jahres wurde also nach Silvester benannt, damit niemand vergisst, wie wichtig es ist, sich um den Frieden zu bemühen.

Altes vertreiben und Neues willkommen heißen

Voller Vorfreude wird das neue Jahr mit einem Feuerwerk begrüßt. Es sollte früher böse Geister vertreiben.

Man verschenkt Dinge, die Glück bringen sollen wie Glücksklee, Glücksschweine und Schornsteinfeger. Eine Flasche Sekt wird geöffnet und auf das neue Jahr angestoßen.

Viele Menschen haben Spaß beim Bleigießen, sich die Zukunft voraussagen zu lassen. Eine gute Idee ist es auch, stattdessen mit Kerzenwachs sein Glück zu versuchen. Dafür das Wachs in einen Löffel legen, über eine Flamme halten und zum Schmelzen bringen. Ist es flüssig, die weiche Masse in eine Schüssel mit kaltem Wasser schütten. Das Wachs wird ebenso wie das Blei hart, und man kann die seltsame Form herausnehmen und bestaunen. Und sich gemeinsam überlegen, was die Form vielleicht bedeuten mag.

In Norddeutschland verkleiden sich die Kinder zum Rummelpottlauf. Rummeln ist plattdeutsch und heißt lärmen. Sie singen ein Rummelpottlied. Das geht zum Beispiel so:

Frau, maak de Dör op
De Rummelpott will riin.
Daar kümmt een Schipp ut Holland
Dat hett keen golden Wind.
Schipper, wulltst du fieken
Feermann, wullst du striken
Sett dat seil op de Topp
Un geevt mi wat in'n Rummelpott

Übersetzt heißt das:
Frau, öffne die Türe!
Der Rummelpott will rein.
Es kommt ein Schiff aus Holland.
Das hat keinen guten Wind.
Kapitän, du musst weichen,
Bootsmann, du musst streichen.
Setzt das Segel ganz nach oben
Und gebt mir was in den Rummelpott!

Früher spielten sie dazu auf dem Rummelpott, auch Brummtopf genannt. Das ist ein Topf mit einer Schweineblase bespannt. Man dreht einen Stab, der in den Topf hineingesteckt ist, und das ist dann

DAS NEUE JAHR BEI DEN CHINESEN
Wussten Sie, dass der chinesische Neujahrstag bei Neumond zwischen dem 21. Januar und dem 21. Februar gefeiert wird? Es ist ein großes Familienfest und die Vorbereitungen für dieses Fest beginnen schon Wochen vorher. Begonnen wird die Feier mit einem Laternenfest. Das Neujahr wird mit Feuerwerk, Drachen- und Löwentänzen begrüßt und mit Mah-Jongg-Spielen begleitet. Der Neujahrstag wird ebenfalls in der großen Familie gefeiert. Man trifft sich morgens, begrüßt seine Eltern mit einem Neujahrssegen und einem Kompliment. Übrigens feiern die Chinesen 15 Tage. Der siebte Tag ist »jedermanns Geburtstag«, an dem man ein Jahr älter wird. Der richtige Geburtstag spielte früher kaum eine Rolle im Gegensatz zu diesem Tag.

ziemlich laut. Die Kinder bekommen an den Haustüren Geld und Süßigkeiten, die Erwachsenen auch alkoholische Getränke. Bekommen die Rummelpottläufer keine Gaben, wird ein Spottlied gesungen. Ursprünglich wollten die Germanen damit Geister vertreiben. Ähnlich wie die Perchtenläufe im Alpenraum. Außerdem ist die Silvesternacht auch als Raunacht bekannt.

Unsere Tradition an Silvester ist es, mindestens einmal »Dinner for One« im Fernsehen anzusehen.

Silvesterbräuche in anderen Ländern

Ein paar schöne Traditionen, die den Chinesen Glück bringen sollen:

• Fenster und Türen öffnen, um das Glück während des Festes hereinzulassen.
• Licht in der Nacht brennen lassen, damit das Glück den Weg ins Haus findet.
• Etwas süßes essen, um das neue Jahr zu versüßen.
• Was am ersten Tag des neuen Jahres passiert, reflektiert das neue Jahr.
• Unglück jedoch bringt es, den Boden am ersten Tag zu kehren – weil man so das Glück hinausfegt.

Neujahrskarten in Japan

In Japan werden traditionell Neujahrskarten gebastelt, geschrieben und verschickt. Manch einer erhält jährlich einige hundert Karten.

Neujahrsbriefe in Belgien

In Belgien schreiben die Kinder ihren Eltern und Paten einen Neujahrsbrief (Nieuwjaarsbrief). Das ist ein alter Brauch. Die Kinder schreiben in Schönschrift und in Reimform.

Tipp: Schicken Sie Verwandten und Freunden einen Jahresbericht, in dem Sie alles erzählen, was Ihnen in diesem Jahr passiert ist und was für Ihre Familie wichtig war.

Nordseeschwimmen in den Niederlanden

In den Niederlanden gibt es den traditionellen Nieuwjaarsduik. Dabei tauchen tausende von Menschen in die eiskalte Nordsee ein.

Übrigens: Auch in manchen deutschen Nordseeorten gibt es diese Tradition.

Trauben in Spanien

Besonders lustig finde ich den Brauch aus Spanien: Die Spanier versuchen, um Mitternacht zwölf Trauben zu essen. Jeden Glockenschlag eine. Wenn die Glocken geschlagen haben, müssen alle Trauben gegessen sein. Da ist es gut, wenn man möglichst kleine Trauben isst. Hat man es geschafft, wird es ein gutes Jahr.

Ich wünsch dir einen guten Rutsch

Was bedeutet das eigentlich? Diesen Gruß benutzen die Menschen in Deutschland bereits seit 1900. Es soll heißen, dass man gut in das neue Jahr kommen soll. Wo genau die Redensart herkommt, ist nicht ganz klar. Es wird vermutet, dass das Wort Rutsch in älteren Wörterbüchern auch als »Reisen« beschrieben wird. So würde man sich eine gute Reise ins neue Jahr wünschen.

Vielleicht stammt der gute Rutsch auch von dem hebräischen Wort für Neujahr ab: Rosch ha-Schana (Anfang des Jahres). So wäre es eines der vielen Wörter, die aus dem Jiddischen ins Deutsch eingeflossen sind. Guter Rutsch würde so also wörtlich heißen: »Guter Jahresanfang«.

Kindersekt

Auch die Kinder wollen mit echten Sektgläsern an-
stoßen. Bereiten Sie ihnen doch einen Kindersekt
zu. Das geht ganz einfach:
Zum Beispiel Holundersirup mit Sprudelwasser mischen. Das bitzelt und schmeckt etwas bitter, fast
wie richtiger Sekt.
Oder kaufen Sie eine Kräuterlimonade. Die kribbelt
auch gut! An Silvester muss es einfach prickeln!

In das neue Jahr rutschen

Zwölf Uhr nachts! Alle heben ihre Sektgläser, stoßen an, umarmen sich und wünschen einander ein
gutes neues Jahr. Dann gehts raus in die Kälte zum
Knallen. So machen es fast alle Menschen in
Deutschland. Wie wäre es mit einem ganz eigenen
Silvesterritual, das es nur in eurer Familie gibt?
• Ihr könnt auch buchstäblich in das neue Jahr rut-
schen: Vielleicht liegt ja Schnee, und ihr rutscht mit
den Schlitten hinein.
• Oder ihr rutscht auf einer Eisfläche genau um
zwölf Uhr nachts. Dabei hält sich die ganze Familie
an der Hand. Dann rutscht ihr sicher gut hinein.
• Oder springt doch gemeinsam ins neue Jahr. Zehn
Sekunden vor zwölf gehts los: Alle nehmen sich an
den Händen, zählen gemeinsam rückwärts und bei
Null – um Punkt zwölf Uhr springen alle in die Luft.
Oder ihr denkt euch etwas ganz anderes aus: Vielleicht macht ihr es zum neuen Silvesterfamilienritu-
al, euch nach dem gemeinsamen Essen zum fröhlichen Familienstammtisch hinzusetzen und euch
eine 12-Uhr-Silvester-Aktion auszudenken.

Ein Jahrbuch für die Familie

Schenken Sie sich zu Silvester doch ein dickes Fami-
lienjahrbuch. Das ist ein wunderschönes leeres
Buch, in dem Sie und Ihre Familie das Jahr Tag für
Tag dokumentieren können. Jeder kann hineinschreiben oder etwas hineinmalen oder kleben.
Praktisch wäre es, wenn das Buch an einer zentralen
Stelle in der Wohnung gut sichtbar mit einem Stift
daneben liegen könnte. Damit es niemand vergisst.
Abends kann man sich das Buch auch täglich an
den Tisch holen und mit der Familie überlegen, was
an diesem Tag passiert ist.
Aus Erfahrung kann ich sagen, es ist nicht leicht,
diese Dinge im Alltag durchzuhalten. Man darf sich
auf gar keinen Fall damit unter Druck setzen. Was
Sie schaffen, ist gut, was Sie nicht schaffen, macht
auch nichts. Ob jeden Tag in das Buch geschrieben
wird, einmal die Woche oder nur dann, wenn jemand aus der Familie gerade daran denkt oder Zeit
und Lust hat, bleibt Ihnen überlassen.
Wir sind in einem Jahr dazu übergegangen, einen
kleinen Kalender neben das Telefon zu legen: Der verlangt nicht so viel von einem. Und doch kann man
kleine Sätze, die den Tag beschreiben, eine klitzekleine
Zeichnung eintragen oder ein Kinoticket und andere
Erinnerungen dort einkleben. Am Ende des Jahres ist
es wunderschön, sich an all die kleinen Begebenheiten
zu erinnern und in diesen Jahrbüchern oder -kalen-
dern zu lesen. Wenn Sie daraus eine Familientradition
machen, haben Sie irgendwann ein ganzes Regalbrett
voller Familienjahrbücher und damit eine einzigar-
tige Dokumentation Ihres Familienlebens!
Tipp: Ein Jahrbuch kann man auch selbst gestalten,
indem man es mit schönem Stoff bezieht. Ein buntes
Band mit angehängtem Stift könnte als Lesezeichen
dienen.
Oder verschenken Sie doch leere Jahrbücher an
Weihnachten an befreundete Familien.

Glückskekse

Habt ihr schon einmal Glückskekse selbst gemacht?
Das ist gar nicht so schwer.
Zunächst auf dem Computer eigene Texte schrei-
ben, ausdrucken und als kleine Zettelchen aus-
schneiden. Eigene Texte könnten sein:
• Bringe jeden Tag jemanden zum Lachen.
• Heute schon gehüpft?

- Geht es uns gut!
- Faul sein ist wunderschön.
- Staune!
- Zähle täglich deine Glücksmomente.
- Schön, dass es dich gibt!
- Glück gehabt, keine Niete.
- Kraft, Klarheit, Vertrauen.
- Lebe!

Zutaten:

- 125 G BUTTER
- 200 G ZUCKER
- 1 PÄCKCHEN VANILLEZUCKER
- 1 PRISE SALZ
- 2 EIER
- 50 ML MILCH
- 150 G MEHL
- BACKPAPIER

Backofen auf 180 °C vorheizen.
Alle Zutaten (außer Mehl) zu einer cremigen Masse verrühren. Dann das Mehl hinzufügen. Den Teig in ein Kännchen mit Ausgießer füllen und runde Kleckse auf das Backpapier gießen. Mit einem Löffel kann man nun die Kleckse zu Kreisen streichen (Durchmesser etwa 10 cm). Im Backofen etwa 8 bis 10 Minuten backen. Backbleche herausnehmen und die runden Kekse schnell mit einem Messer oder Tortenspachtel vorsichtig vom Blech nehmen. Je mehr sie abkühlen, desto härter werden sie und desto schwieriger wird es, sie zu falten.
Nun je ein Zettelchen auf die Kekse legen und den Keks einmal in der Mitte zusammenklappen und die Kanten festdrücken. Dann diesen Keks um einen Schälchenrand knicken, so bekommt man die typische Glückskeksform. Nun müssen sie abkühlen. Die fertigen Glückskekse in kleine Zellophantütchen, ein schönes Bändchen drumherum – fertig!

Dekoration für Silvester

Alles, was mit Glück, Zeit und Zeitverlauf zu tun hat, eignet sich bestens als Dekoration für die Silvesterparty. Ihr könnt beispielsweise:
- Kleine Schweine aus Fimo kneten, brennen und auf den Tisch stellen.
- Einen Kalenderabreißblock kaufen, alle Tage einzeln abreißen und auf dem Tisch verteilen.

Silvesterspiele

Eine Silvesterparty ist dann richtig gut, wenn die Feiernden sich fast ein wenig ärgern, dass sie ihr Tun um zwölf fürs neue Jahr unterbrechen müssen. Das gelingt mit guter Musik zum Tanzen und mit spannenden Spielen.

Wer bin ich?

Eines meiner Lieblingsspiele an Silvester ist »Wer bin ich?«. Ihr braucht dazu nur Klebezettel und einen Stift. Einer hält sich die Ohren zu oder verlässt das Zimmer, die anderen denken sich für ihn eine Person aus und schreiben den Namen auf einen Klebezettel. Dann wird ihm der Zettel auf die Stirn geklebt. So geht es weiter mit den anderen Mitspielern, bis alle einen Zettel an der Stirn haben. Jeder weiß nun, wer die anderen sind, aber niemand weiß, welcher Name auf der eigenen Stirn steht: die gesuchte Person kann eine Zeichentrickfigur sein, eine berühmte Persönlichkeit aus Fernsehen, Kino oder der Politik oder auch ein Verwandter oder jemand aus dem Bekanntenkreis?
Einer fängt an und fragt nach »seiner« Person: Bin ich weiblich? Bin ich berühmt? Bin ich ein Tier? Bin ich nett? Bin ich blond? Und so weiter. Jeder darf so lange fragen, bis er von den anderen Mitspielern auf eine seiner Antworten ein »Nein« bekommt. Dann ist der nächste Spieler an der Reihe, und so geht es

Oder ihr schreibt Tatenkärtchen, auf denen zum Beispiel verlangt wird, ein Lied aus dem endenden Jahr zu singen oder den Namen des gerade amtierenden Umweltministers zu nennen. Für die Kinder kann man zum Beispiel den Namen des amerikanischen Präsidenten oder des deutschen Bundeskanzlers nehmen.

Wenn man die Antwort nicht weiß, kommt der nächste Spieler an die Reihe, und man muss auf demselben Kästchen stehen bleiben.

Wahrheit oder Lüge

Jeder erzählt drei komische, unfassbare, lustige Geschichten aus seinem Leben. Aber nur eine davon entspricht der Wahrheit. Jeder tippt, welche es sein könnte. Wer richtig lag, bekommt einen Punkt, der Geschichtenerzähler bekommt Punkte für jeden, der falsch geraten hat. So erzählt jeder reihum seine Geschichten. Wer am Ende die meisten Punkte hat, hat gewonnen.

Variation: Jeder erzählt nur eine Geschichte bis zu einem gewissen Punkt. Die anderen müssen nun raten, wie die Geschichte ausgeht. Wer am nächsten dran ist, hat gewonnen.

Eine Zeitkapsel vergraben

Was ist mir heute wichtig, und was denke ich darüber in zehn Jahren? Mit der Zeitkapsel könnt ihr es herausfinden: Alle Gäste bringen einen Gegenstand mit, der etwas mit dem endenden Jahr zu tun hat oder ihnen in diesem Jahr wichtig war, und legen ihn in die Zeitkapsel. Das kann eine Schatztruhe aus Holz sein oder ein Plastikeimer mit gut schließendem Deckel. Vielleicht kann man auch eine Zeitung, eine Zeitschrift und ein paar Fotos des letzten Jahres in die Zeitkapsel legen.

Nun wird die Zeitkapsel feierlich im Garten vergraben. Jeder Gast und jedes Familienmitglied bekommt einen Teil der Schatzkarte. Alle leisten nun einen Schwur, sich in genau zehn Jahren wiederzutreffen, gemeinsam Silvester zu feiern und dann die Zeitkapsel wieder auszugraben. Ob das wohl klappen wird? – Spannend!

Mein Feuerwerk auf Papier

Malt mit Pinsel und Wasserfarbe nasse Tupfer auf das Papier, und pustet die Farbe dann mit einem Strohhalm in alle möglichen Richtungen. Jetzt habt ihr euer eigenes Feuerwerk krachen lassen!

weiter, bis nach und nach die Spieler herausfinden, welcher Name ihnen auf der Stirn geschrieben steht. Der schnellste Ratefuchs gewinnt!

Tipp: Für kleinere Mitspieler kann man sich auf Tiere, Märchenfiguren und Zeichentrickhelden beschränken, und anstatt die Namen zu schreiben, malt man die Figuren einfach auf die Zettel. So können auch Kinder mitspielen, die noch nicht lesen können.

Jahresspiel

Bastelt euch ein Spielbrett mit 48 Feldern (pro Monat 4 Felder). Jetzt beginnt man zu würfeln. Wenn man im Januarfeld landet, muss man eine Geschichte erzählen, die einem im Januar passiert ist, im Februar eine vom Februar ... So geht es reihum, bis einer den letzten Tag, das letzte Feld im Jahr, erreicht hat. Er ist der Sieger.

Ihr könnt dieses Spiel noch variieren, indem ihr vorher einige Zeitungsartikel der Monate sammelt oder Informationen von Jahresrückblicken aufschreibt. Fällt einem keine Geschichte zu den Monaten ein, kann man ein Kärtchen ziehen, auf dem dann ein Ereignis des vergangenen Jahres steht, es vorlesen und sich daran erinnern.

Die Heiligen Drei Könige

Lange waren sie unterwegs, um den neugeborenen König zu finden. Endlich fanden sie das Kind in der Krippe, und sie brachten ihm Weihrauch, Gold und Myrrhe als Geschenke mit. Die drei Könige hießen Kaspar, Melchior und Balthasar.

Die Sternsinger schreiben mit Kreide C+M+B über die Tür. Das heißt: »Christus segne dieses Haus.« (vom Lateinischen »Christus mansionem benedicat.«). Manch einer behauptet allerdings, dass es Caspar, Melchior, Balthasar heißen soll. Aber auch mit den Königen ist man sich nicht sicher: Damals ging man von den drei Geschenken aus, die Jesus mitgebracht wurden. In einigen Überlieferungen wird jedoch von zwei Königen berichtet, und auf manchen alten heiligen Bildern sieht man vier Könige. Im 14. Jahrhundert wurde dann erzählt, dass einer der Könige dunkelhäutig gewesen sein soll. Manche berichten von sehr alten Königen, manch einer von Jünglingen. So wie es aussieht, waren die Könige auch gar keine Könige. Vielleicht sollen sie auch nur die drei Lebensabschnitte Kindheit, Erwachsensein und Alter symbolisieren oder die drei Kontinente (die anderen waren damals noch nicht bekannt). Manchmal werden sie als Weise, manchmal als Magier bezeichnet. Aber manchmal liegt die Magie auch gerade in den Dingen, die man nicht so genau weiß.

Sternsinger werden

Vielleicht haben Ihre Kinder Lust und gehen als Sternsinger von Tür zu Tür. Jährlich gehen etwa eine halbe Million (!) Kinder verkleidet als Heilige Drei Könige am 6. Januar – oder in den Tagen davor und danach – von Haus zu Haus und sammeln mit ihrem Gesang Geld für wohltätige Zwecke. Dieser Brauch besteht bereits seit dem 16. Jahrhundert. Heutzutage wird er von den katholischen Pfarreien ausgerichtet, und das gesammelte Geld geht ans Kindermissionswerk, das damit notleidende Kinder in der ganzen Welt unterstützt.

Für Kinder ist dieses jährlich wiederkehrende Ritual eine wichtige Erfahrung: Sie setzen sich für andere ein und tun so Gutes. In diesem Zusammenhang lernen Kinder auch, dass es überall auf der Welt Kinder gibt, denen es nicht so gut geht.

Mit Krone und Sternenstab ✄

Wie wäre es, wenn einer der drei Sternsinger einen Turban, der nächste eine Goldkrone aus goldener Pappe und der dritte ein Tuch mit einem goldenen Band darum – wie ein Scheich – auf dem Kopf tragen würde? Anregen lassen kann man sich in Weihnachtsbüchern, in denen die Heiligen Drei Könige abgebildet sind. Außerdem kleidet sie ein langes Gewand, es könnte aus einem Betttuch genäht werden. Und einfach an der Taille mit einer Schnur als Gürtel zusammengebunden sein.

Nun bekommen alle drei verschiedene Umhänge. Mit einem Knopf und einer Öse aus einer Kordel genäht geht das ganz einfach. Der Stoff fällt schön, wenn es sich um eine Art Samt handelt. Den gibt es im Stoffgeschäft, und er ist nicht sehr teuer. Außerdem kann man die Umhänge auch später zum Spielen wunderbar gebrauchen.

Einer der Könige trägt den großen Stern. Dazu schneidet man aus Goldpapier einen großen Stern aus und befestigt diesen an einem langen Holzstab. König Kaspar muss natürlich mit schwarzer Schminke angemalt werden!

Register

Rezepte

Lieder und Gedichte

Bücher, die weiterhelfen

Arendt, Helena: Werkstatt-Pflanzen-farben. AT Verlag 2009

Bohlmann, Sabine: Ideenreich. Mit Kindern kreativ sein. vgs 2008

Bohlmann, Sabine: Die Reise in der Suppenschüssel. Die Vielfalt des Essens spielerisch entdecken. vgs 2008

Bohlmann, Sabine: Feiereien. So machen Kinderfeste Spaß – planen, organisieren, veranstalten. vgs 2007

Bohlmann, Sabine: Ein Löffelchen voll Zucker. vgs 2004

Bohlmann, Sabine: Noch ein Löffelchen voll Zucker. vgs 2010

Bohlmann, Sabine: BabySpielZeit. Gräfe und Unzer 2008

Brändle, Bine: Kreative Bastelhits. Ravensburger 2006

Catlow, Nikalas: Mein großes Doodle Buch für unterwegs. Arena 2010

Christ, Sven/Rupp, Jacqueline: Nestküche. Gräfe und Unzer 2009

Dahlke, Tom/van Saan, Anita: Mach was im Frühling. Moses Verlag 2009

Dahlke, Tom/van Saan, Anita: Mach was im Sommer. Moses Verlag 2009

Dahlke, Tom/van Saan, Anita: Mach was im Herbst. Moses Verlag 2009

Dahlke, Tom/van Saan, Anitas: Mach was im Winter. Moses Verlag 2008

Frommherz, Andrea: Kinderwerk-statt Zauberkräuter: Mit Kindern die Geheimnisse und Heilkräfte der Pflanzen entdecken. AT Verlag 2010

Hardy, Emma: Kinder machen Recy-clingsachen. Frech 2010

Hüther, Gerald/Nitsch, Cornelia: Kinder gezielt fördern. Gräfe und Unzer 2011

Hüther, Gerald/Nitsch, Cornelia: Wie aus Kindern glückliche Erwachsene werden. Gräfe und Unzer 2008

Kunze, Petra/Salamander, Catharina: Die schönsten Rituale für Kinder. Gräfe und Unzer 2008

Liedloff, Jean: Auf der Suche nach dem verlorenen Glück: Gegen die Zerstörung unserer Glücksfähigkeit in der frühen Kindheit. Beck 2009

Lucht, Irmgard: Naturdruck. Christophorus-Verlag 2000

Natur Scouts. Moses Verlag

Niedermeier, Karin: Feentanz. Blütenzauber von zarter Schönheit. Ars Edition 2004

Pouyet, Marc: Ideenbuch Landart: 500 Inspirationen für Naturgestaltungen rund ums Jahr. AT Verlag 2008

Schmeling, Inka: Abenteuer Elternzeit. Belz 2011

Steve Biddulph: Das Geheimnis glücklicher Kinder. Heyne 2001

von Cramm, Dagmar: Kinderhits Gräfe und Unzer 2006

Walter, Gisela: Die schönsten Spiele für drinnen und draußen. Gräfe und Unzer 2007

Weidemann, Christiane: 365 Tage Kunst entdecken: Sehen – rätseln – spielen – malen. Prestel Verlag 2009

Wimmer, Norbert: Unsere Natur erforschen und erleben. Das Natur-Spaß-Buch für die ganze Familie. Jako-o 2001

Adressen, die weiterhelfen

Bilderbuchmuseum
Burg Wissem
Burgallee 1
53840 Troisdorf
www.bilderbuchmuseum.de

Internationale Jugendbibliothek
Schloß Blutenburg
81247 München
www.ijb.de

Phantastische Bibliothek Wetzlar
Turmstraße 20
35578 Wetzlar
www.phantastik.eu

www.dawanda.de
www.die-maus.de
www.geolino.de
www.kidweb.de
www.trampeltier.de
www.zzzebra.de

Die Mitwirkenden

DIE AUTORIN ODER:
Die mit dem Kopf voller Ideen

Sabine Bohlmann hatte schon immer ziemlich viele Ideen – und entsprechend vielfältig sind ihre privaten und beruflichen Interessen. Nach ihrer Ausbildung zur Schauspielerin war sie in diversen Fernseh-Filmen und -Serien zu sehen. Vielleicht kennt noch jemand Jenny aus der ARD-Vorabendserie »Marienhof«? Das war Sabine Bohlmann. Und keiner, der gerne »Die Simpsons« schaut, kommt an ihr vorbei. Dort leiht sie nämlich Lisa Simpson ihre Stimme. Aber auch ansonsten gibt's im Fernsehen genug Figuren, die ohne Sabine Bohlmann verstummen würden, zum Beispiel Vanessa Paradis oder Kenny aus »Southpark«. Warum? Na, weil sie seit 1985 auch als Synchronsprecherin arbeitet. Und seit 2004 hat sie noch ein weiteres Standbein: Das Schreiben. Damals erschien ihr erstes Buch »Ein Löffelchen voll Zucker«. Sechs weitere Ratgeber folgten, außerdem die Kinderbuchreihe »Wummelies wunderbare Welt«. Und es geht noch weiter: Gemeinsam mit Jazz-Saxophonistin Carolyn Breuer produzierte sie die Kinder-Jazz-CD »Der kleine Erdbär« und die Rap-CD »Ich rap mir die Welt«. Ganz schön viel zu tun, oder? Stimmt! Doch für drei ganz besondere Menschen bleibt ihr trotzdem immer genug Zeit: ihren Mann und ihre zwei Kinder. Ihr wollt noch mehr wissen? Dann schaut doch mal hier: www.sabinebohlmann.de

DER ILLUSTRATOR ODER:
Der mit dem schwungvollen Pinselstrich

Martin Haake hat in Berlin studiert und danach einige Jahre als freier Illustrator in Hamburg und London gearbeitet. Der international bekannte und mehrfach preisgekrönte Künstler lebt heute wieder in Berlin, gemeinsam mit seiner Frau und seinen beiden Söhnen, die beide Piraten werden möchten, wenn sie einmal groß sind. Martin Haake hat uns leider nicht verraten, was das Geheimnis ist, das hinter seiner speziellen Technik steckt. Kein Wort davon, was seine Bilder so schön und besonders macht. Ist aber nicht weiter schlimm, finden wir. Ein kleines Geheimnis ist ja auch spannend. Und eines hat er dann doch noch enthüllt: Viele Bildteile sind collagenartig aufgeklebt. Am besten gleich mal selbst ausprobieren! Mehr Bilder zum Lachen und Träumen findet ihr unter: www.martinhaake.com

DER FOTOGRAF ODER:
Der mit dem guten Geschmack

In Rosenheim muss die Welt noch in Ordnung sein – das wurde uns klar, als wir die Bilder von Klaus-Maria Einwanger gesehen haben. In seinem Rosenheimer Studio, in London und auf Reisen durch ganz Europa fotografiert er alles, was ihm rund um sein Leib- und Magen-Thema »Food« vor die Linse kommt. Seit 20 Jahren macht er das nun –

und hat dafür auch schon mehrere Auszeichnungen erhalten. Was aber noch wichtiger ist: Er hat immer noch so viel Freude daran, wie am ersten Tag. Das Ergebnis sind Bilder, die so lecker leuchten, dass einem das Wasser im Munde zusammenläuft. Und für alle, die sich nicht daran satt sehen können, hier noch der Link zu seiner Seite: www.foodartfactory.de

DIE FOTOGRAFIN ODER:
Die mit natürlichem Charme

Von der Arbeit in der Filmbranche hin zur selbstständigen Fotografin mit Schwerpunkt auf Kinder- und Familienfotografie: Diesen Schritt hat Ishtar Najjar vor fünf Jahren gewagt. Zum Glück für uns! Denn das, was sie mit ihrer Kamera einfängt, ist genau die richtige Mischung aus Stimmung und Natürlichkeit. Die Kinder, die sie fotografiert, müssen nicht stundenlang mit steifgebügelter Bluse und breitem Lächeln in Position sitzen. Stattdessen wartet Ishtar Najjar auf den richtigen Moment, und drückt dann auf den Auslöser. Das können auch ihre Kinder Mia und Sami bestätigen, die ihren Spaß als Models bei unserem Bastel-Shooting hatten – und ganz super mitgearbeitet haben! Mehr Infos und Bilder findet ihr unter: www.ishtar-fotografie.de

Impressum

Projektleitung: Nikola Hirmer

Lektorat: Ulrike Schöber

Layout und Umschlaggestaltung: independent Medien-Design, Horst Moser

Bildredaktion: Nikola Hirmer, Elke Dollinger, Henrike Schechter

Herstellung: Claudia Häusser, Christine Mahnecke

Satz: Christopher Hammond

Druck: Firmengruppe APPL, aprinta druck, Wemding

Bindung: Firmengruppe APPL, m.appl GmbH, Wemding

Repro: Repromayer, Reutlingen

ISBN: 978-3-8338-2247-6

1. Auflage 2011

Die GU-Homepage finden Sie im Internet unter: www.gu.de

GRÄFE UND UNZER

Ein Unternehmen der
GANSKE VERLAGSGRUPPE

Bildnachweis:

Age Fotostock: S. 37; Corbis: S. 8, 87; ddp images: S. 139; f1 online: S. 173; fotalia: U1, S. 1; Getty: S. 6, 34, 41, 70, 126; Jump: S. 17; Jupiter Images: S. 158, 160, 183; Mauritius Images: S. 3, 97, 106, 124, 161, 186; Plainpicture: U4 (1), U4 (2), S. 2, 3, 12, 13, 15, 16, 20, 29, 30, 32, 42, 47, 60, 62, 64, 73, 75, 77, 78, 82, 84, 95, 98, 105, 108, 116, 130, 133, 144, 156, 158, 164, 166, 167, 177, 185; Stock Food: S. 53, 65; Stock Photo: S. 123

Illustrationen: Martin Haake

Fotoproduktion People: Ishtar Najjar

Fotoproduktion Food: Klaus-Maria Einwanger

www.jalag-syndication.de

Umwelthinweis: Dieses Buch ist auf PEFC-zertifiziertem Papier aus nachhaltiger Waldwirtschaft gedruckt.

Der besondere Dank der Projektleitung gilt den fleißigen Bastelhelfern: Monika & Erhard Hirmer, Anita & Walter Kittinger, Maria Hellstern, Eva Dotterweich, Annette Hartwig

DAS ORIGINAL · MIT GARANTIE · **GU**